復刻版 梅田雲浜

梅田 薫 著

NPO福井教育アーカイブズ

梅田雲濱生誕二〇〇年の記念企画として
復刻版『梅田雲濱』を刊行するに当って

梅田薫著『勤皇偉人 梅田雲濱』（東京正生院出版部）は、一九四二（昭和一七）年に初版発行されました。その後同著は、一九五六（昭和三一）年に梅田薫著 増補新版『梅田雲浜』として同じく財団法人東京正生院により刊行されました。

今回同増補版を復刻版（複写）として刊行いたします。

その際、次を付け加えました。

付録として、『梅田雲濱遺稿竝傳』全（佐伯仲蔵編、有朋道堂書店、一九二九（昭和四）年）から本扉と口絵四枚、奥付、並びに『贈正四位梅田雲濱先生』（雲濱事跡保存会、一九四〇（昭和一五）年）の表紙と本文（組替え）三二頁と奥付。

付記として、解題「梅田雲浜との出会いから日本国憲法を通観する」（三宅 弘）二〇一五（平成二七）年。

NPO福井教育アーカイブズは、福井県小浜市の故三宅茂子教諭の遺言に基づき、福井県の教育にかかる出版や歴史公文書保存事業を行っています（巻末参照）。

NPO福井教育アーカイブズ

代表　三　宅　　弘

梅田雲浜

梅田　薫著

梅田雲濱先生肖像

山田悌一氏所藏

海手茶屋
濱町
角力部屋
鳥部屋跡
稲谷町
士宅地
梅ヶ小路
士宅地
笹経関元会所
樋口橋
三味線堀
浪洗矢倉
中矢倉
遠見所
船見櫓
西丸
極楽橋
天守
柳河橋
西津口橋
西津口門櫓
常盤櫓
入見櫓
毘沙門矢倉
東矢倉
三ノ丸
巽手矢倉
大手門櫓
庫倉
三ツ目橋
多田見櫓
寄打櫓
五方矢倉
中橋
作事小屋
報時鐘楼
武矢倉
川矢倉
月見矢倉
石討矢倉
大鼓矢倉
大手坂橋
下馬
腰掛
学問所
順造館
広小路
一番下ト云フ
評定所
士宅地
士宅地
靜間町
二番丁
ト云フ
士長屋
華陵寫圖
千時才八十

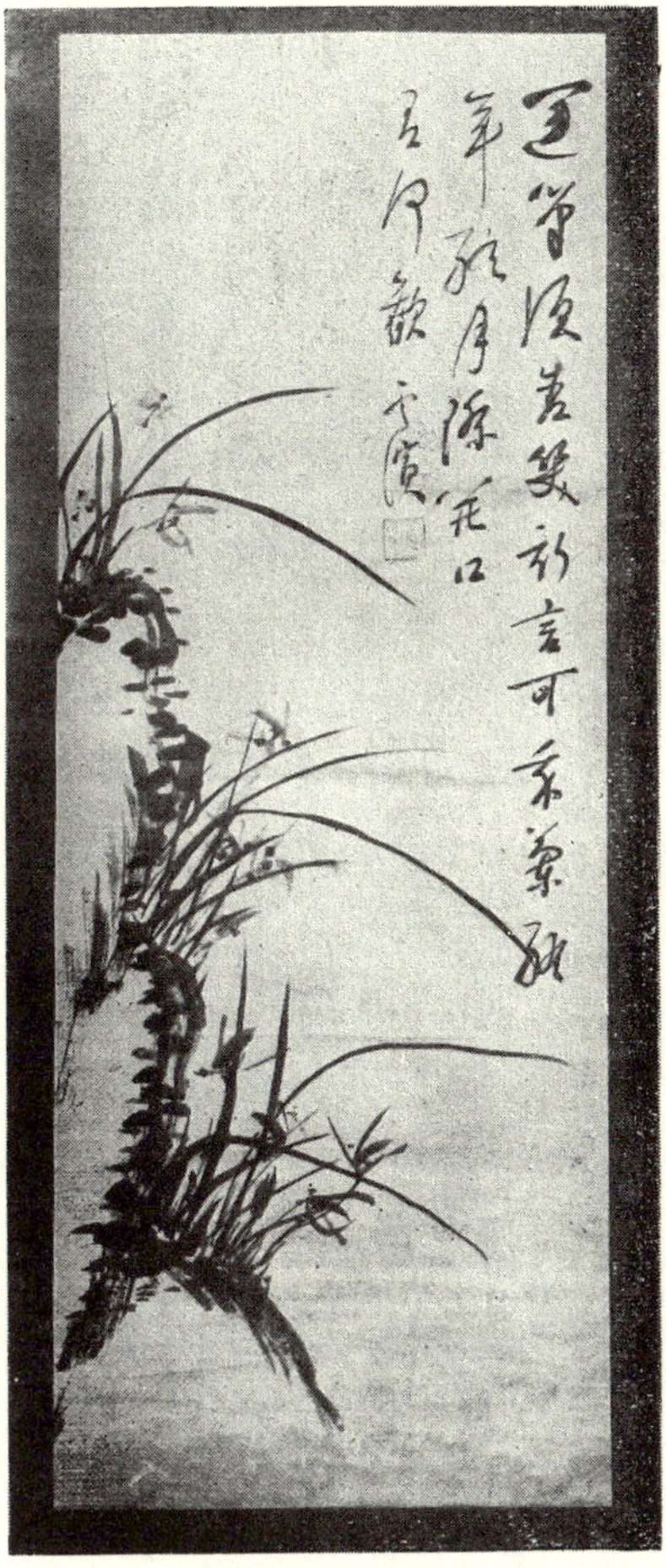

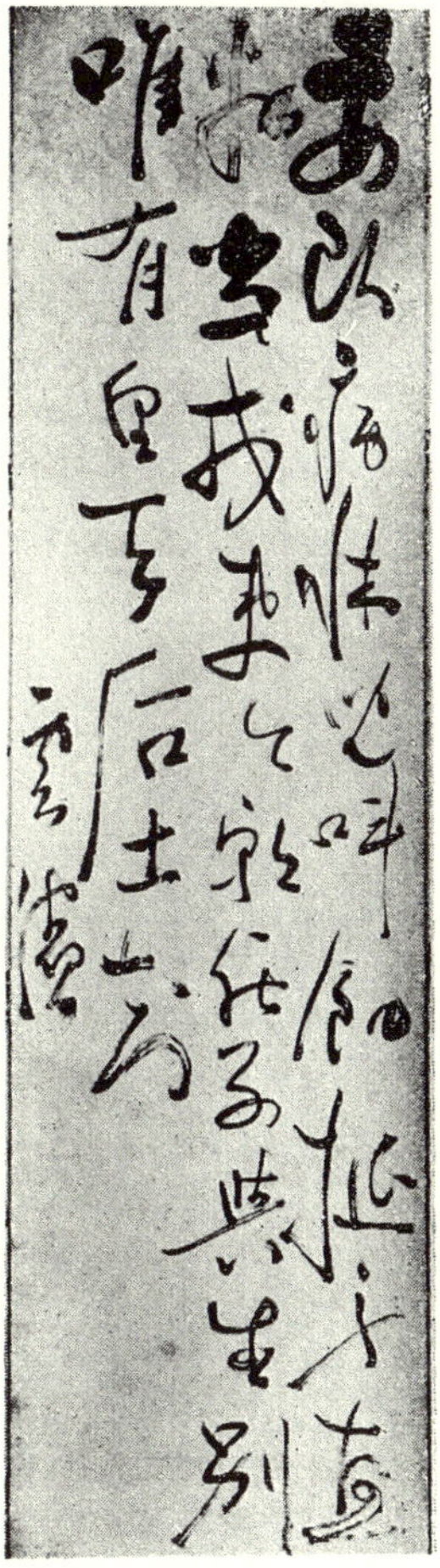

梅田雲浜先生筆蹟

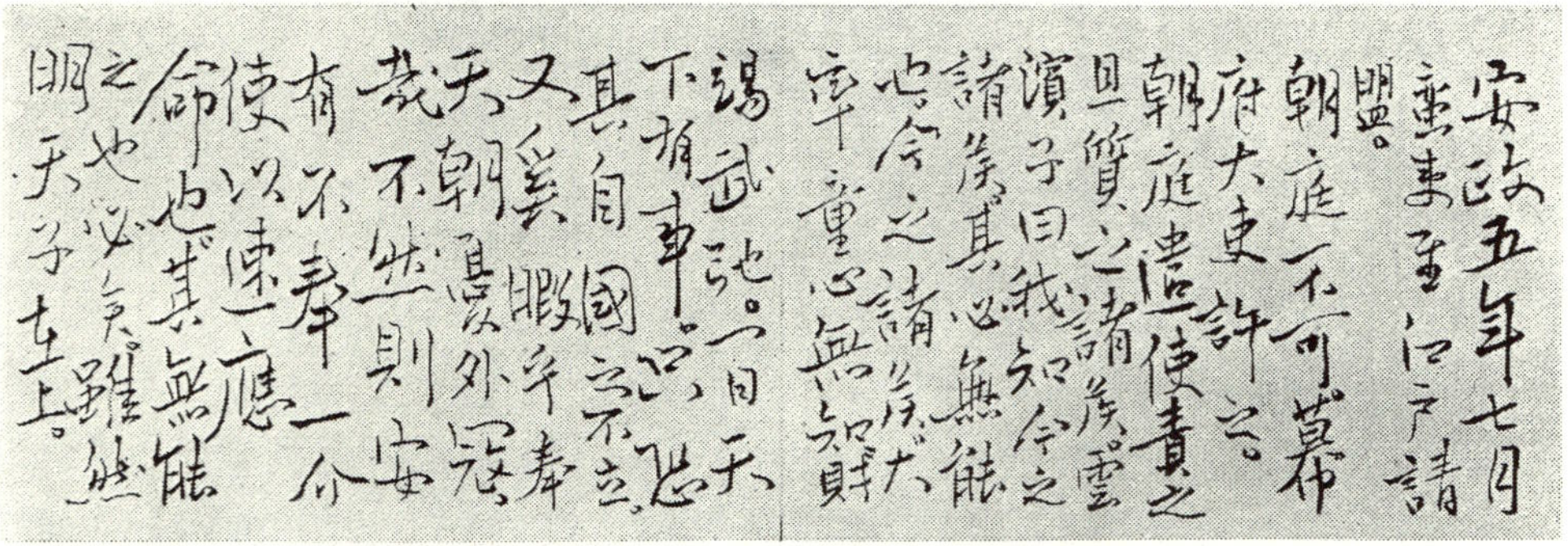

久坂玄瑞を送るの序（213頁参照）

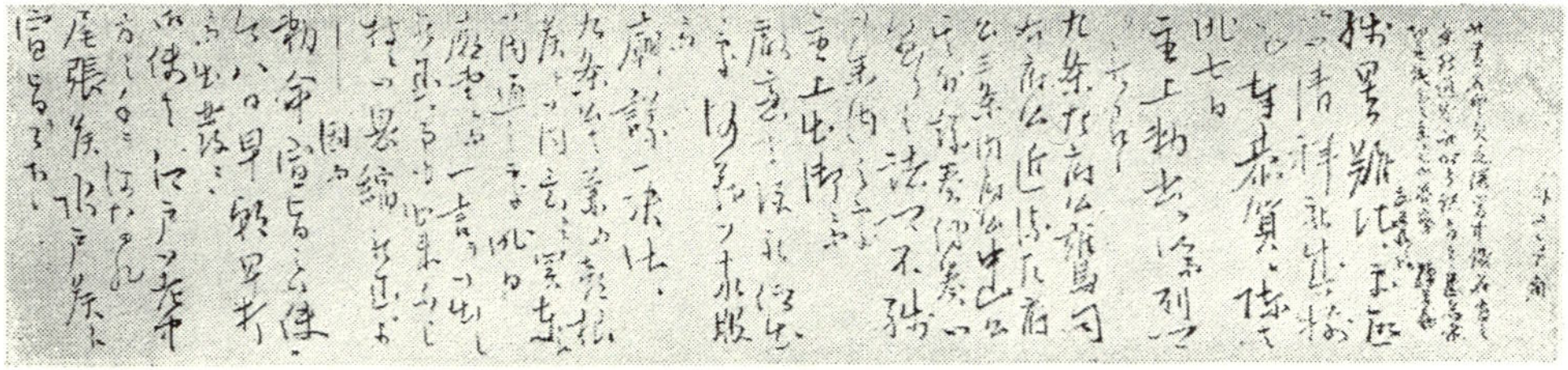

運命を決した坪内孫兵衛への書（275頁参照）（初めの細字は孫兵衛の記入）

緒言

本書は、梅田雲浜先生の正伝で、また先生とその同志を中心とした幕末維新史である。

先生と私の祖父梅田直養（元定詮）とは親族であり幼少からの友であった。又先生が江戸に入獄中から勤王志士の処刑、井伊大老の横死当時は主君酒井家の江戸藩邸詰であったから、最もよく先生を知り、また当時の情況に通じていた。祖父は私の十歳の時死去したから、直接に聞いたことは少ないが、私の父定全（直養三男）には詳細に語り残してあった。私も興味をもって機会ある毎に先生の資料を集めていた。

さらに雲浜先生研究家の佐伯仲蔵氏は、その著「梅田雲浜遺稿並伝」「梅田雲浜先生」から取材を快諾の上、未発表の資料を多く供与されたので、昭和十七年十月拙著「勤皇偉人梅田雲浜」を公にした。今回発行の本書はそれをさらに改訂したものである。

一介の浪人儒者の身で、憂国の至誠から絶大な権力を有する井伊大老に対抗して、勤王方の首領として活躍し、明治維新への道を開いたこの偉人の名は知るも、その事蹟を知る人は甚だ稀である。今までに出た先生に関する出版物も凡て絶版となつている。

緒　　言

敗戦後わが国情は内外共に誠に憂うべきものがある。もしこの世に雲浜先生あらば必ず慨然として起ったであろう。当時と国情や思想は全く異るが、その国を思う至誠は永久に人々の胸を打つであろう。本書によって先生の熱血と功績とを世に伝えることができれば本望これに過ぎない。ただ文が拙いために先生の真価を傷つけた罪は免れがたい。

本書著述に当り、資料の供与その他種々の援助を賜わった雲浜先生出身地の小浜市長今島寿吉、同市重田忠治、京都市高橋尚蔵（雲浜先生の長女竹子の二男）、同市梅田定臣、雲浜先生活躍の地奈良県吉野郡十津川村長後木実、山口県萩市役所、先生の門人下河辺昌俊の養子奈良県高島町医師下河辺三郎、東京都前文部次官井手成三（雲浜先生の叔父矢部弘介義路の三女美代子の孫）、元酒井家々職名和克郎、文部省勤務国史家上野唯雄、吉田松陰隠れ家の下田蓮台寺温泉村山庄兵衛等の諸氏に対し深甚の謝意を表する。

昭和三十一年一月

著　者　記　す

梅田雲浜　目次

梅田雲浜

小浜の港

1　小浜の港

梅田雲浜《うんぴん》は、文化十二年（西紀一八一五年）若狭《わかさ》国小浜《おばま》（福井県小浜市）に生れた。名を源次郎定明《さだあきら》といい、雲浜はその号である。

維新の元勲西郷南洲が、ゆきし雲浜を追懐して言つた。

『梅田雲浜が、今に生きながらえていたならば、われわれは執鞭《しつべん》の徒《と》に過ぎないであろう。』と。執鞭の徒とは、馬の鞭《むち》を執《と》る馬丁《ばてい》の意である。英雄は英雄を知るという。この一言をもつて、雲浜の偉大さを知ることができるであろう。

かれの生地の小浜とは、どんな所であろうか。

小浜市は小浜湾に面し、その浜を昔から雲の浜と呼んでいる。市内を南川と北川が流れて湾に注ぎ、湾の東北方の内外《うちと》海《み》半島には久須夜《くすや》が岳《だけ》がそびえ、その先端が松が崎となり、また西方からは大島半島が延びて鋸崎《のこぎりざき》に終る。その二つのみさきの相対する二・二キロの間を間《ま》の口といい、それから外の方は、若狭湾から日本海に通ずる。

若狭湾は、好漁場で、漁期には遠く四国、九州方面からも出漁し、小浜はその基地となつてにぎわい、日本海有数の漁港となつている。

小浜湾内は波おだやかな自然の良港をつくり、ことに湾の西方は、青戸《あおと》の入江《いりえ》といつて常に波がなく、本郷、和田の静かな美しい風景を作つている。

湾内の双児島《ふたごじま》は、風景が美しく、遊客が多い。蒼島《あおしま》はこの地方にない珍らしい暖生植物が全島に繁茂して天然記念物に指定され、その名の如く蒼々として眺めがよい。冠者島《かんじやじま》はびわが自然に密生し、熟したころには全島が黄色に見える。その味はとくによい。その他にも二三の小島があつて風致をそえている。赤礁《あかぐり》遊園地は赤色の岩礁で眺望がよく、釣魚、貝狩りによい。

内外海《うちとみ》半島の北岸一帯八キロは、花崗岩の断崖絶壁で、それが荒波の浸蝕《しんしよく》によつて奇岩や洞穴を作り、名勝の蘇洞門《そとも》（または背面《そとも》）となつている。

後瀬山《のちせやま》は、頂上から小浜市街や湾内の眺望がよく、戦国時代諸将の居城のあつたところ、いまも石垣の一部を残している。

かにかくに人はいふとも若狭路《わかさじ》の後瀬の山の後も会はぬ君　　大《おお》嬢《いらつめ》

3　小浜の港

後瀬山のちもあはむとおもへこそ死ぬべきものを今日までも生けれ　家持《やかもち》

これは大伴坂上大嬢《おおとものさかのうえのおおいらつめ》と、婚約者の大伴宿称家持《おおとものすくねやかもち》とがかわした恋歌で、万葉集にある。

源三位頼政の娘の二条院讃岐《にじょういんのさぬき》は、父の所領小浜の田烏《たがらす》に来て、そこに永源寺を建てた。かの女の用いた硯《すずり》がいまもその寺に残っているという。田烏の北方の黒崎というみさきから、海上四キロに沖の石という大きな岩礁がある。

わが袖は潮干《しおひ》にみえぬ沖の石の人こそ知らねかわくまもなし

とかの女はよんで、「沖の石の讃岐《さぬき》」と呼ばれた。

小浜は八百比丘尼《びくに》の伝説で名高い。空印寺の境内に「八百比丘尼史蹟御霊地」の建札があり、入定の洞穴がある。八百歳の長寿を保つたといわれる八百比丘尼は小浜に生れ、人魚の肉を食べたために、いくつになつても常に若々しくて、容色が少しも衰えず、足利時代には有名で、若狭の八百姫、または玉椿尼《ぎょくちんに》といわれ、種々の書物にも記され、馬琴の「八犬伝」にも出ている。あまりの長命に世をいとい、右の洞穴に入つて以来その姿はふたたび見られなかつたといわれる。

西津の漁師の娘綱《つな》は、十五歳の時子守奉公に行つていた。ある日狂犬に襲われたが、身をもつて主人の子どもを守り、自分は重傷をおうて死んだ。藩主の命で「忠烈綱女之墓」が建てられ、名所の一つになつた。

国学の大家伴信友《ばんのぶとも》は小浜の生れでその碑がある。軍人の亀鑑《かがみ》といわれた潜水艇長佐久間大尉は小浜中学の出身で、小浜公園にその碑がある。西洋医学の先覚杉田玄白もこの地の人である。

この地方は古代から開けていて、史跡や古い神社仏閣が多く、重要文化財に指定されたものが現在四十点に上つている。

小浜を中心として、若狭には景勝地が多く、東方には三方の五湖（三方湖《みかたこ》、水月湖《すいげつこ》、菅湖《すがこ》、日向湖《ひるがこ》、久久子湖《くぐしこ》）、常神半島、西方は大島、高浜、内浦の海岸、若狭富士の称のある秀峯青葉山等、優れた観光地で、「若狭湾国定公園」に指定されたのももっともと思われる。

この近海の魚は、ことのほか美味で、中にも若狭小だい、若狭かれい、さばなどは世に知られている。美しい若狭塗や、めのう細工も昔からの名産である。

住民の風俗や言葉は京都風で、人情がこまやかでやさしい。昭和二十六年近村を合併して市となり、人口三万七千七百人（昭和三〇・五月）で、旧小浜町の市街地は一万六千六百余人ある。

徳川時代は酒井侯の城下町で、日本海沿岸の諸国と京都地方との物資の連絡所として、商船の出入がさかんで町も繁栄したという。

こうした静かな美しい自然と、しとやかな、消極的ともいえる人情の中から、火のごとき熱血児梅田雲浜が生れたのである。

5　小浜の港

小浜市と双児島

南北の両川と雲の浜は、かれが少年時代に好んで水泳を試みたところ。沖合に墨絵のように浮ぶ双児島は、よく櫓《ろ》をあやつり糸をたれたところ。さらに蘇洞門《そとも》の大門《おおもん》小門《こもん》へも時折は遊んだ。後瀬《のちせ》山に登っては、武田氏、木下氏、京極氏らの居城の跡を探って、いにし昔を回顧した。

時代は移って、いま市の西端、青井山の小浜公園と、生れた家の跡とにかれの碑が建てられて、人々から郷土の代表的偉人として仰がれる身となった。

小浜は敦賀と東舞鶴間の小浜線の中間にある。読者よ、一たびはこの地に杖をひいて、小浜の山水の美を探り、美味の魚に舌づつみを打つとともに、この悲運な奇傑の面影をしのばれたいのである。

雲浜城下

慶長五年（一六〇〇年）領主京極《きょうごく》高次は、後瀬山の居城を廃して、小浜の町はずれに城を築いた。これを雲浜城といい、また小浜城とも呼んだ。

寛永十一年（一六三四年）に高次の子の忠高は出雲《いずも》に転じ、武蔵国川越から酒井忠勝が領主となってきて、城の増築と大修理を加え、天守閣を作り、南川、北川と海と濠とで要害堅固のものとした。その天守閣の高さ十五間、城の総坪数一万八千九百三十七坪あったという。

現在は本丸跡の石塁《るい》と、天守台とがのこっている。

酒井氏は譜代《ふだい》大名の雄で、若狭一国、越前国敦賀《つるが》郡、近江国《おうみのくに》高島郡の一部、あわせて十二万三千五百石を領し、その後、安房《あわ》加知山（勝山）と、越前敦賀（鞠《まり》山）へ各一万石をわかって分家し、幕末には十万三千五百石になった。

光格天皇の御代、文化十二年（一八一五年）六月七日、小浜の竹原《たわら》三番町、御先手馬廻役《おさきてうままわりやく》を勤める矢部《やべ》岩十郎義比《よしちか》の家に、次男がうぶ声をあげた。義比はその時四十歳。妻は奥州白河《おうしゅうしらかわ》の城主

「梅田雲浜先生誕生地」の碑

雲浜城址

阿部能登守《あべのとのかみ》の家来、務川《むかわ》又兵衛の娘で義《よし》といった。

二人の間に、女の子は、多与《たよ》、きんの二人あるが、男の子は五歳になる孫太郎一人、それがごく温順な、筋骨も細い方の質で、いささか心細く感じていたのであるから、次男の出生は非常な喜びであった。そして思いなしか、目の光は輝き、鼻筋は通り、口元がきっとしまり、顔立もしっかりとりりしく、たしかに一方の頭領となるべき相であると、行くすえ頼もしく思われたのであった。

この子に、源次郎と名をつけて、いつくしみ育てた。これが後に矢部家を出て梅田の姓となり、雲浜と号した人である。

運命はまことに奇であって、雲浜が生れた同じ年の十月二十九日、彦根藩主井伊《いい》掃部頭《かもんのかみ》直弼《なおすけ》が生れた。雲浜は勤王志士の首領として、井伊は幕府の大老として、相剋《そうこく》の立場に運命づけられ、ついに井伊のために陥れられて非命にたおれるに至ろうとは、だれが予測したであろう。

矢部の家には、その後に、三五郎、金次郎の二人が生れたが、金次郎は早世した。

矢部家は清和《せいわ》天皇の後えい、木曾《きそ》義仲《よしなか》の子孫である。矢部玄恕《げんじょ》という人が、はじめて奥医者として酒井侯につかえ、二百石と十人扶持《ぶち》を賜わり、その子玄益《げんえき》も奥医、その子此右衛門《このうえもん》義厚《よしあつ》は医者は継《つ》がずに、武士として御先手馬廻役となった。この人に嗣子《しし》がなかったので、同藩士の梅田大八定要《さだよし》の弟、慶右衛門《けいうえもん》義淳《よしあつ》を養子に迎《むか》えた。

義淳は御徒頭《おかちがしら》、目付役《めつけやく》などを勤め、禄は百五十石となった。その子がすなわち岩十郎義比《よしちか》で、雲浜の父である。

梅田家は、同じく清和源氏の流れで、源義家《みなもとのよしいえ》の弟、新羅《しんら》三郎源義光《よしみつ》を祖とし、義光の孫源義定が山本の姓となり、さらに山本帯刀《たてわき》が、加賀の梅田に住したことから、梅田と名乗ったものである。そして梅田定寿《とし》が、元禄《げんろく》五年(一六九二年)酒井忠直《ただなお》に召抱えられて以来、定詮《あき》(のち直養《ちょくよう》)まで七代、約百八十年の間、小浜藩主酒井侯の家臣であったことを、梅田家の系図は記している。家禄は二百石で、定詮はそのほかに役高五十石を受けていたという。

源　義光……梅田定寿《とし》―定茂《しげ》―定亨《みち》―定要《よし》―定達《たつ》―定春―定詮《あき》(著者の祖父)

定亨―義淳《あつ》(矢部へ養子)→義淳

木曾義仲……矢部玄恕《けんじょ》―玄益《えき》―義厚《あつ》―義淳―義比《ちか》―
- 多与《たよ》
- きん(後利貞《りて》)
- 義宣《のぶ》(孫太郎)
- 定明《あきら》(源次郎雲浜)
- 義章《あきら》(三五郎)

著者の祖父定詮は、雲浜より三歳の年下で、家はすぐ近くであり、親戚のことでもあるから常にいっしょに遊んだ。また祖父が、江戸、京都に住したときには雲浜はたびたび訪問し、文通もした。なお祖父は目付役《めつけやく》、用人役など主要な役をつとめたから、雲浜のことは細大もらさず耳にしていたのである。そして著者の父定全《さだよし》や、著者に対し雲浜のことを物語った。

また著者の叔父津田靖四《せいし》正基《まさもと》の祖父と、雲浜は非常に親しかったので、江戸でよく津田へ遊びに行った。津田の母は、雲浜のことをよく知っていて著者に物語った。

わか葉のころ

源次郎は、厳格の中にも慈愛深い父母の養育の下に、すくすくと成長していった。

負けじ魂が強く、いたずらもずいぶんはげしい方で、いつも近所のがき大将をやっていた。

八歳になると、藩立の学問所順造館（その門が現在も残っている）へ入学し、また剣、弓、馬術のけいこにも通った。

文武ともに熱心であったが、ことに学問の好きなこと、その記憶のよいことは、同年輩の子ども中第一であった。そして一を聞いて十を悟る明敏さ、おとなもよくやり込められて、舌を巻い

11　わか葉のころ

て閉口することがあった。

文武のけいこに励むかたわら、家のそうじからお使いなどもよく果たした。なすべきことは一度も親から催促されたことなく、自分から進んで規律正しくやって、少しも怠らず、まめまめしく立働くさまは、全くいじらしいくらいで、父母はいつも目を細くして喜んでいた。近所の人々も、

『矢部の源次郎、あれはすばらいしエラ者になるぞ。』

『しかし、まちがったら、謀叛人《むほんにん》の大将にならぬとも限らぬ。』

などとうわさし合った。

八歳の時、父が親戚の家へ行って、夜になっても帰ってこない。

よく気のつく源次郎のことであるから、

『母上、父上がお帰りにお困りになるでしょう。私が提灯《ちょうちん》を持ってお迎《むか》えに参ります。』

と言う。矢部の家は町はずれのさびしい所で、人家も少なく、草がぼうぼうと生え繁ってい る。著者の父の話では、夕方になると、狐《きつね》がいつも家のまわりに遊びにきたものだそうである。

母親は、

『提灯は先方で借《か》りて来られるでしょうから、迎えに行かなくともよろしい。』

と言ったが、源次郎はさっさと自分で提灯を用意し、代りのろうそくまで添えて、

『では行ってまいります。』

『そう、ごくろうさん、父上といっしょに帰るのですよ。』

と言う母の声を後に、はや家をでた。

道には慣《な》れているし、さびしいとも恐ろしいとも思わず、親戚の家へ行ったが、父はなかなか用事がすまないようなので、提灯を置いて暗《くら》い中をトボトボと帰途《きと》についた。

濠際《ほりぎわ》まで来た。すると石垣のそばに、青白い一点の怪火が見える。それが空《くう》に動いている。

たいていの子どもなら、まっさおになって逃げだすであろうが、源次郎はいっこう平気で、

『ひとだまかしら？』

と、だんだん近寄って、星影に闇をすかして見ていたが、

『なあんだ、狐《きつね》か。』

それは狐が、なにかの骨を口にくわえていて、その骨から燐光《りんこう》を放っているのであろう。

かれは、そっと手ごろの石を拾って、投げつけると、みごと狐に命中したので、狐は一声叫んで逃げ去った。

『アハヽヽヽ。』

源次郎は、不敵《ふてき》に大声で笑った。

この地方では、狐は人をばかすとか、恐ろしい仇《あだ》をするとかいって、子どもはもちろん、おとなでも恐れているのであるが、源次郎はそんなことは平気であった。

家へ帰って、母や姉兄らにそのことを笑いながら語った。

十歳ごろ、子どもはみな寝床に入って、いろいろ話をしていた。次の室で母は裁縫をしながらふすまごしに聞くともなしに、その声を耳にしていると、源次郎が言う。

『兄上は大きくなったら、どんな人になりたいと思う?』

おとなしい兄の孫太郎は、

『ウン、わしは、文芸で身をたてて家名を揚げる考えだ。源次郎はなにが目的だ?』

源次郎はませた、力のこもった声で、

『私はね、日本国中をまわって、その国々のようすをよく調べて、天朝様のおために尽したいと思っている。』

と言った。子どもに似合わぬその志の大であるのに、母は驚き、かつ喜んだ。

源次郎が十二三歳になると、学問は非常に進んで、藩校の教授も驚嘆した。

平常父母に対して、人も感心するほどの孝行であったが、父が病気でふせっている時などは、遊びたいさかりの年で、その枕もとにつききって看病しながら、いつの間に学んだか、子どもにしては思いも寄らない難解の古書の話をしたり、あるいは詩や和歌を作って見せたり、あるいはそのころあまり人の知らない地球の話などを、たくみに物語ったりして父を慰めた。父は年はも行かぬ源次郎のこうした利発さと、父を思うまごころとがなによりうれしく、思わず知らず目に熱いものを感ずるのであった。

以上の話は、著者が子供のころ祖父がよく著者に物語って、はげましたものであった。

父の岩十郎は、性質剛毅で潔白、名利のために屈するような人ではなかった。主君忠進の若殿忠順の養育掛として、いとも忠実につとめたので、主君は大いに信頼し、常に若殿に対して、

『矢部岩十郎は、よくその許を養育し忠勤を励んだ。この後もかれの言をいれ、粗略にしてはならぬぞ。』

と言った。

しかしかれは剛直一ずで、上の機嫌を伺うことができないのが、わざわいをおよぼしたか、五十歳になると隠居《いんきょ》を命ぜられたので、家督《かとく》は十五歳の長男孫太郎義宣《よしのぶ》に譲り、両刀を帯する身を煩わしく思い、京都へ行き、加茂の百姓重助と名乗って、薩摩の藩士山田市郎右衛門の家僕となったこともあったという。

源次郎も生れながらに、この父の気骨を受けたか、みだりに人に屈せず、正しいと信じたならば、いかなる困難をも突破して断行する気質であった。

京都で苦学

源次郎は文武の両道にいそしみつつ、十五歳の春を迎えた。

学問は大いに進んだ。さらに進んで父母の膝下を離れ、知らない土地の荒浪にもまれて、人物をみがきたいと思い、父母に対して、京都へ勉学にでたいと告げて許しを乞うた。

初めの間は父母はなかなか許さなかったが、あまり真剣に頼むので、父もついにその熱心に動かされて、

『それほどまでに勉強したいのならば、許してやる。しかしわしは隠居の身で、長男の代となり、禄も七十石に減じたので、学資は仕送るわけにはいかない。いかなる困苦にも堪えて、自活しながら苦学をする決心ならば行ってよい。たとえわが家が裕福で、じゅうぶんの学資を仕送ることができるとしても、それでは本当の修業はできない。お前ももう十五歳、男一ぴきじゃ。なにをしてでも自活して独立独行、だれの世話にもならず、もとより人さまに迷惑をかけずにやれ

るはずじゃ。人間だれでも刻苦勉励しなければ真の人物にはなれない。わしはたとえできても金は送らぬ。それが承知ならば行ってもよい。』

十五歳の少年で、自活しながら勉強することは、たしかに困難に相違ない。しかし源次郎は天にも昇るほど喜び、父母の情けを謝して、なつかしきわが家をあとに、京都へ向って旅立った。その時に京都までの路銀として、二朱の銭をもらったにすぎなかった。

ころは文政十二年（一八二九年）四月の初め、父の添書をもって、京都の河原町二条下る、山田仁兵衛の家をたずねた。

その家の世話で、昔から有名な二条堺町にある望楠軒《ぼうなんけん》という私塾へ通った。

望楠軒というのは、山崎闇斎《あんさい》学派、すなわち崎《き》門学《もんがく》の正統を継いで、その学識、人格ともに一世に秀でた若林強斎が、正徳元年（一七一一年）十二月、そのころからおよそ百二十年ほど前に創設したものである。強斎は一代の勤王学者である浅見《あさみ》絅斎《けいさい》の門人で、楠木正成を崇拝し、楠公《なんこう》を仰ぎ望むという意味で、この名をつけたのである。

そして強斎は門下に大義名分と、楠公の誠忠とを説き、おおいに尊王の精神を鼓吹した。門下生も非常に多く、全国から集って隆盛をきわめた。

強斎が死して後は、その門人で女婿《じょせい》の小野鶴山が講主となり、鶴山が小浜藩に儒臣として招聘《しょうへい》せられてからは、西依成斎《にしよりせいさい》がこれを継ぎ、次にその養子の西依墨山《ぼくざん》が講主となった。墨山も小浜藩に招かれたので、ふたたび成斎がこれに代り、その後墨山の子および孫が続いて教授に当っていた。

望楠軒は墨山の代のとき、小浜藩主から毎年米を寄進し、のちさらに小浜藩で建物を管理して維持することになった。望楠軒と小浜藩とはこうした特別の関係があって、所有者は西依一家であるが、半ば小浜藩の藩校の形であった。

源次郎が世話になっている山田仁兵衛の妻の千代は、女幡随院《おんなばんずいいん》と呼ばれたほどの女丈夫であって、気性がしっかりした上に、非常に情け深い性質であった。それに源次郎がきびきびとして賢くてよく気がつき、礼儀の正しいのが大いに気に入り、わが子のように愛して、なにくれとなく世話をした。衣服なども買い調えて着せ、源次郎の喜ぶ顔を見ては喜んだ。源次郎もしんみの母親のごとく親しんで、常に「母上」と呼び、生涯交際を続けたのであった。

こうして山田の妻女には、非常に世話になったが、それでよいのではない。自活の道を講じなければならなかった。

やせても枯れても武士の子であるが、そんなことはいっていられない。勉学のためには身を落すことはなんとも思わなかった。髪のゆい方も身形も変えて、湯屋の風呂たきや、米屋の米つきなどにも雇われた。しかしどんな場合でも本は放さなかった。

はるばる江戸へ

望楠軒に学ぶこと一年余、向学の志いよいよおさえがたく、年ようやく十六歳、乗物とては馬とかごのほかない時代、しかもそれに乗れる身分ではない。孤影ひようぜんと、食うや食わずに百幾十里の山河を、まめに痛む足を引きずりながら、泊りを重ねて江戸に着いた。天保元年春のことである。

小身ながら、江戸藩邸詰の叔父、矢部治左衛門義道がなによりの力、この家に落ち着いて長途のわらじをぬいだ。

江戸に住する小浜藩の儒官《じゅかん》、山口貞一郎重昭《しげあき》は、号を菅山《かんざん》といい、西依成斎および墨山の門下で、当時有名な学者であり、人格の勝れた人であった。時に五十九歳。門人には土佐藩主山内豊熙、佐土原藩主島津忠寛のような大名や、各藩士が多数あった。父の祿二十五人扶持をついで、累進して二百六十石にのぼった。

源次郎はその門に入った。

叔父は小身で、とうてい補助はできない。また国をでる時の父の固い戒めがある。人の援助を受けるようでは、お国の役に立つりっぱな人物にはなれないと、どこまでも独立自活、京都にいた時と同様に、いかなる労苦もいとわず、しかも常に快活に、一刻たりとも憂鬱不満の色を見せたことなく、勉め励んでやまなかった。

書が巧みなので、筆耕《ひっこう》をしてわずかの金をえた。

どんないやしい仕事も、少しも気にかけなかった。そして友人に語った。

『士は己《おのれ》を持《じ》すること潔白ならば、貧はいささかも恥ずるところではない。』

かくして一年の後には、学問が非常に進んだことは、師の菅山《かんざん》から、その養子の巽斎《そんさい》に与えた手紙の中に、

『矢部源次郎は去年の源次郎にこれなく、頼母《たのも》しく存候。』

とあるのを見てもわかる。

源次郎はまた昌平坂《しょうへいざか》学問所に入り、林大学頭《はやしだいがくのかみ》に学んだ。

源次郎がまだ少年ながら、字をよく知っているといううわさがあったので、ある日大学頭は源次郎をよんで、

『その方は、よく字を知っているそうだが、難字を知っているだけ記して見よ。』

と命じた。源次郎は筆をとって、たちまちすらすらと休みなく、書きも書いたり、十五画《かく》以上の漢字を八百三十字。さすがの大学頭も舌を巻いた。

またある日大学頭は「近思録《きんしろく》」を講義して見よと命じた。

源次郎は命に応じ、縦横に精をきわめ義を尽して説いたので、大学頭も、その頭脳のよいのと記憶力の良いのを大いに賞した。

叔父は源次郎がたまらなくかわいくなってきた。そしてこれは行末たいした人物になるぞと、大いに望みをかけて養子にしようとたびたび説いたが、源次郎はいつも笑って答えなかった。

山口菅山の門でも、おいおいと多くの先輩を抜くようになった。菅山は源次郎を深く愛したので、一部からはねたみを受けたが、俊敏の才が認められて、相当の武家や富家から養子にと望まれた。菅山も、あまりに源次郎が貧苦と戦っているみじめな姿に同情し、いくたびか良い養子口をすすめたが、独立の志のかたい源次郎は、

『たとえ旗本の三両武士になるとも、断じて養子にはまいりませぬ。』

とかたく断った。旗本の三両武士とは、旗本に抱えられて、給料三両一人扶持《ぶち》を給せられる最も下級の侍《さむらい》のことで、侍の悪口を三一《さんぴん》というのはここからでたのである。三両は一年の給料で、一人扶持というのは、藩によつて多少の差はあるが、普通一日玄米五合である。悪い藩では二合

五勺のところもあった。

叔父の熱望にも、どうしても応じないので、ついに叔父の機嫌を損じて国へ帰れと厳命された。しばらく会わぬ故郷の父母の身も案じられるので、一時江戸を去って帰国することになった。十八歳の時である。

苦学十二年

一たん帰国して父母の壮健な姿を見、やがて許しを受けてまたもや京都へでた。このたびは、一とおり医術を学びたいと思い、つてを求めて医者の書生となった。その家族は夫妻と、母と、美しい娘の四人で、大した金持であったという。

朝は早くから家人の眠を妨げないよう、しずかに起きて、家のまわりにちり一つないように、ほうき目も正しく掃除し、女中のする仕事まで引受けて、てきぱきとやってのけて、家人の起きでてくるのを待つ。便所は光るほどきれいに、ちょうずばちの水はいつも新しかった。

主人の往診のときは、かごの供をする。そして病家で待つ間は、読書に余念がない。夜は家人がまったく寝しずまってから勉学にいそしんだ。

主人のそばで診察の見習や、薬の調合も教えられた。医書もたいてい読み尽した。一を聞けば十を悟り、歳よりもふけて、一見二十二三に見えるし、その態度言語がしっかりしているので、代診としての風采も耻かしからぬものであった。

主人夫婦も、十七になる美しい娘も、とくに源次郎に心を留めるようになってきた。

『当世に珍らしい青年じゃ。あんな感心な若者は、わしはまだ見たことがない。ぜひとも養子にほしいものじゃ。』

と主人は家族に言ったが、やがて熱心に養子の話が出た。源次郎が暇を乞うてその家を去ったのは、それからまもなくであった。

源次郎は、ふたたび江戸へでた。

前に怒った叔父も、もともとが愛するあまりからでたこととて許さないはずはない。よく来たとて歓迎してくれた。師の菅山も喜んでむかえた。

源次郎は十五歳から独立自営して、骨をけずり肉をそぐの困苦に堪え、不屈不撓、勉学を続けること実に十二年におよんだ。

その間には、心を迷わすあまい誘惑も幾度かあった。源次郎は、まゆのひいでた目のすずしいきりっと引きしまつた美男子であったから、幾人かの美しい女に恋もされた。それにはいろいろとおもしろい話もある。よい養子口もあった。しかしそれらには一べつをも与えず、ただ勉学一心に貫いて来たのであった。ここに蛍雪《けいせつ》の功成り、りっぱな青年学者となって、山口門下の四人衆といわれたが、中でもかれに匹敵する者はないといわれるに至った。

源次郎は漢学ばかりでなく、国学、兵書、漢詩、和歌なども学んだが、主たるものは、前に述べたとおり山崎闇斎《あんさい》派の学問である。

山崎闇斎は早くから朱子《しゅし》学《がく》をきわめ、のちに神道を加えて、日本国体観を立て、儒学や仏教のために誤られた思想を排し、多くの書を著わして、大義名分を説いた愛国の大学者として、世に盛名をはせ、その名を慕って集まる門人は、実に六千人の多きに達したという。

その門下からは、浅見《あさみ》絅斎《けいさい》、佐藤直方《なおかた》、三宅尚斎《みやけしょうさい》、三宅観瀾《かんらん》、谷秦山《しんざん》らの秀才がでて、大いにその学説を普及した。

中にも浅見絅斎は熱烈な勤王論者で、君臣の大義を論じ、終生関東の地をふまず、また仕官《しかん》もせず、清貧に甘んじ、常に「赤心報国《せきしんほうこく》」の四字をつばにきざんだ大刀を帯し、時機の到来を待って、義挙に立とうと念じていた人である。その著書の「靖献遺言《せいけんいげん》」は、志士の必ず読んで感奮した名著である。

「靖献遺言」とは、中国の志士仁人の遺文を集め、その小伝を付記して、大義にじゅんじた精神を称揚したもので、つまり中国の節義者の例をもって君臣の大義を明らかにし、尊王思想を養成しようとしたものである。

この学派からは、前には竹内式部《たけのうちしきぶ》や、山県大弐《やまがただいに》を、後には梅田雲浜や、有馬新七らの勤王家をだし、また同学派の安積澹泊《あさかたんぱく》、栗山潜鋒《くりやませんぽう》、三宅観瀾《かんらん》らは、水戸《みと》藩の史館の総裁となり、徳川光圀《みつくに》の「大日本史」編集を助け、また水戸学の発達をうながし、藤田東湖《とうこ》の父幽谷《ゆうこく》に至ってその大成を見た。

さて若林強斎門下の小野鶴山、西依成斎、成斎の養子墨山らは、小浜藩に招聘されて儒臣となり、また藩士で強斎の門人である山口春水、その子風簷《ふうえん》、その子菅山らが、藩の子弟を教育したのであって、源次郎も幼少の時から崎門学によって大義名分を明らかにし、尊王の思想を養成せられたのである。

乱脈の国政

源次郎は、苦学十二年の大部分を江戸で送ったが、時は十一代将軍家斉《いえなり》の時代であった。その当時の江戸や国内の状況はどうであったか。

少しさかのぼって、九代将軍の家重《いえしげ》は、多病で、暗愚で、その上にひどいドモリで、政治を見る力はなかった。次の十代将軍家治《いえはる》もまた凡庸《ぼんよう》、田沼意次《たぬまおきつぐ》、意知《おきとも》父子にろうらくされて、いっさい政治を見ず、ただ酒色にふけっていた。かつ天災続きで、世に「天明《てんめい》の弊政《へいせい》」とまでいわれる悪時代を現出した。

その後を受けた家斉は、初めの間は松平定信が老中となって善政をしいたのであるが、定信が退いてからは、政治はいっさい放任し、豪奢の限りをつくして、風流と酒色にふけるのが日々の仕事であった。天性の好色で、愛妾を蓄うること四十余号、これに生れた子が五十余人、その始末は、将軍の威光をもって、男子は大名の後嗣に、女子は大名やその嗣子の妻に、上意として無理に押し付けたので、大名の家にはいろいろな問題をひき起した。

その上に、老中水野出《で》羽守《わのかみ》忠成は、さかんに収賄をして放漫政治を行う。

旗本や役人も上にならい、その腐敗ははなはだしかつた。体面と形式のみにとらわれ、遊蕩をこととし、三味線や歌舞を学んで、その芸能をきそい、花柳界に幾日も流連して、これを誇りとした。諸藩の留守居は交際と称し、贅沢をきわめて、一夜の宴会に十両をかけた例もあつた。もちろん収賄などの不正の金である。

農家も商人も、金のあるものは御家人《ごけにん》の株を買つて直参《じきさん》の武士にもなれた。

武士は町人からの借金や、収賄を少しも不名誉としなかつた。

江戸中いたる所に花柳界が出現し、芝居や遊芸がさかんで、商人は巨富をつくり、江戸の表面は元祿時代にもまさる華やかさを示し、天下泰平の夢に酔いしれた。

大名は、多くの美人を側妾《そばめ》とし、必要もない大勢の家来をかかえて、贅沢をする上に、参覲交《さんきんこう》代《たい》として一年おきに江戸へでなければならない。大名の体面として多数の家来をしたがえ、長日を要して道中をする。江戸には上屋敷や下屋敷を設け、家来をおかねばならず、また妻子を人質の意味で江戸に留めねばならなかつた。

その他お国がえとか、いろいろの造営や工事を幕府から賦課される。

以上の費用は実に莫大なものであるが、主として百姓へ課税されるのである。それと借金政策である。百姓が風水害等で減収となり、納税できない場合でも、捕えて獄に投じ、苛酷な罰を加えて強制した。

将軍や大名は、絶対の権力で、なんでも思うことの達しないことはなく、人を人とも思わず、ちよっとでも意に反する者は、無礼者の一言の下に、大根か人参のように手打にしても罪にはならない。かげで悪口をいったり、衣服の紋などに思わぬ粗相でもしようものなら、忽ち捕えられて打首、たかが下っぱの武士に無礼をしたとて、百姓町人が斬り捨てになったのである。

人別外におかれた気のどくな人間もあった。穢多《えた》、非人《ひにん》と呼ばれるものである。えたの名は、むかし遊猟者の鷹や犬に、餌を供給する「餌取《えとり》」から転じたものであるが、仏教の思想から獣の肉や皮を取るものをいやしみ、その他戦に敗れて捕虜となったもの、三韓から渡来した者の下僕、犯罪者等もある。徳川時代には、えたを人間として扱わず、その生命は公民の七分の一と奉行が判定した例もあった。常人との交際や結婚はもちろん、奉公までも禁じ、家の中へは入れず、百姓町人に対しても同等に口をきくことを禁じ、髪、持物、衣服まで制限して、一見してそれと分るようにし、それに反する者は処罰するという残酷な制度を設けた。

非人もえたと同じく人間扱いはされなかった。多く犯罪者、乞食、心中《しんじゅう》の生き残り等で、中には大名の重い税が納められず坊主になった者も非人にされた。普通の職業は禁じられ、生きんがために、ぜひなく、いやしい仕事もせねばならなかった。

同じ人間で、こうも差別をせねばならないものか。

大名には外様《とざま》と譜代《ふだい》がある。外様大名は、元からの徳川の家来ではないので、いかに英達の人材でも大老、老中、若年寄等の重職にはつけない。そこに譜代の専横と、外様の不満が生じてくる。

27　乱脈の国政

大名というのは一万石以上をいい、それ以下の直属の臣は、天下の直参《じきさん》として威張った旗本である。

旗本八万騎というが、この数は、家康が三河の大名であったころの部下の総数で、旗本の実数は約五千人である。

旗本の祿の最高は横田家の九千五百石で、三千石以上のもの二百四十余家あった。将軍にお目見得の資格のないものを御家人と呼び、祿は最低の二十俵二人扶持のものも大分あって、ようやく内職によって生活した。

士分以下の足軽《あしがる》の俸給は三両一人扶持から、七石三人扶持が最高である。若党などは一両二分から三両一人扶持である。

特別の縁故や、養子に行かないかぎり出世はできず、足軽は代々足軽である。そのかわり百石は代々百石で結構のようであるが、少しでも過失があり、殿様や重役の意に反すると、たちまち減祿され、へたをすると、『切腹仰せ付けらる』とくる。

酒井藩では、代が変るごとに減祿され、過失なく役をつとめると、おいおい元の祿高にするのが例であったことは、梅田家や矢部家の記録に明らかである。ことに矢部家は二百石から、代が変るごとに減じ、雲浜の兄義宣の代には七十石となり、さらに十三人扶持に下った。

武家生活も容易ではない。上と下との差が余りに大きく、不安と不満が起る。

徴祿でも職にある者はまだよい方で、新たに仕官することは容易でなく、浪人者があふれていた。

もっとも気のどくなのは百姓であった。重税で生活のドン底にあったうえに、天保三年（一八三二年）に大ききんとなり、それから毎年引続いて天候不順のため、五穀がみのらず、ことに東北地方がはなはだしく、全国的のききんで多くの餓死者をだし、天保五年には江戸市中にも餓死者が横たわり、さらに天保七年には大風雨がつづいて、はなはだしい大ききんとなり、餓死者、病死者は幾十万人とも知れないほどで凄惨をきわめた。

その間に商人は米の買占をやって、米価はいよいよ騰貴し、都市も食がなく、ことに大阪がひどく、市街には餓死者が多数横たわった。江戸も同様であった。

しかるに幕府は、なんら適当の救済方法を取らなかった。天保八年二月大阪の大塩平八郎が、救済を当局に陳情したが容れられないので、憤激して乱を起したが破れて自殺した。

難民はお上《かみ》に哀訴歎願するが、少しも用いられないので、不当な封建的権力に戦いをいどむむしろ旗が全国にひるがえった。百姓一揆《き》である。いたるところ商家、富家の打こわし、掠奪が行われた。江戸も数年前からその暴行が引つづき行われた。

役人は、その首謀者を捕えて、磔刑《はりつけ》、打首、獄門に処した。近江《おうみ》の百姓一揆の例では、首謀者五十八名を捕え、その中四十七名は罪の宣告もない内に、惨酷な拷問《ごうもん》で殺してしまった。

徳川時代を通じて、百姓一揆は千五百件に上った。

商人もひどい目にあった例が多い。薩摩藩のごときは、大阪の商人から五百万両の大金を借り入れて、ほとんど全部をふみ倒してしまったという。

またわが国の四海は、外国の艦船がしきりに出没して、すきをうかがっているのであった。それに対しても幕府は長夜の夢さめやらず、なんの処置もしなかった。

幕府や大名の政治に対してはもちろん、国のために論じても、たちまち獄に投じられ、けっきよく死の道をたどらねばならなかった。

朝廷を圧迫

京都における朝廷のようすはいかがであろうか。

家康が天下を統一してから、かれはまず朝廷の実権をことごとく奪ってしまった。そして朝廷は、ただ有名無実の官爵栄典《かんしゃくえいてん》のことを取り扱うのみにとどめた。

家康が定めたといわれる「公武法制応勅《こうぶほうせいおうちょく》十八カ条」や「禁中御条目《きんちゅうごじょうもく》十七カ条」には、幕府は朝廷から政治を委任されたとして、事実は政権を奪い、三親王、摂家《せっけ》、公家《くげ》、大名のことごとくを支配し、公家のことでも幕府の同意を要し、政治いっさいは奏聞《そうもん》せずして専行することとした。

天皇には和歌の御研究をお勧《すす》め申し、ひたすら風雅《ふうが》の道に隠れさせられるようにして、政治の実際から遠ざけるにつとめた。

また天皇と国民との離間策をいろいろと講じた。すなわち、天皇の他出を固く禁じた。これは国民が天皇の行幸を親しく拝し、尊王の念を起してはならないと考えたからである。遠く寛永三年（一六二六年）後水尾《ごみずのお》天皇が、二条城へお出でになってから、孝明天皇に至るまで、二百余年間、代々の天皇が、御一方も皇居外へ他出されたことはないのである。

また、諸大名が京都へ入ることを禁じた。とくに許可を受けた場合でも、一、二日以上京都にとどまることはできなかった。もしや大名が忠義心を起しては大変と思ったからである。

京都五山の高僧に、朝廷から紫衣《しい》を賜わったが、幕府はそれを取り上げて、朝廷の尊厳をじゅうりんし、これに対し抗議を申し込んだ沢庵《たくあん》、玉室《ぎょくしつ》の二僧を、奥州へ流刑に処した。

幕府の干渉の手があまりにはなはだしいので、御水尾天皇は御憤慨のあまり、三十五歳で、わずか八歳の皇女に、皇位を譲られた。これ明正《めいしょう》天皇で、御生母は徳川秀忠の娘和子《かずこ》である。女帝は称徳天皇《しょうとく》以来絶えてなかったことで、徳川の得意や思うべしである。

歴代天皇の御陵《ごりょう》に対しては、粗略《そりゃく》きわまる取り扱いをしながら、家光は父秀忠の霊屋《たまや》を芝の増上寺《ぞうじょうじ》に設け、実に華麗善美をきわめた。そのため、家康の日光廟が劣るようになったので、諸大名に命じて、国力を尽して大修築を行い、世に『日光を見ぬ中はけっこうというな』ということわざさえ生むに至った。この莫大《ばくだい》な費用は、すべて国民の血税によるものである。そして日光廟に勅使を申し乞い、また日光廟や、徳川の菩提寺《ぼだいじ》の江戸上野の寛永寺に親王を門跡《もんぜき》に迎えた。かような僭越《せんえつ》な所業は日本に昔からその例がない。

天皇の譲位《じょうい》、践祚《せんそ》、立太子《りったいし》、立親王《りっしんのう》、立后《りっこう》、女御《にょご》入内《じゅだい》等の大典から、摂政《せっしょう》、関白《かんぱく》等の任免までことごとく幕府の同意を得なければならないことにした。

天皇はわが国にとって、一日として空位《くうい》であってはならない。しかるにこの制度のため、非常な不都合が生じるのであった。

すべて公家の賞罰にも干渉し、幕府の気に入らない者は、流罪に処することとして威嚇した。儀礼や公文書の上では、天皇と将軍とをほとんど対等にした。これを御両敬という。勅使を江戸に迎えるときに、聖旨を宣達する時だけは将軍と同席とし、それが終れば勅使は下座になった。

将軍から朝廷に対する文書は、尊大な文言を用いたが、摂政、親王といえども、将軍の名あてにはしないで、老中にあてて将軍へ披露《ひろう》を依頼することになっていた。

京都に所司代を置き、幕府のもっとも信用する譜代《ふだい》大名を任じ、宮中守護とは表面の名、実は監視役であった。

また禁裏《きんり》附《つき》武士を宮中に置き、禁門の警衛、出入の監視、禁裏御賄《まかない》の監督等に当らせ、宮中の動静から、女中などの小者の雇入れに至るまで監視させた。

将軍家光の参内《さんだい》以来、どの将軍も参内したものはない。いながらにして高位高官を授けられた。家斉も従一位太政《だじょう》大臣を授けられた。

のちに嘉永元年三月は、家康の父広忠の三百回忌に当り、また将軍家治《いえはる》の嫡子《ちゃくし》で早世した家基《いえもと》のため、二人ともに正一位太政大臣という最上の官位の追贈を請うた。

将軍の父にはその例もあるので、広忠の方にはお許しがあったが、家基には全くその例がないのでお許しがなかった。幕府は不法な威圧手段をもってついにその目的を達した。全く資格《しかく》なくして極官極位を奪い取ったと同様である。しかるに光格天皇が、御実父閑院宮《かんいんのみや》典仁《すけひと》親王に、太上《だいじょう》天皇の尊号を奉りたいと望まれたのを、幕府はこれに反対し、勅命を奉じて尽力した公卿を罰しついに天皇の御希望をおさえてしまった。

33 朝廷を圧迫

幕府はまた皇室の賄料《まかないりょう》にはなはだしい制限を加えた。小大名に過ぎないほどの御料《ごりょう》で、それも土地は朝廷の支配にまかせず、幕吏の管理下に置き、一定額以上の支出は、すべて同意を要することとした。諸儀式の挙行《きょこう》、殿舎《でんしゃ》その他の造営《ぞうえい》、修理等から、天皇の日々のお食事の上にまではなはだしい不自由を来たした。

つぎにかかげる孝明天皇の時代の一、二の例をみても、当時の状態が察しられる。

孝明天皇は酒をお好みなされた。ある日酒井所司代の臣三浦七兵衛が、そのお酒をいただいたところ、自分の口にもできないほどの悪酒なので、恐懼してその現品を御用度掛《ごようどがかり》の内藤豊後守《ないとうぶんごのかみ》に届けた。豊後守も試してみた上に、三浦へ左の書面を送った。

『御膳酒《ごぜんしゅ》御差越し、辱《かたじけな》く早速拝味致し候処、もっての外なる味《あじわ》い、七分水、三分酒と申す位の事に候。』

とある。これを見ても、いかにひどいお酒であったかが知られる。

お食事のお菜は、たいてい塩魚か乾魚《ほしうを》で、朝臣に賜わる食事は、豆腐や昆布類が主に用いられ、それに塩鯵《しおあじ》ぐらいで、節会《せちえ》等に限り小鯛の塩物が用いられた。日常の御用品も不自由をきわめられたという。

堂上公家と称せられるものが百三十七家あった。最高の五摂家中の九条家が三千石、次が近衛家で二千八百六十石、一条家が二千石余、二条家が千七百石、鷹司家が千五百石で、千石以上は右のほかに菊亭家と藤波家で、大多数は三百石から百石である。三十石が二十九家あった。昇殿を許されない三百余の地下官人はそれ以下である。

しかるに徳川は形式的にも、天皇から征夷大将軍に任ぜられた臣下であるのに、日本六十余州を思うがままに処分して、自らは八百万石を領し富貴栄華のかぎりをつくした。三家といわれる一族の尾州家が六十一万九千石、紀州家が五十五万五千石、水戸家が三十五万石、大名中では前田家が百二万石、島津家が七十七万石で、前田家の家老は一万石以上五万石におよぶものが八家もあった。

さて、国民が多数餓死するのをよそに、栄華をきわめた十一代将軍家斉は、天保八年四月に、五十一年間在任の将軍職を、その四男家慶《よし》に譲り、自分は大御所と称せられてやはり実権をふるっていたが、四年後の天保十二年に死去した。

源次部は、家斉死去の前年まで江戸にいて、この憂うべき乱脈の実情を見、そして自己も苦しい経験を経たのである。このまま捨てておいては国が亡び民が亡ぶ。断じて徳川幕府をおさえて悪政を改革せねばならない。それには王政を古《いにしえ》に復し、朝廷の御威光をもって行わねば不可能であると、深く胸中に決し、天下のため一身をなげうつ覚悟はいよいよ固くなった。

そのためには、矢部家の次男では家長に束縛されるし、矢部一家にわざわいをおよぼすおそれがあるので、矢部家から離脱して独立し、祖父の姓を称して梅田源次郎義質《よしただ》、雲浜と号して、天保十一年（一八四〇年）二十六歳で郷里小浜へ帰って来たのである。

ここに昔の人の名について参考に記して置くが、町人、百姓には苗字《みょうじ》がなくて、ただ名だけであった。武士は苗字と通称と本名（名乗《なのり》、諱《いみな》ともいう）があった。そこにも同じ人間に不合理な差別を設けた。学者などはさらに中国式に字《あざな》を用いることがあった。雲浜でいえば苗字は梅田、通称は源次郎、本名は義質である。崎門学派では字《あざな》を用いない例で、雲浜もそれを用いなかった。本名には家により通《とお》り字《じ》というものがあった。矢部家は義、梅田家は定の字を用いた。

雲浜自身は通称を多くは源二郎と記し、時には源次郎とも記しているが、矢部家の系図や、藩や幕府の公文書等には、みな源次郎と記されてある。本書は源次郎の方をとった。

なお初めの名は義質《よしただ》であったが、三十五歳ごろ、梅田家の通り字である定を取って、定明《さだあきら》と改称した。

熊本行と上原立斎

雲浜は江戸から帰って、しばらく父母のところにいたが、翌年二十七歳の時、父の岩十郎は藩から熊本へ使者を命ぜられた。

父はなにぶん六十六歳の老齢で、旅中も心もとなく、また雲浜もかねてから熱望していたところの、諸国の状況視察に、絶好の機会であると思って、藩に願って父に随伴する許しを受けた。父も大いに心強いわけであるから喜んだ。

関西地方から九州諸国を遊歴し、各藩の地理、人情、政治、風俗、産物など、およぶ限り詳しく視察して、実に活きた学問をした。

その時熊本藩へ行って滞在中、多くの知己を得た。家老長岡監物《けんもつ》、その家来笠隼太《りゅうはやた》（号夕山《せきざん》）、その子左一右衛門、儒官名和桂《けい》之助（号桂斎《けいさい》）、横井平四郎（号小楠《しょうなん》）らと会して、大いに意気投合し、その後ともに国事のためにつくした。

長岡監物は雲浜より三歳の年長、一万五千石の大身である。監物《けんもつ》は嘉永六年房総《ぼうそう》警備の命が同藩に下るや、洋式の兵制を採用してその任を全うした。肥後藩が天下に重きをなしたのは、全く監物の力である。

笠隼太《りゅうはやた》は、雲浜と同学派で、学才あり、勤王の志の厚い人で、山崎学の筆記類を集めること数千巻におよんだという。雲浜より二十五歳の年長で五十二歳。名和桂斎は同学派の先輩で五十六歳、博学で仏典《ぶってん》、医書にまで通じ、詩文を善くした。ともに雲浜とは親子ほど年が違うが、雲浜の見識《けんしき》はかれらに一歩も譲らず、友人として永くかわらぬ間柄となった。

横井小楠は一代の奇傑、雲浜より五歳の年長である。後には主張を異にしたところがあったようであるが、初めは非常に親密であって、大いに論じ合ったものである。

九州から帰ると、また京都へでて山田仁兵衛の家に寄寓した。

当時大津に上原甚太郎（立斎《りっさい》）という学者があった。近江高島郡北畑の生れで、同じ山崎学派の人、資性温厚で篤実、学問も深く、近国にその名を知られて、門弟も諸国から集り盛大であった。

雲浜もかねてからその名を聞いていたので、学に熱心なかれは、大津に行って立斎に面会し、入門を乞うた。

立斎が雲浜を見るに、おかしがたい威容が備わり、態度から言語から、よほどの人物であることを感じた。

そこで立斎はていねいに応対して、世間話から、おいおい学問の話に進むと、雲浜の造詣《ぞうけい》の深いことを知った。

立斎は喜びかつ敬服して、

『いや恐れ入った。貴殿の学業はすでに成就していられる。拙者がお教え申すところは何もござらぬ。どうか今後は友人として御交際を願いたいものです。』

立斎は雲浜より二十一歳上の四十八歳であるが、一見旧知のごとく、たちまち心で結ぶ友人となり、そして望まれるままに、塾監となって上原家に足をとどめることになった。

立斎には一男二女がある。男子は甚八郎、長女は信子《しん》、次女は静子といった。

信子は十五歳のまだつぼみの花ながら、生れついての麗質、父母の訓育で心ばえいとも優雅に、諸礼儀、和歌、華道《かどう》、琴《こと》、薙刀《なぎなた》など、女子諸芸の修業中であるが、すでにみな相当熟達の域に達していた。その当時から愛用した薙刀は、藤原行長の在銘《ざいめい》で、今もなお奈良の高橋家に保存されているという。

彼女はのちに日本婦人の亀鑑《かがみ》として、名婦伝には必らずその名をのせられるほどの人、白梅のごときかんばしき香は、ふくいくとして上原の家にただよっている。そして出入する多くの書生たちの目を引くようになっていたが、初めて見る梅田源次郎のさつそうたる風貌に対して、いかなる感を抱いたか。

立斎が、突然どこからか現われた白面の一書生を大切にして、同等の友人として厚遇するのを見た門弟ども。不平でたまらない。

『なんだ、あの風来坊《ふうらいぼう》は。われわれと同様に入門したものを、どうして先生はあんなに優遇されるのだ。』

『優遇は先生のおぼしめしでいたし方ないとしても、どこの馬の骨か牛の骨か分らないやつ、いやにいばっていやがる。』

『あんななまっ白いやつになにが判るか。こんど難問をだして困らせて笑ってやれ。』

などと陰口をきく者もあった。

数日後に立斎は、雲浜に向って、門人になにか講義をしてほしいと頼んだ。

雲浜は一同を集め、おもむろに詩経を講じた。初めはなにほどのことやあらんと、たかをくくっていた門人どもは、たちまち粛然としてえりを正した。後世にまで有名になった雲浜一流の大熱弁、加うるに深遠な学識をもって、字句にとらわれず、その真義を適切に説き、また、たとえを当世に取り、ひしひしと魂に徹する名講一席を演じたので、門人はもとより、そばにきき入る立斎、娘の信子まで、一度でみな敬服してしまった。

門人のひそひそ話に、

『上原先生より、梅田先生の講義の方が上だ。これから毎日梅田先生に願いたいものだ。』

と言う者が多くなった。

湖南塾を開く

いつまで上原塾に止まるもせんなく、京都へ去ろうとしたが、立斎はぜひとも大津に塾を開いて永く留まるようにと勧めたので、坂本町に一軒の家を借り受け、ここに二十七歳で初めて塾を開き、「湖南塾《こなんじく》」の看板を掲げたのであった。そのころ号を雲浜の外に、湖南ともいった。

その家というのは、小浜藩の蔵元《くらもと》で、鍵屋《かぎや》中村五兵衛の分家、利助の別宅であった。

その後、坂本町から大門町に移った。

塾は開いたが、宣伝などはいっさいしない。生活のために学問を売るのではなく、国家有為の人物を養成するという高い目的であるから、みだりに入門を許さない。軽薄な者はいかに金を積んでも断じて門弟とはしない。見込がある人物ならば、月謝など一文もださずとも熱心に教授するのであった。

そして門弟の教育は非常に厳格で、すこしでも怠惰の風が見えたり、礼儀を欠くようなことがあれば許さない。一旦入門しても、なまけ者は窮屈なために止めてしまう者もあった。

それに、まだ、名を知られていないせいもあろうが、塾は繁昌したとはいえない。相変らず貧乏生活を続けた。しかし貧乏は慣れているから平気で、むしろ清貧をいさぎよしとした。

年はまだ若いが、富豪や、上士との交際も多く、その中には雲浜の人物を好み、あるいは敬服している人もあるから、望めば衣食の料には少しも困らないはずであるが、利欲のために頭を下げられない性質で、理由のない金品はわが心を汚すものとしてしりぞけた。

しかし客が来れば、必らず酒肴を出して歓待するのを例とし、また困っている書生があれば、なけなしの小づかい銭を、おしげもなく与えてしまった。

大和《やまと》五条の乾十郎《いぬい》が、京都から来て入門した。かれも一文無しの組である。かれはそれまで有名な森田節斎の門に学んでいたのであるが、雲浜の塾へ来た当時、京都の山口薫次郎《しげろう》へ出した手紙を見ると、

『梅田氏至って困窮にて、すべて別会計にしなければならないから、夜具ふとんを送って下さい。ぜん、わん等も入用であるが、費用もかかるゆえ、お送りにはおよばない。今日から米、まき、炭、油、はきもの等も調えたいが、一文無しゆえ、ぼくの八家文（唐宋《とうそう》八家文読本）を典物《てんぶつ》にして金子二歩《ぶ》ばかり都合してもらいたい。五条から綿入が到着したらお送り下さい。梅田氏の経義《けいぎ》の話、ならびに利義《りぎ》の弁《べん》、うけたまわり大に敬服いたした。』

という意味が記してある。後に天誅組の傑士として有名となった乾十郎も、かくのごとく貧苦

欠乏と戦って、勉学に励んだのであった。

右の手紙の名あて人山口薫次郎は、京都市外川島村の郷士で、庄屋を勤めている資産家である。春日《かすが》潜庵《せんあん》について和漢の学を修め、天保九年私財を投じて立明館を設立し、森田節斎を招いて郷里の子弟を教育したほどの熱心家である。のちに雲浜に敬服して門弟となり、勤王のために奔走して、所有の田畑山林四十町歩をことごとく国事のために費し、明治六年東京で死んだ。鍵屋五兵衛の親族の中村淡水は、学問もあり、憂国の士であって、雲浜は同志として親交を結んだ。

小笠原家の蔵元《くらもと》で、米商を営む岩崎鷗雨《おおう》は、通称を川村屋喜助といった富豪である。この人はただの商人ではなく、詩文を頼山陽に学び、画を浦上春琴《しゅんきん》に学んだ。頼山陽は母とともにかれの家に行き、詩歌を詠じたこともある。雲浜はこの人とも交わりを深くした。

熊本へ行った時に、交りを結んだ同藩の儒臣名和桂斎《けいさい》が、天保十三年江戸へ行く途中だといってたずねて来た。時に桂斎は五十七歳、だいぶ年が違うが、友あり遠方より来たるとて大いに喜び、終日語り、相伴って上原立斎を訪れた。

翌年三月、日向《ひゅうが》都城《みやこのじょう》主《しゅ》島津家の臣、大館《おおだて》四郎晴勝《はるかつ》がたずねて来た。これは年が若くて二十歳、雲浜は二十九歳である。雲浜はこれをも大いに好遇した。四郎の記した「客舎日記《きゃくしゃにっき》」には、

『十一日昼前大津坂元町梅田源次郎殿の所へ至る。兼《かね》ての知人なり、酒肴など馳走になり、ともに石山に行く。道義論中々に言の葉もなし。その夜梅田方に泊り終夜談話す。十二日昼時分より門人等と同道三井寺より唐崎の一松《ひとつまつ》見物す。』

とある。この人は幼少から奇才に富み、和漢の学に長じ、和歌にすぐれ、また勤王に尽して有名な人物となり、家老に昇進した。

雪のごとき清廉

ある日、小浜藩の役人が雲浜のところへ来た。そして言うには、

『貴殿は、鍵屋五兵衛と御懇意の由をうけたまはってまいりましたが、さようですか。』

雲浜はうなずいて、

『いかにも懇意にいたしております。』

『五兵衛は小浜藩の蔵元を勤めていることゆえ、拙者がまいってもよいのですが、実は本藩の武器調達のため、だいぶ多額の金を融通してもらいたいので、はたして応じてくれるかどうか、内密に貴殿から御交渉をお願い申したくてまいりました。』

『おやすい御用です。』

と、雲浜はその金額や、条件などを聞いた上、鍵屋五兵衛のところへ出かけて行った。

五兵衛と会って、いろいろ交渉を試み、幸いに承諾を得たので、雲浜は喜んで帰ろうとすると、五兵衛はしばらくと止めて、やがて広蓋《ひろぶた》の上に、水引を掛けただいぶんの金子の包みを載せて、雲浜の前に差しだし、

『これははなはだ軽少で、失礼でございますが。』

と言う。雲浜はかたちを改めて、

『これは何でござるか。』

『いや、ほんのお手数料です。なお今後ともよろしくお取計いをお願い申したいと存じまして。』

と言った。平常は一度も不快な色を見せたことのない雲浜であるが、この時は、不快の色を現わして、いきなりその金包を取るや、五兵衛の面前にたたきつけた。

『かかる卑しきものを受取る拙者と見たか。無礼であろう。』

と、ことば鋭く、頭からしかりつけて立ち去った。

巨万の富を有し、剛腹をもって聞える五兵衛、十八歳も年下の雲浜にはずかしめられて、ハッとばかり顔色を変え、いまいましそうにその後ろ姿を見送りつつ、しばしだまっていたが、やが

「梅田雲浜先生湖南塾址」の碑

てハタと膝を打って、

『小浜藩の家老を始め、役人らは、みなこのわしの金力の前に、ぺこぺこ頭を下げて来るのに、梅田はまだ年も若く、ひどい貧乏であるのに、清廉潔白なことは実に見上げた男である。ああ偉い人物である。』

と感歎して、その翌日、鍵屋五兵衛は雲浜の家をおとずれて、昨日の無礼を謝し、その門人となった。五兵衛もえらい人物であった。

ある日、三井寺《みいでら》からの使僧が雲浜のところへ来て、

『先生に寺までお越しねがいまして、僧徒に御講義をお願い申したく、私使者としてまいりました。お礼は御満足の行くほど、じゅうぶんに差上げますとのことでした。』

と言った。雲浜はこれを聞いて、その無礼を怒ったが、色には表わさず、
『それは御使者御苦労でした。せっかくのお申し越しではあるが、拙者はあいにくまだ坊さんに教える道を学んだことがござらぬから、お断り申します。』
と言って応じなかった。

この年六月三日、矢部家の当主、兄の矢部孫太郎義宣《のぶ》が、江戸勤番《きんばん》中に病死した。少年の時から温厚で、文芸を好んだ兄は、身体もあまり強くはなかったが、まだ前途の多い三十三歳の若い身であの世へ去ったのである。

その報に接するや、雲浜は悲みにたえず、ただちに遠く江戸へ赴いて、兄の葬られた深川《ふかがわ》の宣《せん》雲《うん》寺にまいり、厚くその霊を弔い、また後々の事ども残る方なく取はからった。

兄には幼女があったが、男子がないので、弟の三五郎義章《あきら》が矢部家を相続することとなった。湖南塾の跡には、大正十三年に内田周平氏書の「梅田雲浜先生湖南塾址」の碑が建てられた。

望楠軒の講主

百数十年来続いて、崎門学の本山として、もっとも権威ある京都の望楠軒、それは雲浜の少年

時代に学んだ塾である。

　西依墨山の孫孝博が教授に当っていたが、漸次衰微して、昔の面影はほとんど失われてしまった。この際ぜひとも、傑出した学者を講主として、頽勢をもりかえさなければならないと、関係者がいろいろ相談した結果、同学派の正統を継ぐ学者として、梅田雲浜を最適任者と認めたので、雲浜はこの権威あり由緒《ゆいしょ》ある望楠軒の講主として選ばれることになった。

　天保十四年九月、雲浜は大津の湖南塾を閉じて、京都へ移った。望楠軒の講主、すなわち校長の地位についたのであった。二十九歳の時である。

　これから雲浜の名は、にわかに世にあらわれて来たのであった。

　以前は自らここに学び、今はこの学塾の講主となって、子弟を教育する身となり、うたた感慨の深いものがあったであろう。

　しかしながら、小浜藩から一定の食祿がでるのでもなく、また塾から多くの報酬を受けるのでもなかった。これはまったく雲浜が旧師に対する報恩のために、義俠的につくそうとする美しい心からでたもので、無報酬でその任を引受けたのであった。

　依然として貧乏生活は続く。そしてまた以前に世話になった山田仁兵衛の宅に世話になった。

　仁兵衛の妻の千代は、前にも記したとおり、非常に義俠心に富んだ女丈夫であって、多くの志士の世話をして有名となった女である。のちに西郷、木戸、伊藤、井上、山県、松方、土方《ひじかた》ら、維新の元勲となった人々も、山田家に出入して千代の世話になったもので、伊藤博文《ひろぶみ》や井上馨《かおる》などは、千代にはいつも呼びすてにされていたそうである。

雲浜が木屋町二条に住むようになってからも、千代は米、塩、まき、炭などを送って助けた。木戸《きど》孝允《たかよし》の夫人松子は、小浜藩士生咲《きさき》市兵衛の次女で、父母が亡くなったので、十一歳の時から、千代に養われて遊芸を仕込まれ、十三歳から町舞子《まちまいこ》にでて、のちに幾松《いくまつ》と名乗って芸者になり、木戸が桂小五郎《かつらこごろう》といって勤王に活躍しているころに大いにつくした。木戸夫人となってからも、常に千代とは親しくゆききしていた。

雲浜の藩主の酒井《さかい》若狭守忠義《わかさのかみただあき》は、この年十一月所司代《しょしだい》に任ぜられて、京都に在勤することになった。

雲浜は年こそまだ若いが、識見はすでに凡俗《ぼんぞく》を抜いていた。講義は書物の字句にとらわれず、実生活に応用されることに重きを置き、独得の明快にして火のごとき熱弁をもって説くので、聞く者はみな感動しない者はなかった。

門人で、のちに第一流の画家となった富岡鉄斎の手紙に、

『雲浜先生は勤王憂国の人、慷慨談は常にして、講書よりも時事を痛論す。愚生および同門の吉

田玄蕃《げんば》等《ら》、毎々先生の口角泡《こうかくあわ》を飛ばして罵詈《ばり》せらるるを謹聴せり。』

とある。この富岡鉄斎は名を百錬《れん》といい、のちに諸国を遊歴し、維新当時は大いに国事に奔走し、さらに神官となったが、宮司《ぐうじ》の職を退いてからは、もっぱら画道に専念し、南宗派《なんそうは》の大家となって、帝室技芸員、帝国美術院会員となった人である。

恩師雲浜の二十五年忌のとき、懐旧の情にたえず、

　雲ゐにも匂《にお》ふさくらを植《うえ》しそのむかしの人をしのぶ今日《きょう》かな

と詠み、また明治三十年、小浜に雲浜の碑建立の際には、左の詩を詠じた。

　林下忍レ飢為二逸民一。（林下《りんか》飢《うえ》を忍《しの》びて逸民《いつみん》となり）
　只憂二家国一不レ憂レ貧。（只《ただ》家国《かこく》を憂《うれ》いて貧《ひん》を憂《うれ》いず）
　豊碑今日頌二遺徳一。（豊碑《ほうひ》今日《こんにち》遺徳《いとく》を頌《しょう》す）
　第一流人是此人。（第《だい》一流《りゅう》の人《ひと》は是《こ》れ此《こ》の人《ひと》）

また門人の東久周の話には、

『雲浜先生が「靖献遺言《せいけんいげん》」を講ずる時には、慷慨悲憤、声涙《せいるい》倶《とも》に下れり。』

と。これらからみても雲浜の講義の、いかに熱烈で真剣であったかが判る。

そして門生を教育するには、湖南塾の時と同じく、すこぶる厳格であった。少しでも態度をみ

だしたり、怠惰の風が見えると、決してそのままにはしなかった。そしてまず雲浜自身が威儀を整えて諸生に範を示した。

小浜藩士の団《だん》五郎兵衛重政《しげまさ》は、雲浜が講主となった初めごろの門人で、その時十五六歳であったが、その人の話に、

『雲浜先生は、読書や習字を教える時には、必らず袴《はかま》を正しく着け、朱鞘《しゆざや》の小刀を帯《たい》さなければ決して教えなかった。』

その厳正さが判るのである。

ある時、雲浜は一ヵ月ほど旅にでることになったので、門人一同に向い、

『拙者はしばらく留守《るす》になるので、諸君のために、一生の心得となる道を講じよう。』

と言った。門人は、きっと先生得意の「大学」か「近思録《きんしろく》」であろうと思っていると、雲浜は「春秋《しゆんじゆう》」を開き、初めの文句の「元年春王《はるおう》正月」の六字について講義をはじめた。それが和漢の古今におよび、政治や人物について、縦横無尽に批判し、わが国民としてふむべき大道を説くこと二日間におよび、門生はいずれも感嘆敬服したのであった。

門生に彦根藩の家老の次男があった。家老の子というのを鼻にかけて、高慢なうえに、酒乱の癖があって、酒を飲むと切腹するといって、刀を抜いてさわぎだすのである。

ある時、またも酒をさんざん飲んで来て、熟柿《じゅくし》のような息をはき、狂人のようになって、大声を発し、刀を抜いてあばれまわった。

『ぶ、武士は身命を軽んずること鴻毛《こうもう》のごとしじゃ、その覚悟なくして、な、なにができる。ど、どいつもいくじなしぞろいじゃ。腰抜めら、武、武士の真の切腹の型を見せてやるから、き、きさまらよく拝見して、手、手本にせよ。』

わめきながら、ほんとうに腹を切りかねまじき勢い、けがでもさせては大変なので、門生が止めようとする。それをよいことにしてますますあばれる。一同持てあましていた。

この騒ぎを聞いた雲浜は、一刀をひっさげてその場へ現われ、かの男をハッタとにらまえて、『さほどまでに切腹したいのか。よし、わが面前でりっぱに腹を切れ。武士らしく腹を切れ。拙者がかいしゃくしてやろう。さあ切れ。』

厳然《げんぜん》として詰め寄ったその勢いが、あまりにすごかったので、その男びっくりして酒の酔いも一時にさめ、平身低頭、それ以来酒癖はすっかりやんでしまった。

ある時、六条から、かごをもって木屋町の雲浜の宅へ迎えに来て言うには、

『先生は、えらいお医者さまと聞いてまいりました。じつは私方主人が、狸《たぬき》につかれまして、あちこちのお医者や、薬や、加持祈禱《かじきとう》、おまじないと、いろいろ試みましたが、いっこうに効が見

えませんで困っております。どうか先生にお越し願って、みていただきたいものでございますが——。』

と言う。えらいお医者といわれて雲浜は苦笑したが、心やすく承知してその家へ行った。

患者を見ると、四んばいになったり、奇声を発したり、虫を食べたり、便をたれ流したりして、だいぶひどい状態である。

雲浜は正座して、じっと患者の目を見つめていたが、機を計って、

『エイッ！』

と大かつ一声鋭い気合を浴びせかけた。かの男、ハッとしたとたんに正気に返った。

狸《たぬき》つきとか、狐《きつね》つきとかいっても、実際にたぬきやきつねの霊が人につくものではなく、こうした迷信を強く信ずる者が、妄想《もうそう》を起す一種の神経病であることを、雲浜はよく承知していて、強烈な気魄《きはく》で治したのである。

藩主の召しを拒絶

ある日、ひとりの武士が雲浜の居をたずねて来た。

かれは、雲浜が狭い一室を借りて住む、いかにも貧しげなありさまに、たちまち軽蔑の色を浮かべて雲浜を見下し、あごで礼をしながら、

『拙者は酒井豊後《ぶんご》の家来某でござる。今日は主人豊後こと、殿《との》の上意をこうむり、それをお伝えするためにまいったのでござる。』

と言う。酒井豊後とは主君酒井侯の一門で、家老職にあり、三千二百石を領する権門である。その人へ殿からなにか自分のことについて上意があったとのことであるから、雲浜は礼を正して上座に迎えた。

『梅田氏《うじ》、お喜びあれ。見ればお暮しむきがだいぶ御逼迫《ごひっぱく》の様子でござるが、もうその御心配は御無用でござる。』

かの武士は尊大にかまえて、雲浜が定めし喜びの色を浮べて、自分に対し、大いに敬意《けいい》を表するであろうと思っていたのに案に相違したので、かれはいささか不快に感じたらしく、ますます尊大に構えて、

『殿が、主人豊後への仰せには、ちかごろ梅田はだいぶ有名になったが、試しになにか講義をさせてみたうえ、儒官《じゅかん》として登用したいとのありがたいおぼしめしでござる。そこで、主人豊後には、梅田は苦辛研学十余年、すでにりっぱな学者でござるが、今非常に貧苦に迫られて、気のど

くな境遇にあることを申し上げ、御登用相成るように、極力尽力いたしたので、もはや御登用は確実相違ござらぬ。この御生活から急に高禄に出世なさるのでござる。破格のこと。貴殿もさぞご満足でござろう。』

雲浜の顔には、不快の色が現われたが、使者は気がつかずに、

『主人豊後からも、貴殿の出世のために、つとめて殿のお気に入るよう講義なさるのが、なにより肝要第一でござる。ゆめ我意《がい》など通して、殿の御機嫌を損ぜぬよう、じゅうぶん御注意をなさるのがよろしいと、くれぐれもの心添えでござった。主人の好意もとくとご諒承願いたい。ついてはその日取でござるが……。』

望楠軒の講主は、いままで代々酒井家の儒官として、高禄をもって招かれるのが例であった。もともと藩士である雲浜を登用しようというのはなんの不思議もない。たしかに貧苦から一やく出世して幸福に恵まれるのである。しかしかれは高潔すぎた。使者の口上がことごとく気に入らなかった。

『せっかくの仰《おう》せでござるが、御辞退申したい。』

きっぱりと断《ことわ》った。

使者は驚いて目をパチクリさせて、雲浜の顔をながめていたが、やがてムッとした面持で、

『臣として、殿の上意にそむかれるか。』

雲浜は厳粛な態度をもって、

『殿の御命令とならば、臣たる拙者、たとえ門衛、夜番のごとき下級の仕事でも決していといはいたさぬ。また常に一命は殿に捧げている覚悟でござるから、いかなる死地をもなんで否《いな》み申そうか。しかしながら学問の方は別でござる。学は聖賢の教え、人としてふむべき最高の道でござる。殿が真に聖賢の教えをおたずねになるおぼしめしならば、喜んでいつでもまいりましょうが、それにはいかに主君でも、学者を遇するの道というものがありましょう。拙者には、こころみに学を講ずるとか、殿のお気に召すような器用なごきげん取りのまねはでき申さぬ。そのようなほうかん学者も、世間にはたくさんござるから、その方へまいられたがよろしかろう――。いや、殿は決してそんなお考えでないということは、拙者にはよく判っている。まったく酒井豊後殿がその道を知らずに、さような無礼なことを申されたのであろうと存ずる。なお拙者はごらんのとおり貧乏に相違ござらぬ。身分もいたって低い者でござるが、これでなんの苦痛も不都合も感じ申さぬ。実力もないのに高祿をはみ、心にもないお世辞を言って昇進を望むがごとき、祿盗《ろくぬす》人《びと》のようなまねはいたさぬ。拙者は、身はいかほどでも労するのをいとわぬが、この魂《たましい》を屈することはでき申さぬ。どうかお帰りになって、この次第を、御家老豊後殿へお伝え願いたい。』

雲浜が定めし飛びあがるほどの大満足で、一も二もなく承知することと思っていたのに、これはまたあまりにも大きな違いで、使者も大いにあわて、これでは使いの役目が果たせないので、初めのおうへいな態度はどこえやら、両手をついて、ていねいに哀願したが、もう遅い。なんとことばをかえても、雲浜の心を動かすことはできなかった。

せんかたなく、その日はすごすごと立ち帰ったが、それから四五回も、その男や、また他の使者が立ち代って来て、あるいは高圧的に、あるいは利益をもって、しいて動かそうとしたが、雲浜はついに、

『御家老豊後殿自身で来られて前の失言を謝し、儒者《じゅしゃ》を遇する道をもってしたならば、まいらないこともござらぬ。』

と言ったので、この話はそれきり中止になってしまった。

こうしてせっかく出世の道が開けたのを、われから断ち切ってしまったのである、著者の祖父は語った。

『雲浜という男は、こんながんこな男じゃった。その日の生活にも窮しておりながら、大出世ができるのを家老の口上が無礼だからといって、家老に来てあやまれというのだ。雲浜でなければいえぬことばだ。そのため殿様や重役らもだいぶ感情を害されたようすだった。雲浜はいったい

に下の人にはまことに良かったが、どうも上の人に対しては頭を下げない男であった。しかし殿様には、忠義の心が深くて、一度たりとも殿様に対して不平をもらしたり、非難がましいことはいっさい言わなかった。』

新夫人

上原立斎の娘信子は十七歳になり、いよいよ美しい花になった。諸芸はますます練達した。名花一輪、その町内に光っていた。

立斎はかねてから、雲浜の人物を見込んで、最愛の娘を与えるのはこの人より外にないと、固く心に定めて、娘の年ごろになるのを待ちに待ったのであった。

その娘が十七になった。もうよかろうと妻に相談すると、妻ももとより同心。それとなく娘のようすをうかがうと、浮いた色恋でなく、雲浜の人物の高いのに、心から崇敬し慕っていることは明らかである。

京都と大津は近いので、雲浜と立斎はつねに互いに往来していた。

ある日雲浜がたずねて来たので、立斎は思い切って、娘をもらってほしいと切りだした。

一点非の打ちどころのない、才色兼備の佳人、雲浜によもや異議のあろうはずはないと思っていたが、雲浜は、

『せっかくの御好意、かたじけなく存じますが、それはお断り申したい。』

と、にべもなく断った。

『それはまたなにゆえに、――信子がお気に入りませぬかな。』

『信子さんには申分がありませんが、拙者の身に申分がありすぎるのです。拙者学問はまだ未熟で、これから大いに修業しなければなりませんし、第一御承知のとおり生計困難で、とうてい家族を養うこともできません。かつ前途立身のほどもまったく相判りませぬ身、妻帯するような資格は一つもありませぬ。』

とて承引しなかった。立斎もしいていえなくなって、談判委員をその妻に譲った。

女は根気がよい。雲浜の顔を見るたびに、いろいろと説得にかかった。

また雲浜の門人で、大津で医師をしている鳴尾《なるお》順造《じゅんぞう》らが間に入って、先生の夫人として、これ以上りっぱな女はないと言って大いにすすめた。

いかに攻め立てても、雲浜はその年中には少しも動かず、断り続けて来た。

明くれば弘化元年、雲浜は三十歳、信子は十八歳の春を迎えた。

人々のあまりの熱心なすすめによって、ようやく心が動いた。しかしまず父母の意見を聞かなければならないとて、詳しくしたためた書面を出したところ、父母から同意の返事がきたので、ここに縁談は成立するにいたった。

黄道《こうどう》吉日をぼくして、ささやかながら結婚の式を挙げた。信子は師とも兄とも慕い、またこの世に二人とない、りっぱな人物と崇敬している雲浜のことであるから、喜んでとついだ。それ以来偕老同穴《かいろうどうけつ》のちぎりも深く、貧しき中にもいとも楽しげであった。

雲浜は家計のことはいっこう構わずに、客があれば酒肴を出せと命じ、困る人があれば小づかい銭を与えなどするので、家計はいよいよ苦しいが、妻は少しも心配をかけないよう、多くの来訪者に、身をつめても歓待《かんたい》をつくし、米やみそがまったく欠乏して、夕の食にさしつかえても憂いの色を見せず、夫《おっと》を煩《わずら》わすことは少しもなかった。

そしてつねに笑《えみ》をたたえつつ、和歌を詠じ、琴《こと》をかなでなどして、夫を慰め励まし、つねに春風のたいとうたる空気が満ちていた。

節齋・星巖・鴨厓

61　節斎・星巌・鴨厓

その年のある日、雲浜の家へ蛮声を張り上げておとなう者がある。出て見ると、六尺ゆたかの骨格のたくましい、顔も大きく、目も大きく、腹はべんべんと突き出してたいこのごとく、どこもかも大きいずくめで、それに不精《ぶしょう》ひげのはえるにまかせ、もめんの汚《よご》れた衣類に大小を横たえた無骨な男、たいていの女や子どもならキャッとさけんで逃げ出しそうな豪傑風らしい男であるが、どことなくそぼくで愛嬌《あいきょう》がある。

『アッハ、、、、これはこれは梅田殿でござるか。初めてお目にかかる。拙者、森田節斎と申す。』

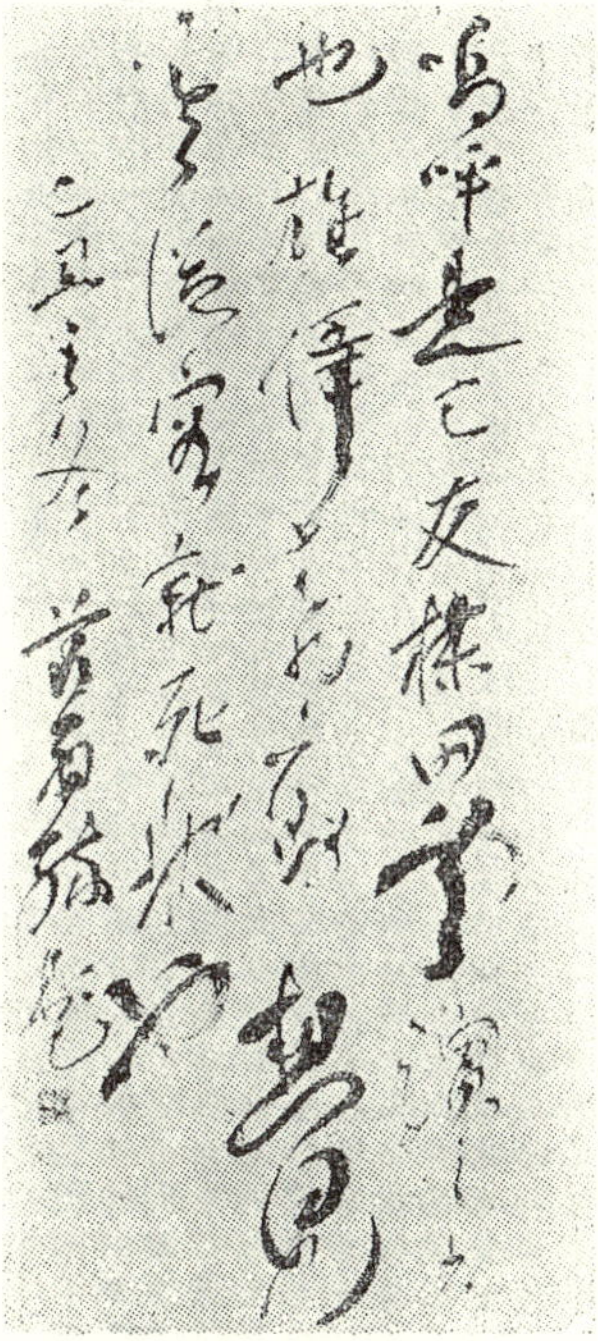

森田節斎筆蹟

嗚呼是《レ》亡友楳田雲浜之書也。雄偉飛動。想ニ見《スル》其《ノ》従容就《ク》レ死《ニ》状《ヲ》一也。乙丑之冬　節斉酔題（慶応元年冬雲浜の書を見て記した）

かれは大和《やまと》五条の人で、今年京都丸屋町に来て塾を開いていたが、有名な男で雲浜もかねてからその名は承知していた。

『森田うじか、御雷名はかねてうけたまわる。よくこそ、まずまず。』

喜んで迎え入れた。雲浜も酒は好きだが、節斎はさらにそれ以上の底無しである。たちまち酒杯は織るがごとく、議論は火のごとくに熱して来た。

かれの名は益、字《あざな》を謙蔵といった。幼時は人々から薄馬鹿《うすばか》といわれたが、十五歳京都に出て、猪飼敬所《いがいけいしょ》や頼山陽に学び、才気おいおいと現われて、山陽も激賞したほどである。ついで江戸に出て昌平坂《しょうへいざか》学問所に学んだ。

節斎も、雲浜と同じく、金銭を見ること土芥《どかい》のごとく、また仕官をすることを好まないので、姫路侯《ひめじこう》から招聘されたが応じなかった。門人の山口薫《しげ》次郎（城洲《じょうしゅう》）、江幡《えばた》五郎（吾楼《ごろう》）、乾《いぬい》十郎（猶龍《ゆうりゅう》）、巽《たつみ》太郎（遜斎《そんさい》）の四人は傑出していたので、世人はこれを「森田の四郎」といった。

節斎は備後《びんご》の江木鰐水、大阪の篠崎小竹などという、当時有名な学者と、文を戦わしたので、その文名は一時にあがり、世に節斎の文章を知らない者はないくらいになった。吉田寅次郎（松陰）も、かれの文名をしたって、その門人となったのである。

四十四歳まで婦女を近ずけなかったが、大阪の藤沢東畡《とうがい》を訪《と》うた時、しきりに妻帯をすすめられたので、節斎は、

『しからば貴殿の門人の、小倉無絃《おぐらむげん》女史をもらおう。』

と言った。女史は容貌は醜《みにく》いが、日本一の女学者という評判であった。かの女も節斎ならばと

63　節斎・星巖・鴨厓

言ってその妻となった。

節斎が門人江幡五郎をつれて、大和の郡山へ行った時、藩から講義を請われた。節斎は大杯を傾けながら、

『郡山十五万石などは相手にならぬ。わが輩の講義の判るやつが一人でもいるか。江幡《えばた》でたくさんだ。』

と豪語したという。

こんな変りだねの豪傑学者の節斎と、雲浜との初対面は、すこぶる見ものであったろう。その日から二人は肝胆《かんたん》相照らす親友となった。

節斎が、大和の谷三山《たにさんざん》という、つんぼであるが、有名な儒者との筆談中に、

『梅田は偏屈《へんくつ》なれど、ずいぶん節《せつ》に死するの人なり。』

と記し、また後に左のごとく記した。

『梅田源次郎、その人すこぶる卓然《たくぜん》たる道気《どうき》あり。独立して人と交わりを通ぜず。独り僕の家へ来る。人みなこれを怪しむ。』

かほど見識の高い森田節斎も、のちには雲浜の意を受けて、大和《やまと》十津川《とつかわ》の練兵《れんぺい》のために大いに働くようになった。

雲浜は自分の信ずるところは、だれにでも遠慮なく教えたり、忠告した。大学者をもって任ずる節斎に対しても、左のような手紙を出した。これははるか後の安政三年三月六日付である。

『勉《つと》めて毎日学庸論語《がくようろんご》の中、二三章を御課読これあり候様存じ奉り候。程子《ていし》いう、「学ばざれば老衰す」と。韓《かん》、柳《りゅう》、欧《おう》、蘇《そ》の輩、皆学人なれども老耄《ろうもう》致され候。これは如何なる故ぞや。僕いう。学ぶも猶《なお》学ばざるがごとし。万巻の書を読みても、正法眼蔵《しょうぼうげんぞう》を知らず、心中帰宿《きしゅく》する処これなく候。孔孟《こうもう》は一生浪人にて宿無《やどな》しなり。然りと雖も万世不遷《ふせん》の宿は、十五歳学に志せし時よりこれあり申し候。』

と。毎日読書を怠らないように勧めている。文中に、韓、柳、欧、蘇とあるのは、中国の有名な学者韓退之《かんたいし》、柳子厚《りゅうしこう》、欧陽修《おうようしゅう》、蘇東坡《そとうば》のことで、ほんとうに学ばないためにもうろくしたと喝《かっ》破《ぱ》したのである。

弘化三年十二月、梁川星巌《やながわせいがん》が、雲浜の住居にほど遠からぬところへ、美濃《みの》から移って来たので、ある日雲浜はかれを訪問した。星巌時に五十八歳、雲浜より二十六歳上である。

星巌というのは号で、名は新十郎孟緯である。美濃国安八郡曾根村の人、十五歳の時江戸に出て、古賀精里、山本北山等に学び、とくに詩にひいでた。妻の紅蘭《こうらん》とともに諸国を遊歴して詩想を練ること二十年、名声一世にあがり、門弟が大いに集まった。その中には大名もあった。日本の李《り》白《はく》といわれ、また、『文は山陽、詩は星巌』と称せられた。妻の紅蘭は、名を景《けい》といい、星巌とは再従妹《いとこ》の間柄で、十七歳で嫁した。詩や書や画を善くした。清貧にあまんじ、夫を助けた力は大いなるものがあった。

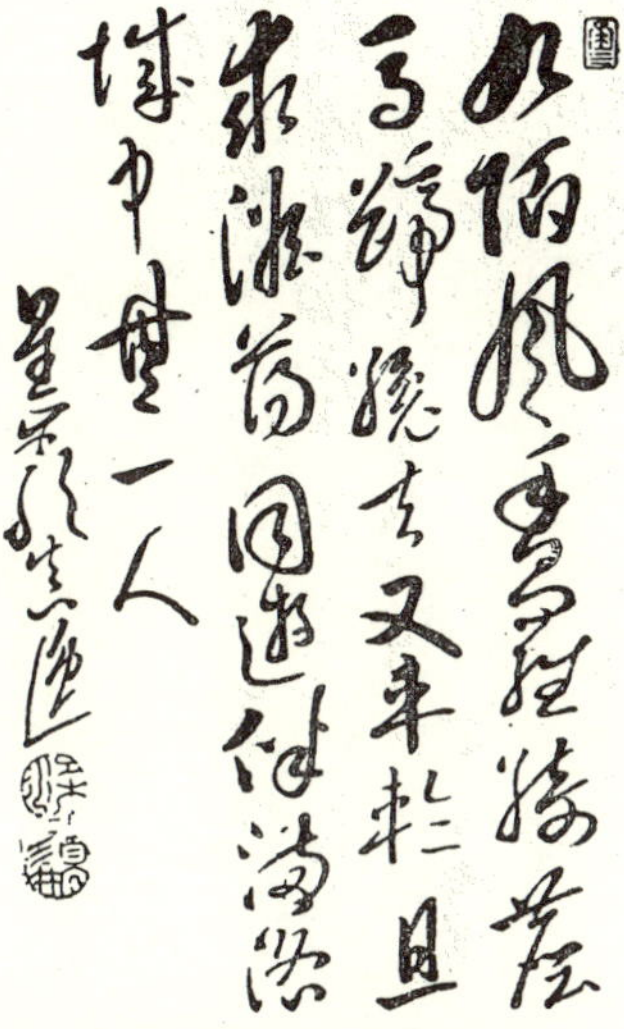

梁川星巌筆蹟

雲浜は単なる詩人や歌人には交わりを求める意はなかった。しかし星巌は全く世の常の詩人ではなかった。かれが雲浜と会ってのべた意見は、実に雲浜の日夜説いて止まぬ尊王愛国の論と一致した。そしてその識見の高く、徹底していること、風格の勝れていることに、雲浜は心から感服した。

星巌もまた同様に雲浜を見た。二人は固く固く手をにぎり合った。心と心とがしっかと結び合って終生変らず続いた。京都における絶大なる勤王の勢力を作り出したのは、全くこの星巌と雲浜二人の力であるといっても決して過言ではないのである。

弘化三年、雲浜の家には女子が生まれた。竹子と名づけた。

嘉永二年の春まだ浅いある日、丸顔で細目、肉付きのよい、両肩の張った、元気はつらつたる一青年が雲浜を訪れて来た。

これは頼山陽の第三子、頼三《らいみ》樹《き》三郎《さぶろう》で、二十五歳の熱血児である。かれは京都に生れた。名は醇、号は鴨厓《おうがい》または古狂生《こきょうせい》と称した。児玉旗山、後藤松陰、篠崎小竹に学び、江戸へ出て昌平坂《しょうへいざか》学問所に入学したが、徳川幕府に対して憤慨の念止み難く、上野の寛永寺にある、徳川家の石燈籠《いしどうろう》を押し倒したので、退学を命ぜられた。

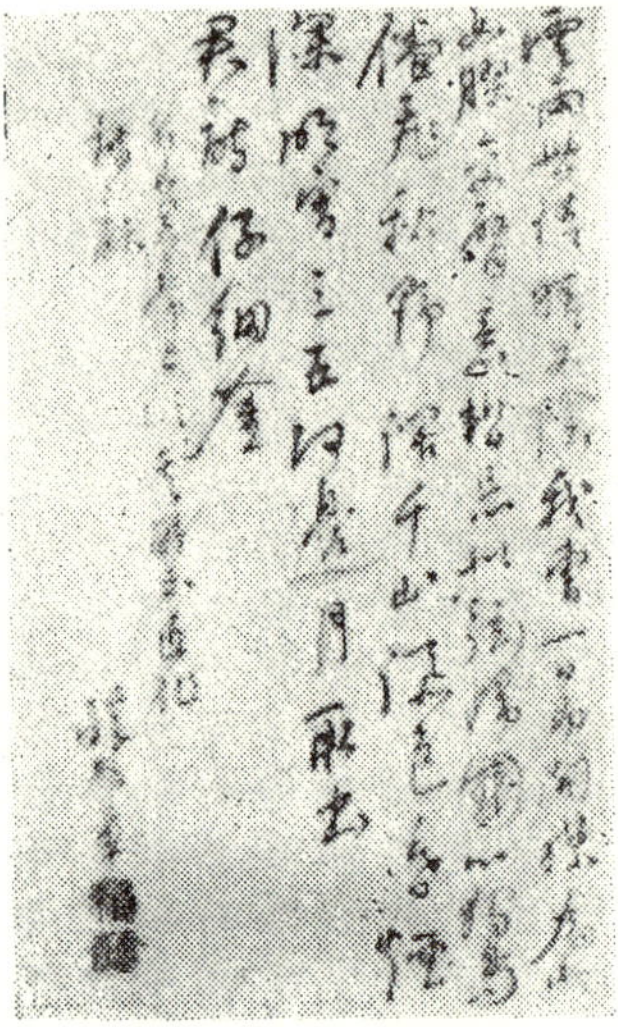

頼三樹三郎筆蹟

弘化三年二十二歳の時、蝦夷《えぞ》（北海道）の探険に行って三年間、この正月に京都へ帰って来たのである。その間にはいろいろの艱苦にあい、蛮勇奇行なども数々あった。そして雲浜の名声を聞き、こうしてたずねて来たのであった。かれの言々ことごとく熱と力、国を思うの至誠に満ちあふれていた。

雲浜は、頼もしいわが同志を得たとして喜んだ。三樹三郎も尊敬すべき先輩として雲浜に服した。

三樹三郎（三樹八郎と称したこともある）は勤王志士の巨頭として、目覚しい働きをなし、その功績は歴史にかがやくものがあるが、雲浜に対しては、常に先生〻〻といって尊敬し、その意見を聞いて活躍したのであった。

後に幕府側では、梁川星巌、梅田雲浜、頼三樹三郎、それに池内大学を加えて、悪謀の四天王といって警戒した。

この四人のうち、星巌は、安政大獄のおこる間ぎわに、急病にかかって死し、池内大学は、一身の危険を恐れて変心したが、雲浜と三樹三郎とは、最後まで、微動だもせぬ血盟のちぎりの中に、ついに勤王のために一身を捧げたのであった。

そのころの家庭

木屋町二条の雲浜の家庭は、親子三人、その日〱にさしつかえがちの生活であった。

妻の信子は決して遊んではいなかった。夜遅くまで裁縫などの手内職で家計を助け、雲浜にも相当の門人があったが、多くの志士と交わり、時事に奔走するために、常に貧に迫られていた。

雲浜は家計のことには、いっさい無頓着であったが、ある日のごときは、朝から口にする物とてはなに一つなく、昼になってもまだなにも得られなかった。親は忍ぶも、子どもがかわいそうでたまらなかった。かねて自分の門人の鳴尾順造の依頼で、大日本史を写していたのが、数枚できたので、それを届けると、金を二朱くれたので、さっそくかゆを作った。子どもは飛び上って喜ぶ、その時は雲浜もよほどうれしかったと見えて、のちに姪《めい》の登美子にその時のことを語った。

小浜藩の奥医者となった高森泰輔《たかもりたいすけ》が、そのころ京都へ勉学に来ていたが、雲浜に医書の筆耕を依頼した。こんなことがいくらか家計のたしになった。雲浜の筆写した「蕉窓方意解《しょうそうほういかい》」、「導水瑣言《どうすいさげん》」、「東郭医説《とうかくいせつ》」、「含章斎日用方《がんしょうさいにちようほう》」など数巻が、今でも高森家に残っているという。

そのころ、年号は記してないが、日付は九月二十三日、雲浜から小浜《おばま》の父岩十郎へ送った手紙を見ると、家庭のようすもわかり、またその風流の道をもうかがうことができる。

ここにその大意を掲げると、父岩十郎は長々の病気であったので、その見舞を述べたうえ、

『自分も八月から疫症《えきしょう》で、一旦のところは熱もよほどはなはだしく、すでに泉下の客となるやも計りがたいくらいで、後ぎやく症に変じたが、それからおいおい快方におもむきました。しかし疲労《ひろう》はなはだしく、今もって病床についているが、医者は来月半ばには全快すると申しています。六十日もわづらったことは生来ないことです。仰付けの品々は、病中でいたし方もなかった

のですが、幸い上原が看病に来てくれたので、上原にそれぞれ頼みました。なお何か差し上げたいと存じているも、なかなかの大病で大不手繰《おおふてぐり》、日々に困《こま》りいる仕合せゆえ、力におよばず、そのうちなにか呈上いたしたい考えであります。同藩の堀口宗純が、私へさかなを贈ってくれるよう申して来たので、それよりは父上へ差し上げくれるように申しつかわしたゆえ、堀口から差し上げたならば、菓子のかわりに召し上っていただきたい——。』

などと記してあるが、よほどの大病をしたらしく、そのため生活上にもいよいよ困難をきわめたようすがわかる。その中にも父を思う至情がよく現われている。そして次に、

『此の節、病中退屈《たいくつ》の余り、二三首仕り候、尊覧に入れ奉り候。

夜《よ》　雁《かり》

ふけ行けば庭の松風音たえて枕《まくら》にちかき初雁《はつかり》の声

秋　の　歌

浅茅の霜《しも》に枯《か》れにし夕《ゆうべ》より人まつ虫の声もたえにき

擣《とう》　衣《い》

たゞにだにねられぬものを終夜《よもすがら》月をもれとや衣うつ声

山《さん》　家《かの》　霧《きり》

秋の来てあらはに成りし山里は霧をまがきといふべかりけり

月《つき》夜《よの》時雨《しぐれ》

吹きさそふ時雨《しぐれ》の雲の早ければ月の影《かげ》だにとまらざりけり

月　夜

月影のやどればぬるゝ袂《たもと》かな難波《なにわ》の浦のあまならねども

秋　夜

秋の夜はおもひあまりて中々に見し夢《ゆめ》さへもやがてたえぬる

右御批評《ひひよう》希《こいねが》ひ奉り候。』

とある。父も和歌を好んで、よく作ったものである。

その父岩十郎は、嘉永二年八月二十四日、雲浜三十五歳の時、小浜で死去した。年七十四。雲浜はただちに郷里に帰って仏事いっさいを行ったが、いつも父のことを語っては、愁然としていたという。母の義《よし》は、それより二年後の七月二十七日に父の後を追った。

四海の暗雲

豊臣秀吉も徳川家康もキリスト教（天主教《てんしゅきょう》または切支丹宗《きりしたんしゅう》という）を禁じたが、徳川家光はさらにいっそうこれを厳禁した上に、西洋人の渡来、大船建造、わが国民の海外渡航、オランダと中国以外の外国との貿易などを禁じ、貿易港も長崎一港のみとした。いわゆる鎖国令《さこくれい》である。そのために多くの悲劇を生じた。切支丹宗の例をみても、元和元年（一六一九年）改宗しない者六十余人が京都七条河原で、二十四人が島原で火刑《ひあぶり》にされた。あまりの暴圧に憤慨した宗徒は、寛永十四年（一六三七年）島原の乱を起し、翌年原城外に一万余人の首がさらされた。

同十七年には品川海で七十余人が逆さまに水磔《みずはりつけ》にされた。しかし信仰の力は死を恐れず、むしろ満足して刑に伏していった。

同年ポルトガル人が、長崎へ来て通商を求めたので、六十三人が斬られた。

今まで、外へ大いに雄飛していたわが大和民族も、急に国内に閉じ込められて、外国の事情には盲目となり、せっかく発達した造船術も航海術も、バッタリと停止してしまった。かくして鎖国二百余年におよんだのである。

ロシアは、すでに一五八二年にあのぼう大なシベリヤを領土とし、一六四九年中国の黒龍江地方を、一七〇七年カムチャッカを占領し、進んでわが千島の大半をも侵略し、松前氏の領地である樺太《からふと》へも出没し、寛政の初めには、千島の択捉島《えとろう》まで来てロシア領の標札《ひょうさつ》をおし建てた。

そのころ仙台の林子平《はやししへい》が「三国通覧図説《さんごくつうらんずせつ》」、「海国兵談《かいこくへいだん》」等の書を著わし、海防の急務を説いたが、幕府は人心をまどわすといって、寛政四年（一七九二年）その版木《はんぎ》を焼き、子平を禁錮《きんこ》に処した。

その年の秋、ロシアの使節ラックスマンが、シベリヤ総督の書をたずさえ、北海道の根室《ねむろ》に来て、修好通商を求めた。鎖国令をしいて以来、外国から通商を求められたのは、これが最初である。

寛政十年には近藤重蔵守重《ありしげ》に北海道方面を巡視させた。重蔵が択捉《えとろう》に行くと、ロシアの標札があるので、けしからんと、これを抜き捨てて日本領の標柱を建てた。

文化元年（一八〇四年）九月、ロシアの使節レザノフが、わが漂流民を送って長崎に来て、通商を求めたが、幕府はなかなか返事をしないので、半年間滞在した。そして幕府はようやく通商を拒絶して退去を命じた。

文化三年、ロシアは樺太に来襲して、わが守備兵四人を捕虜とし、翌年にはまた樺太《からふと》、択捉《えとろう》、利尻《りしり》等に来襲して、守備に当っている南部、津軽の兵と戦い、わが官舎を焼き、あるいは掠奪するなど、乱暴狼藉を働いた。

文化八年（一八一一年）、国後島《くなじり》に、露艦ディアナの艦長ゴローニン少佐らが、上陸して測量しているのを、盛岡藩の兵が、同少佐以下八名を捕え、翌九年には、その軍艦が高田屋嘉兵衛ら六名を捕えたので、一時騒然となったが、その後、交渉がととのった。

そして日本に幸いなことには、ロシアの本国では、ナポレオンとの戦争が起ったので、日本へ手を延ばす余裕がなくなった。

イギリスもまた大野心をもって、さかんに各地を攻めて領土とした。オーストラリヤを一七八八年以来おいおい殖民地とし、インドに勢力を張り（全インド征服は一八二三年、英国直轄は一八五八年）、中国と貿易を計り、オランダの殖民地を占領しようとして、着々積極手段をとりつつあった。

その艦隊の一隻フェートン号の艦長ペリュー大佐が、文化五年八月、わが国法を無視し、オランダの国旗を掲げて、長崎へ入港して来た。そしてわが守備兵を欺いて、深く港内に侵入し、出《で》島《じま》のオランダ人を捕えて、われに食料を要求せしめた。

中国とオランダ以外の船は禁制であるので、年番で警備の任に当っていた佐賀藩の守備兵は、それが英国軍艦と判ったので驚いたが、われはわずか百余名で、堂々たる軍艦に対しては、手も足も出せず、他藩へ応援を求めるやら、上を下への大騒ぎをやっている間に、その夜になって英艦は出て行った。

英艦のこの無法により、こちらはたいへん、責任者たる長崎奉行の松下図書頭《ずしょのかみ》康英《やすひで》は、申しわけのため切腹し、ついで佐賀藩の番頭《ばんがしら》らも切腹、藩主鍋島肥前守《なべしまひぜんのかみ》は、幕府からとがめを受け逼塞《ひっそく》を命ぜられた。

英国の商船は、たびたび浦賀へ来て通商を求め、また捕鯨船がわが近海にしばしば出没するようになり、文政七年（一八二四年）五月、英国の捕鯨船が常陸《ひだち》の大津浜に来て、船員が上陸した。たかがわずかの船員に対しても、天下の一大事とばかり大騒ぎになり、藤田東湖が、死を決して打払いに向おうとしたものである。

その翌年、すなわち文政八年二月、幕府は、

『外国船は、理由のいかんを問わずただちに砲撃し、しいて上陸する者は捕虜にし、または殺すべし。』

と思い切った強硬令を出した。しかしその後、十余年間は、幸いに外国船は近寄らなかった。天保八年六月、米国船モリソン号が、わが漂流民七名を護送して浦賀に来た。外国船打払令により浦賀の砲台はこれを砲撃した。鹿児島へまわると、また砲撃されて退去した。

高野長英《ちょうえい》は「夢物語」を、渡辺華山《かざん》は「慎機論」を著わして、開国論を唱えたところ、天保十年幕府は二人を牢に投じた。

老中松平定信や水野忠邦は、弊政を改革し、国防をはかり、武術を奨励したりしたが、いずれも不徹底に終った。

天保十一年（一八四〇年）中国は、有毒な阿片《あへん》貿易を禁止したことから、イギリスは軍艦十六隻、運送船二十七隻の艦隊で中国を攻撃し、各地を占領したので、中国はついに屈服し、天保十三年、広東《かんとん》、上海《しゃんはい》等の五港を開き、香港《ほんこん》を英国に割譲した。

幕府もこれを知り、驚いて外国船打払令を緩和《かんわ》した。

イギリスと、インドという好餌《こうじ》を争って敗《ま》けたフランスは、なかなかそのまま引っ込みはしないで、交趾《こうち》支那を奪い、おいおい附近の国に勢力を植え、また、中国と条約を結び、琉球《りゅうきゅう》に目をつけて、弘化元年（一八四四年）に宣教師《せんきょうし》を那覇《なは》にとどめ、弘化三年五月、フランス東インド艦隊司令長官セシュ少将は、軍艦二隻を率いて琉球の運天港に来て、前から来ているのと三隻、強硬に通商の開始を要求して、一カ月滞在し、ついでその三隻は長崎へ来た。

同年閏《うるう》五月、アメリカ合衆国東インド艦隊司令長官ビッドル代将は、軍艦二隻を率いて浦賀へ来て通商を求め、十日間滞在した。

琉球へは、イギリス、フランスの軍艦がたびたびきて、相争う形となったが、フランスには「二月革命《かくめい》」が起って共和国となり、東亜に対する方針が変ったのと、イギリスと争うのを避けて、自然に手を引いた。

幕府には、外交上確固たる方針もなく、かつはなはだしい財政困難のため、緊要な防備を施すこともできず、また、多年泰平の余弊として、綱紀《こうき》は極度にゆるみ、なんらなす策もなく、ただその日〳〵を無事に過しさえすればよいとした。

皇居および伊勢神宮に近い大阪湾、伊勢湾などは、特に重要であるにかかわらず、幕府はなんの防備も講ぜず、その他すべてその地方各藩の警備に一任した。

諸藩では、国難を認識して、海防の充実に大いに努力したところもある。中でも、水戸藩主徳川斉昭《なりあき》は、もっとも国防に留意し、しばしば幕府に国防策を献じ、大船建造の禁止の解除方を説き、あるいは蝦夷《えぞ》開拓《かいたく》と防備の必要を説き、砲台を築き、大砲を鋳造し、その大砲多数を幕府へ献上などした。天保十四年幕府はこれに対し大いに賞したかと思うと、翌弘化元年には、その行為不審《ふしん》のかどありとて、突然謹慎を命じたというようなばかげたこともあった。

天皇は、時局に対し深く憂いられ、弘化三年八月および嘉永三年十一月、勅諭を幕府に下し、海防に違算なきようにと命ぜられた。

オランダは、たびたび鎖国の危険なことや、近く米国使節が通商を求めに来ることなどを申し出でたが、幕府ではこれに対しなんらの方針も定まらなかった。

熱烈の忠言

梅田雲浜は、上にのべたような国難の急なのを見て、日夜憂国の念にたえなかった。幕府は優柔不断《ゆうじゅうふだん》、頼むに足らない。朝廷では、天皇が痛く宸襟《しんきん》をなやませられる。

この時、わが藩主は京都所司代の重職にあり、一朝外国の襲うことあらば、まっさきに皇居を守護しなければならない。またその領地は京都に近い若狭《わかさ》である。全藩一致、この時局に当らなければならないのに、わが郷国のありさまを見ると、慨嘆にたえないことが多い。まず藩政を改革する必要があると、身は京都にあっても、国家のため、また藩主のために、藩の重役近藤元哲、渡辺権太夫らに対して、たびたび手紙をもって、あるいは直接会って、政道の欠陥を指摘し、その改善をうながしたのであった。

その一例として、嘉永三年（一八五〇年）三月十五日付で、年寄役《としよりやく》渡辺権太夫へ送った長文の意見書は、主として海防に関するもので、言々句々至誠にあふれている。左にその大意を掲げる。

『――せんだって以来、拝謁の時、お国元（小浜藩のこと）の政道について、愚見のあるところを申し上げたが、またここに外寇《がいこう》防禦のことについて、愚者の一得と思うことがあるから申し上げる。いま外寇のおそれ多く、国中貴賤を問わず、各自国恩に報ずるべき時、沿海の諸藩もおいおいと守備を立てることと思うが、私の見るところでは、お国元はまだ実用永久の備えがないと思う。若州《じゃくしゅう》および敦賀《つるが》は、京都へほど近く、万一外寇の沙汰におよんだ場合は、おそれ多くも天朝を驚かし奉ることに相成る。そのうえ、いま主君には所司代という重い御役柄《やくがら》で、諸藩の模範となられることゆえ、別して緩急の備えを、手厚くされなければならない。

しかるに、当時お国元は、文道武備ともに廃弛《はいし》し、一統の者がただ功利《こうり》の末を競うようになっているから、すべての施政は、見かけだけのことで、なかなか永久の備えなどは思いも寄らないことと、ひそかに長大息にたえない。公儀から見まわりの役人も遣《つか》わされるおもむきであるが、守備処置はどうなっているか。凡庸《ぼんよう》の士を、右役人の応対に差し出されては大恥のいたり、主君の外聞にもかかわり、また幕府に対しても不勤《ふつとめ》の筋となることにて、まことに憂慮にたえない。

いったいお国元の当時の流弊《りゅうへい》は、諸士がおのおの異見を立てていることで、役人に任せ置いては心服しない。御家中一統、主君の徳には服しているが、役人には心服していない。その徳なくしてその位にありと申すものか。さればこの上は、主君の御英断御処置こそ肝要である。
しかしそれには廟算《びょうさん》多きを要し、見聞を広く求められることを要する。それについては、はなはだ不そんの申し分ながら、拙者のごとき、諸国の風土ならびに古今の変革《へんかく》に通達した者に、一藩中の才力気幹《きかん》あり、軍略算数にも達する壮年の士――だれが適当かはお尋ね次第申し上ぐ――を添えて、諸藩防禦の手当、山海の地利等を視察させ、主君においてこれを折中《せっちゅう》されたならば、領内の海辺《かいへん》に対し、相応の策はたちどころに立ち、また異見を申し出ずる者もない。
諸国の軍配、守備、風俗等を視察することは、戦国時代でも、その任は特に択び、謙信《けんしん》のごときは自身遊歴したほどであるが、外寇《がいこう》の義は、別して無学者では、なんの益にも立たないと思う――。』

とて、恐れ気もなく当路の重役を非難し、藩の不備を指摘し、藩主直接の英断を乞い、そして自らを最適任者として推すことは、よほどの自信がなくてはできないことである。

なお、この文の終りに、

『たとえ不遇で世に容れられず、流浪の身となって、溝《みぞ》や谷《たに》に転び死するとも、二君《くん》に仕《つか》えず、ただ二百年にわたる主君の大恩に報いたいのが一念である。』

と記されてある。

後に藩主から放逐《ほうちく》の身となっても、かれはこの文に記したごとく諸藩から高祿をもって招かれても、ついに他方の祿をはまず、自己に無情であった藩主に対し、最後まで至誠熱血をもってつくした。

この手紙を受けた渡辺権太夫は、雲浜と同じく山口菅山の門下で、雲浜より三十歳の年長、すなわち時に六十六歳、藩の重鎮である。

さてこの手紙が、家老始め重臣に示された時、かれらの多くは、国防のことよりも、藩政のことよりも、上役を批判する不そんを重大事件として、まず問題に取り上げた。

『一度ならず二度ならず、またしても無礼な意見書じゃ。』

『殿のお召しにも参上せぬ不忠者が、この忠義づらはどうじゃ。』

『全くこれは藩中人なしといわんばかりじゃ。取るに足らぬ小身者が、望楠軒《ぼうなんけん》の講主になったので逆上しおったか。』

と、小人輩の重役どもは無念がった。

しかし渡辺権太夫その他、眼のある士もないではない。

『梅田のいうことは正しい。今やわが国の非常時であり、主君の御大切の時であることは間違いない。藩政は必ずしも万全とはいえない。外寇に対する備えはまったくなに一つない。まことに憂うべき状態である。梅田は真に至誠憂国の士であるからこそ、こうした過激の言も出るのである。』

と大いに正論を吐いた。

とにかく、藩主の意見にしたがわなければならないので、この書面は藩主若狭守に差し出されたが、若狭守も、雲浜は問題の人物で、重役中に反対者が多いことを知っているので、なにもいわず、渡辺権太夫にそのまま返えされた。

それで結局、なにも着手されなかった。

この年七月二十八日、藩主は所司代から溜間詰《たまりのまづめ》に転任して、江戸へ去った。

永のいとま

熊本藩の奇傑横井小楠が、福井の松平侯の招きにより、門人の徳富一義《とくとみかずよし》（徳富蘇峯《そほう》氏の叔父）、笠隼太《りゆうはやた》の子左一右衛門《さいちえもん》をともない、福井へ行く途中、京都へ来た。嘉永四年四月二十一日のことである。小楠は雲浜が二十七歳の時、熊本へ行って親しくなった間がらである。

徳富一義の記した「東遊日記」によると、

四月二十一日、三人は熊本御用商人の家に着、梅田雲浜がきて旅宿へ案内した。二十二日に梅田来訪、福井藩の岡田準介もくる。雲浜と小楠と意見問答がある。二十三日梅田を訪う。酒が出る。同道して清水寺、浅見翁墓、歌の中山清閑寺、西依成斎墓、高倉院の陵《りょう》、小督局《こごうのつぼね》の塚等に詣《まい》り梅田に立寄り飯を食す。二十五日小楠は春日潜庵を訪問。二十七日小楠は岡田とともに中沼了三を訪う。二十八日岡田、梅田来訪。二十九日小楠は梅田を訪い、徳富と笠《りゅう》は買物や寺詣りをして梅田を訪う。夜梅田くる。三十日小楠は春日、梅田を訪問した。

五月一日夜梅田来訪。二日小楠大阪へ行き夕方帰る。三日梅田きたり深更まで話す。五日梅田等と詩仙堂より山鼻の茶屋に行く。七日梅田を訪問。九日梁川星巌を訪問。

とあるとおりに、毎日のように雲浜が行くか、小楠が来るかして相会している。

二十日間滞在して、五月十日、一行の出発に当り、雲浜は見送りのため、同道して大津へ行き、小楠を上原立斎に紹介した。翌日はともに湖上に舟を浮べて遊び、十二日、小楠の一行は雲浜と別れて、大津を出発したのであった。

その年、小浜藩士の行方《なめかた》千三郎正言《こと》という十八歳の青年が来た。家は貧乏で、正式の遊学はできないから、ぜひ雲浜の書生《しょせい》になって勉強したいと、母や兄に懇願し、ようやく母から六百文もらって上京し、雲浜を訪うて頼み込んだ。雲浜はその熱心を賞し、書生として置くことにした。

千三郎は非常にまじめな男で、家の用事を果たして、ひまあるごとに一所懸命に勉強した。雲浜はかれを大いに愛した。

しかるに、小浜藩の家老で武久《たけひさ》というのが、雲浜に対し反感を抱いていた一人で、千三郎の入門したのを不快に思い、兄の行方百太郎《なめかたひゃくたろう》に対し、雲浜の家を去らせるように命じた。兄は、家老の圧迫により、せんかたなく弟へ早く帰るようと、たびたび手紙を差し出した。千三郎はついにやむをえず、泣いて雲浜に別れを告げて帰国した。

雲浜は弟子のその心根《こころね》をあわれみ、嘉永五年二月二十四日付で、書を送って慰め励ました。その大要は左の通りで、教訓とともに深い情がふくまれている。

『せっかく御登京のところ、不都合になってまことにお気の毒である。さりながら、これまた是非におよばないことである。古人いう。初陣に一敗してそのままにせば、勇気三年は振わずと。何卒お振い立ちなされるよう望む。僕もせっかく目にかけ、国家のためにその人を得べくと、ひそかに心中に喜んでいたのであった。思うに、読書はどこでもできるが、少年の時、他国へふみ出したならば、ひときわ覚悟も立ち、上達するものである。わが家にあっては志操《しそう》は立たず、乳臭《にゅうしゅう》を脱し難いものである。これらのことは、僕が従来実歴する処であって、貴君も再び遊学なされたい。男子が非常の志あって、非常のことをなそうとしたならば、いずれ人の是非の批評はあるものである。程子《ていし》、朱子《しゅし》の初年、みなそうである。王陽明《おうようめい》などは五十杖《じょう》も打たれた。これらのこともかねて初めから覚悟になくては、終身の事業はできないものである。他人の是非の批評も、その時に当ると、もっとものように聞えるものであって、普通の者はうろたえるが、とくとお考えなされたい。』

千三郎は、雲浜の情を忘れかね、ふたたび師を慕って来て学び、また雲浜の命を受けて国事に奔走した。後年師の恩に報いるため、かれが発起して小浜に雲浜の碑を建立したのであった。

上原立斎の門人に池上隼《はや》之助、奥野遜斎《そんさい》らの俊才がいた。

池上隼之助は、日向《ひゅうが》佐土原藩士で、弘化四年十九歳の時大津に来て、立斎の弟子となってから雲浜を知って、深くその人物を崇敬し、師と仰ぐようになった。雲浜の三十三歳のころであった。

雲浜はかれに対して、

『形《なり》は上原先生に受けよ。眼は拙者が必らず入れて進《しん》ぜよう。』

と言った、形《なり》とは形式の学業の方、眼とは魂《たましい》である。

隼《はや》之助は、果たしてのちに有名な勤王家となった。

奥野遜斎は精一といい、立斎の門に入ってから、炎熱酷寒をいとわず、毎日、伏見から大津まで徒歩で通い、その途中も決して本を放さなかった。かく刻苦して学ぶこと数年におよんだ。

この人も深く雲浜に敬服して、是非とも雲浜とともに国事に奔走したいと懇願した。

雲浜はだれでもみな、わが党に引き入れたのではなかった。遜斎に対しては、

『君には老いたる母上がある。君の成功を楽みにしていられる。君は学問で身を立て、老母に孝《こう》養《よう》を尽せよ。』

と言ったので、遜斎は国事に身を投ずることを思い止まり、なおも勉学にいそしみ、のちに京都大学の教師となり、また私塾を開いて、学徳一世に秀ずる人となった。

その遜斎が、ある日雲浜をおとずれた。雲浜も妻の信子も、病の床に臥していた。台所へ行って見ると、米も野菜もみそも何もない。あまりきのどくな状態に、わが家へ飛んで帰ったが、自分の家にも金はない。そこで先祖から伝った弓を売って、雲浜の窮状を救った。

雲浜の病気は、嘉永四年の冬から百余日にもおよんだので、貧苦はいよいよ募った。ついに市中に住みかねて、嘉永五年の春、洛西高雄山《らくせいたかおざん》へ引き移った。

そこは高雄村共有のすさびた堂であった。山口という門人が住んでいたのであるが、師のために譲《ゆず》ったのである。

三河《みかわ》の人横田洗蔵、彦根藩士武林周助らもこれに従って行った。

師が長く病の床についていて講義を欠いても、見るも悲惨な貧苦に陥っても、不便な高雄の山に入

っても、一旦信じた師を見捨てずに、どこまでもついて行く心は美しいものであった。

雲浜は、そこでかねて習い覚えた医術を始めて利用して、ほそぼそと生活の煙を立てた。もちろん医者の看板を掲げるのでもなく、病人があれば、それとなく注意を与え、希望があれば診察をして、処方箋を与えるくらいであった。

妻の信子も何くれとなく働いて、生計を助けた。しかしひどい貧乏で、山にいて薪《たきぎ》にも困る窮状を、やさしく歌によんで、

こり置きし軒《のき》の爪木《つまぎ》も焚《た》きはてて拾ふ木《こ》の葉のつもる間《ま》ぞなき

また、いかに貧苦でも、夫を思う真情を表わして、

事足らぬ住居《すまい》なれどもすまれけりわれをなぐさむ君あればこそ

と詠《よ》んだ。（この二首は後述の一乗寺村での作であるともいう。）

雲浜のこの困窮も、かれが余りに清廉潔白すぎて、世渡りがへたなためともいえる。偏屈で自《じ》業《ごう》自得《じとく》ともいえるが、雲浜の高潔な心事を知らない俗人の多い世の中では、いたし方のないことであった。

そればかりか、たびたび意見書を提出して、藩政の改善を進言したのが、かえって上をないがしろにする不そんの所業として、藩主および重臣等の怒にふれ、嘉永五年七月、ついに雲浜に対

し、藩士の籍を削《けず》って、永のいとまを下したのである。

同時に、弟の矢部三五郎と、叔父の矢部弘介《ひろすけ》とは謹慎《きんしん》を命ぜられ、門人の行方《なめかた》千三郎、その兄百太郎は譴責《けんせき》処分となった。三五郎の謹慎は三年の永い間である。

その通知は、矢部三五郎から、七月二十八日に着した。雲浜は八月一日高雄を去って、一乗寺村へ転居し、八月三日付で三五郎へ次のような意味の手紙を出した。

『拙者儀、御上の思召しで、御暇《おいとま》を下され、弟や叔父まで差控《さしひかえ》とのこと、なんとも恐れ入ったことである。行方百太郎もお叱りの由、気の毒である。これは全く上書のゆえと思う。それ以前にも近藤、坪内へ上書し、鹿野《かの》権之丞の上京遊学の尻おしをしたなどの風説もあり、かつ渡辺権太夫の命で、御政道の事ども、遠慮なく申し上げたことなど、相重ったためと思う。もとより覚悟のことであるが、お国のため、長大息に堪えない。古今和漢、衰世《すいせい》にて言路《げんろ》がふさがった時には、珍らしくないことである。』

雲浜時に三十八歳、ここに一介の浪人の身となった。望楠軒の方は昨年の病気から休んでいたが、これとともにその任から去ることになった。

きのうまでは学界の重鎮たる望楠軒講主で、小浜藩士の肩書があったが、きょうからはなにも身を縛るきづなのない、身も心も軽い市井《しせい》の浪人、尾羽《おば》打ち枯らしたとはいえ、学は深く、志は高い。これからは自由の天地に、そのつばさを思うさまひろげて、ただ、国のために一身を捧げることとなった。

一乗寺村の風月

不便な高雄の住居も長くはなかった。前に記したとおり、同年八月一日、叡山《えいざん》の麓《ふもと》の一乗寺《じょうじ》村葉山《はやま》観音堂の地内に移った。

八月十四日付で、行方《なめかた》兄弟へ送った手紙の中には、次の文面が認めてある。

『此節八朔《さく》より叡山の麓、一乗寺村にて茅屋《ぼうおく》一宇《う》を借り引移り申候。右は京師より二十丁計りにて、遠からず近からず、はなはだ都合も宜しく相見え候。清潔の佳地《かち》にて、彼の石川丈山閑居《じょうざんかんきょ》の地にて、四十四年是《ぜ》非外《ひのほか》、四明山下一閑人《しめいさんかのいちかんじん》といふ丈山の詩句あり。彼は先登《せんとう》によって放《はな》たれ、是は直言《ちょくげん》によって放たる。事は殊《こと》なりと雖も、風味は同じき処もこれあり候。計らずも此の地へト《ぼく》居《きょ》は、同気《どうき》相求《あいもと》むといはん乎《か》、明日の事は知らねども、閑《かん》に風月《ふうげつ》を弄《ろう》し、永くちかってわすれざるの存念に候。』

いかにも満足そうに見えるが、決してりっぱな家ではなく、あたりに人家もないさびしい山の麓《ふもと》で、観音堂の下にある、堂守《どうもり》でも住んでいたものらしい、見すぼらしい小屋である。

この手紙にある石川丈山は、初め家康につかえ、元和《げんな》元年大阪の役《えき》に大功を建《た》てたが、命令をまたずして、ひそかに軍の先登をしたために、軍律を犯したものであるとて放逐された。雲浜はそれをいったのである。丈山は後に浅野侯に千石で召し抱えられたが、数年にして、寛永十三年(一六三六年)この村に隠れ住み、狩野探幽《かのたんゆう》に中国の三十六人の詩家の像を写させ、自分でこれに詩を賛《さん》して掲げ、詩仙堂《しせんどう》と名づけ、自ら六六山人と号した。

雲浜は丈山の住んだこの村に住むこととなり、昔をしのんで感慨一しお切なるものがあった。

この年、男子が生れた。繁《しげ》太郎と名づけた。相続人を得た夫妻の喜びは、非常なもので、ことに雲浜は相好《そうごう》をくずして愛児を抱き上げ、その行末の幸を祈るのであった。

しかし水の流れと人の身の、あすはいかなる運命が待つであろうか。神ならぬ身の知る由もなかった。

ある日、ぶっさき羽織《ばおり》に野ばかまをはいたりっぱな侍《さむらい》、供人《ともびと》をしたがえて、いなか道にさしかかって来た。

畠にくわを持つ百姓のおやぢに声かけて、

『少々ものを尋ねるが、この辺に梅田雲浜先生の御邸宅《ごていたく》があるはず、いずれであるか教えてもらいたい。』

　かのおやぢ、侍と見て小腰をかがめ、ちょっと小首をひねって考えていたが、

『私はこの村のことやったら、はしからはしまで、なんでも知っとりますけれど、ほんな先生は聞いたこともおまへん。』

　と言われて、かの侍失望し、

『ハテ、先生にはたしかにこの村に御在住とうけたまわって参ったが、あれほどの有名な先生を知らぬとあらば、さてはなにかのまちがいであったか。』

　と当惑していると、後ろに近づいて来た僧がこれを聞いて、

『近ごろ、観音堂の地内に、浪人者が引越して来ましたが、もしやその人かも知れません。行って尋ねてご覧なされ。』

　と観音堂の方を教えてくれた。

　やがて教えられた家の前まで来て、梅田雲浜ともあろう大先生が、まさかこんなひどい家にとは思いながらおとなえば、中からこの家にはふさわしからぬほどの、美しい上品な婦人が現われて、まさしく梅田雲浜の住居と答えた。

　あまりにも予想に反し、驚きの目をみはりながら、しばし呆然としていた。こんなあばらやの

主人では、定めし見苦しく衰えた貧相《ひんそう》な、取るに足らぬ男であろうと思いながら、招《しょう》ぜられるままに内に入れば、正面には、近ごろ病と貧のためにいささかほおの肉は落ち、髪も乱れ、着物は古びて、つぎの当った箇所もあるが、その容貌風采のりっぱさ、眉は秀で、目は涼しく、自然に備わる気品は侵し難く、山のごとく泰然と坐した姿は、一見だれの目にも非凡の士と知れるのであった。

かの侍、最初の軽蔑に似たような気持は、たちまちけし飛んで、その場に両手をついて頭を下げた。

聞けば、肥後の藩老長岡監物《ながおかけんもつ》の臣愛敬《あいけい》某という。長岡監物は、雲浜が九州遊歴の時に、すでに知合いとなった間柄であるので、話はしばらくその人や、他の知人の上におよんだ。

やがて、かの侍は、

『拙者が先般江戸へおもむくおり、主人が申しまするには、――浅見絅斎《あさみけいさい》先生の所持せられし刀のつば（鍔）には、赤心報国の四字が刻《こく》してあったと聞く。そのつばは今いずこにあるであろうか、同じ学統《がくとう》を継《つ》ぐ人に尋ねたならば、そのありかが判るであろう。なんとかして探《さが》し求めて参れ――。との主命をこうむりました。いま帰国の途次《とじ》、当時絅斎先生の学を奉ぜられるは、京都に雲浜先生ありとうけたまわり、お尋ね申しました次第、もし右のつばのありかを御存知でしたならば、なにとぞお教え願いたいと存じます。価《あたい》は論ぜず求めよとの、主命でございます。』

雲浜は、だまって聞いていたが、

『そのつばは、たしかにござる。』

と言ったので、かの侍は大いに喜んで膝乗り出し、

『さては、そのありかを御承知ですか、それはどこでございましょうか。』

とせき込んで問えば、雲浜は、

『赤心報国のつばは、正しくここにござる。』

と言いながら、自分の胸をポンと打った。そしてニコニコしながら、

『長岡殿は天下の智者、かの人ならば、このつばはお売り申してもよろしい。お求めなされて御主人へのおみやげになさるとならば、拙者とても価《あたい》は論ぜずお譲り申しましょう。』

と言った。かの侍、初めの喜びに引かえ、怒りと失望とで、挨拶もそこそこに帰って行った。

雲浜は大いに笑って、

『アッハヽヽヽ、驚いて帰ったな。浅見先生の作り出せる真実の赤心報国のつばが、かれらごときに判《わか》ろうはずはないが、長岡殿には判るであろう。』

かの侍は、望むつばはついに探し当てずして帰り、主君長岡監物にいっさいを物語った。

すると監物は目を輝かせて、

『ナニ、梅田雲浜が胸をたたいて、この赤心報国のつばを、長岡にならば価を論ぜず売ろうと申したか。』

『たしかに、さよう申しました。』

『かれは二君に仕えるような男ではない。多分そちをからかったのであろう。しかし、あたいを論ぜず売ろうと言ったことばに対し、買おうと答えたならば、武士の一言、もはやじょうだんであったとは言えまい。いや言わせもしない。あれほどの男を見事《みごと》迎え得たものを。——もう遅い。たかが刀のつば一つと、またと得難い人物、おしいことをした。』

と監物は非常に残念がった。

後に長岡監物が京都へ来た時、一万五千石の大身をもって自ら膝を屈し、礼をあつくして雲浜を迎えようとしたが、雲浜は笑って応じなかった。

松風か琴の音か

観音堂地内の雲浜の住居《すまい》は、軒《のき》はかたむき、屋根は破れて、雨露はえしゃくなく洩るかわりに、美しい月影をいながらにしてながめられる風流があり、あたりの自然の庭園には、秋草の花が咲き乱れ、枝振りのよい松も多く生えて、住めばここも楽しい都と思われた。

初め村人は薄きみの悪いような思いで、この一家をながめたが、一月もするとしだいになじむようになった。主人というのは、厳格な目の鋭い、それでいてどことなくわだかまりのない、親切らしいところのある浪人。妻の方は、小柄な、やせぎすの、色の白い、愛きょうのある優しい婦人で、二人とも悪い人であるとは思わなくなった。ことにいつの間にか、この妻に早く近づいてなじんだのは、がんぜない村の子どもであった。

かれらは、観音堂や、この浪人の家の、日あたりのよい縁の上で、美しい優しいこの妻から、玉のようないい声で「袋草子《ふくろぞうし》」だの、「物臭太郎《ものぐさたろう》」だのというおとぎばなしを聞かされて、しだいしだいに離れがたい親しさを感ずるようになった。

『旦那はんは、京にも二人とない大学者やそうやのに、なんでまあ、あんな家に住んでいやはりまんのやろか。』

と、村人がだれから聞いたか、少しく雲浜の身分を知って不思議がった。

主人は、わずかな門人や子どもに読み書きを教え、時には病人の診察もしたが、大して生計の助けにもならない。貞淑で働きものの妻は、万事万端自ら取まかなわなければならない。世にある時は、お嬢様としてかしずかれたらしい優雅な姿も、塵の中に埋まった玉のように、つぎはぎの着物に、山の切れた帯をしめて、一日中骨身おしまず働くのであった。

見すぼらしい風体にも、どこに一つ乱れたところもなく、礼儀作法も式にかない、自然に備わる上品さに、だれ言うとなく観音堂の奥さまという敬称を奉ったのである。

村人は一年中をおおかた野良仕事《のらしごと》にすごすので、われも〳〵と、いろいろな仕立物《したてもの》を持ってくるようになった。また村人のせんたく仕事もする。村人のために使をして、夜遅くまで走り歩いたこともたびたびあった。

また、村の子どもを集めて、読み方を教え、お話をし、娘のためには裁縫なども教え始めた。

妻は村人の崇拝の的になったが、村人の驚異の的になっているのは、その主人である。

ほとんど毎日といってもよいほどの来客である。その中のいくたりかは、学問を習いに来るのであろうが、大部分はえたいの知れぬ人物で、いずれも屈強な、一癖ありげな人ばかり、あるいは武士の姿で、あるいは町人百姓の姿でたずねてくる。

その多くの来客に、主人は必ず妻に対して、酒さかなの用意を命ずるのである。妻に対し少しもきのどくだという風も見えない。妻もまた不平な顔などは一度も見せない。夫から命ぜられない中に、ちゃんと心得て用意をするのであるが、その苦心は一とおりではなかった。夫も客もそんなことは平気で、いい気持に酔うて、遠慮もなく天下のことを論ずるのであった。

ある日、頼三樹《らいみき》三郎が、一人の浪人儒者《じゅしゃ》を連れてやって来た。

頼は時に二十八歳、雲浜より十歳下で、なかなかの熱血漢、同伴の男もいずれ劣らぬ慷慨家、遠慮などはかれらにない。雲浜を中心にさかんに尊王論、幕府の攻撃、国防論などが始まった。

その間に酒さかなが妻の手によって運ばれた。

『いやあ、奥さん、毎度御心配かけてすみません。――先生、どうも恐縮です。どうか御かまいなく――。』

と三樹三郎は口では言いながら、実はのどをさかんに鳴《な》らして、まっさきに盃に手を掛ける男である。

信子は、いとも嬉しげにほほ笑みながらもてなした。

三人は酒のまわるにつれて、お互に自作の詩を吟じ合いなどしていたが、雲浜は妻を呼んで、

『お信《しん》、この清興《せいきょう》を添《そ》えるために、琴《こと》を一曲《きょく》やってくれんか。』

まっかな顔をした三樹三郎が、

『賛成々々、奥さんの妙手に接せざること久しです。ぜひとも所望《しょもう》々々。』

と言えば、新来の客も、大いに興味をもって懇望した。

信子はなぜか、ちょっと困った風でためらったが、もはやのがれることはできない。すぐ思い返したように、

『それでは、ふつつかながら、一曲お聞きに入れましょう。しばらくお待ち下さいまし。』

と言って、雲浜の傍え寄って、小声になり、

『お約束願います。琴は次の室でしらべますゆえ、その間はお客様もあなたも、決してそこをおのぞきにならないように願います。』

と言うので雲浜は、よしよしと承知した。

しばらくして雲浜はハッと気が付いた。琴は米の料にと質屋の蔵に入って、わが家にはないのである。これはしまった。悪いことを言った。妻はどうするであろうかと、気が気でなく、飲んだ酒もいささかさめかけた。

ところが、やがて隣の室から、峯の嵐か松風か、妙《たえ》なる十三絃《げん》の爪音は、切々そうそうと響いて来たのである。梁上《りょうじょう》の塵《ちり》を落すという妙手である。おりから中秋の月は天心《てんしん》にさえ渡って、一点の塵と見るものもなく、静寂なあたりに妙音のみさえて身は神仙境にあるのおもい、人々は、ただ恍惚《こうこつ》としてわれを忘れたのであった。

雲浜は不思議に思い、さきほどの誓いも忘れて、立ってそっと次の室をのぞいて見ると、妻は

長じゅばんに細紐《ほそひも》姿で琴をかなでているのであった。

妻は着ている一枚の着物と、帯とをぬいで、急ぎ質屋で、一時琴を取り戻して来たのである。この心づくしには、さすがの雲浜も感激の涙があふれて来た。

琴が終ったらまたそれを持って行き、着物と帯とを元のとおり身につけて、客の前へあいさつに出た。客の去った後に、妻は改って雲浜に言った。

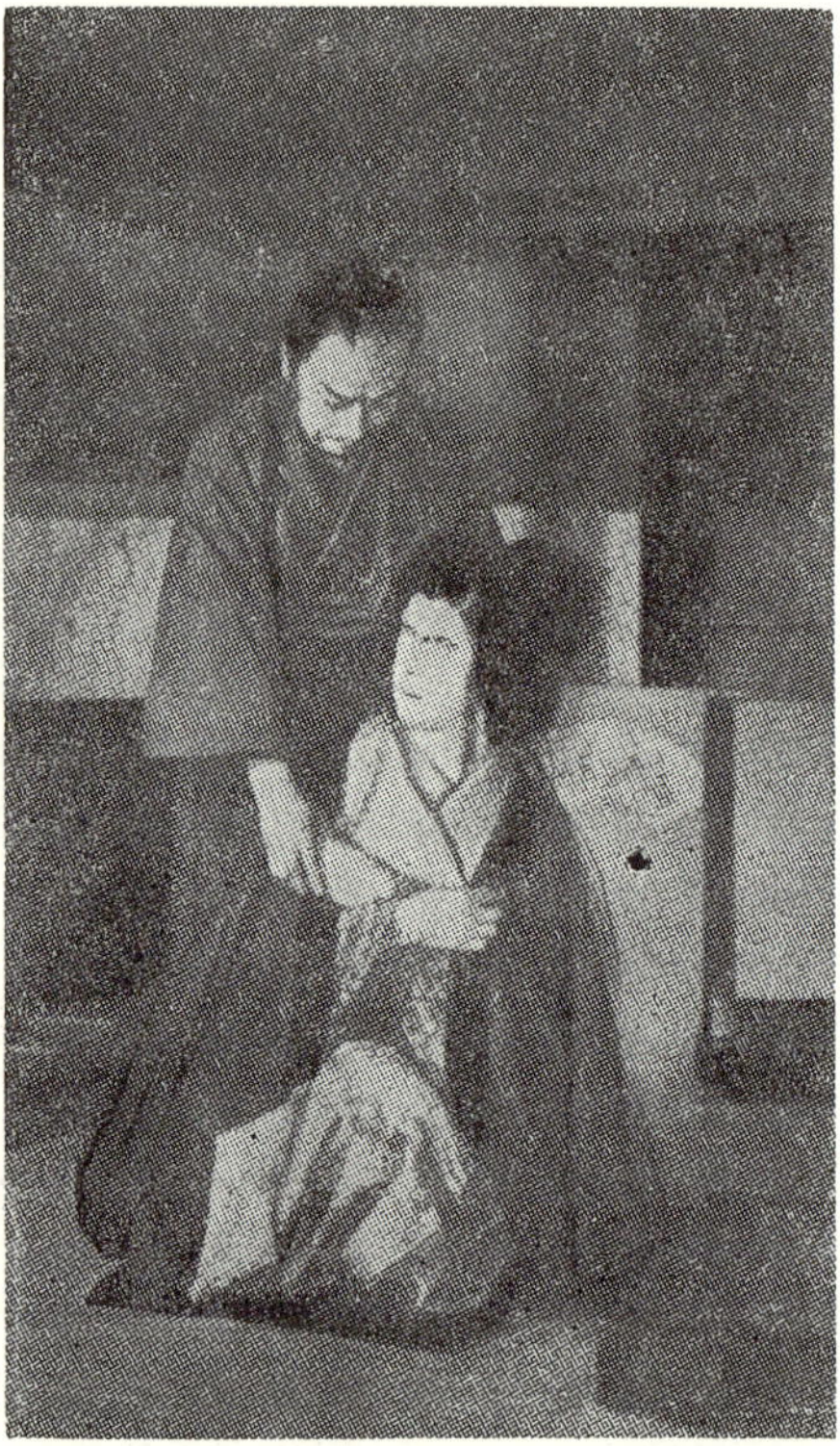

梅田雲浜（市川猿之助）　妻信子（片岡仁左衛門）　市川猿之助氏寄贈

昭和十五年三月東京劇場上演の「維新の陰」

『次の室は決してのぞいて下さいますなと、あれほどお願い申しまして、お約束して下さったのに、お破りになりましたのは、男子として恥ずべきことかと存じます。いかに落ちぶれてもやつれても、女には女のたしなみというものがございます。恥かしい姿をお見せしてはなりませぬ。』

雲浜は一言もなく頭をかかえてあやまった。そしてその後は決して妻にこんな苦労をかけないようにと心に誓った。

夫の意はどんなに困難なことでもいやな顔をせず、心からつくすいじらしさの中にも、りんとした女のゆかしい気高さがあった。

信子はまた風流人である。比叡おろしのはげしい時には、

山寺の鐘《かね》の音《ね》さへも分《わ》かぬまで比叡《ひえ》の木枯《こがら》しふきしきるなり

梅の美しく咲いたのを見ては、

風吹けば茅《かや》の軒端《のきば》も匂《にお》ふなり冬木の梅は早や咲きにけり

梅にこそ人も訪《と》ひくる我が庵《いお》を妬《ねた》くも雪の道埋《うず》むなり

など詠《よ》んだ。

一乗寺村には、梅田雲浜はわずか五カ月しか住まなかったが、いろいろの思い出を残した。有志者相はかり雲浜の旧蹟を記念すべく、大正十二年十一月「梅田雲浜先生旧蹟」と題する碑を建立した。撰文《せんぶん》と筆者は当時の京都大学教授の高瀬文学博士である。

著者はだいぶ以前であるが、秋の初めころ、京都市左京区内の一乗寺を訪うた。まず「宮本吉

京都市　梅田定臣氏寄贈

「梅田雲浜先生旧蹟」の碑

岡決闘之地、剣道師範堀正平書並刻」の碑が目につく。宮本武蔵が吉岡の門人数十人とここに戦った事蹟を記し、大正十年酉年堀翁女建之とある。次に詩仙堂に、名人探幽の中国詩人三十六人の絵と、石川丈山の詩のある風雅な建物と美しい庭園を見、次に雲浜のこの記念碑の前に立って当年の状景を想像し、薄命の信子夫人の琴の音をしのんで去り難い思いがした。

それから少し登れば、葉山の観音堂がある。うやうやしくぬかづいて、雲浜一家の冥福をいのった。

境内の縁台に将棋を戦わす一老人に尋ねると、

『雲浜先生は、下にあるあの碑から少しく

西の方に、庵《いおり》を結《むす》んでいられたということでございます。』

と語った。

尊王の思想

徳川幕府は、前にのべたとおり朝廷を圧迫したが、尊王の思想はおいおい盛んになってきた。

徳川以前には、北畠親房《きたばたけちかふさ》は「神皇正統記《じんのうしょうとうき》」を著わし、皇室の尊厳と南朝の正統を説いた。

徳川光圀《みつくに》は、史館を開設し、多くの学者を集め、毎年八万石の費用を当てて「大日本史」の編纂に従事した。神武天皇から後小松《ごこまつ》天皇の御代までを記述し、南朝を正統と断定し、忠臣を表彰したことは、尊王思想の養成に大きな功があった。

朱子《しゅし》学《がく》から出て、後代にもっとも大きな影響を与えたのは山崎闇斎《あんさい》で、かれおよびその一門が熱烈に尊王思想を高めた。

国学も大いに力があった。元禄のころ、僧の契沖《けいちゅう》は万葉集のすぐれた注釈《ちゅうしゃく》を著わし、北村季《き》吟《ぎん》は源氏物語その他に簡明な注釈を加えて、古典研究を促がした。

将軍吉宗《よしむね》のころ、荷田春満《かだのあづままろ》は神祇《しんぎ》道徳の説を立てて、古道を明らかにし、その門人の賀茂真淵《かものまぶち》は、わが古道をもって天地自然の道として、儒仏の二教を排撃し、純然たる古代精神を、現代に再現して、皇道を宣揚《せんよう》しようとし、いわゆる復古神道《ふくこしんどう》の基を開いた。

真淵の門人本居宣長《もとおりのりなが》は、古事記《こじき》の研究に一生心血を注ぎ、儒教を斥《しりぞ》け、敬神尊王の思想を鼓吹《こすい》し、さらに宣長の門人平田篤胤《ひらたあつたね》も、儒仏を排して神道を主張し、門人五百五十余人を養成し、その中には佐藤信淵《のぶひろ》、大国隆正《おおくにたかまさ》、権田《ごんだ》直助などという人が出た。

以上はいずれも、尊王思想の養成に功があったが、はじめて直接に勤王運動を実行した人は、将軍家重のころの竹内式部《たけのうちしきぶ》、山県大弐《やまがただいに》である。

竹内式部は山崎闇斎の学を修め、京都へ来て公家の間に出入して、大いに尊王論を説いた。これに励まされて、朝臣は文を修め武を励むに至ったが、関白近衛内前《うちさき》がこれを幕府へ内報したので、幕府は、式部およびその親交ある朝臣を捕えて、厳重に訊問し、徳大寺以下十七人の朝臣の官職を剝奪し、式部を放逐した。

そのころ甲斐《かい》の人山県大弐は、博学で、江戸に住し医を業とし、かたわら門生に教授して、皇威の衰微を慨歎していた。そこへ甲斐から藤井右門という剣客がやって来た。剣術の達人で門弟が数百人あって、竹内式部の親友である。そこへ竹内式部もやって来た。上野国《こうづけのくに》小幡の藩主で、織田信長六世の孫織田信邦は大弐と親交があり、四人はともに皇権回復を論じ合った。

幕府はこの四人を捕えた。いろいろ調べて見たが、かれらは皇室の衰微を慨歎したことと、門生に対して、江戸城や甲府《こうふ》城の要害《ようがい》を論じて、攻城法を講習した以外には、なにも不穏を謀った証拠がなかった。

しかし、幕府は勤王運動をもっとも恐れたために、山県大弐と藤井右門を獄門（さらし首）に処し、竹内式部を八丈島へ流罪に処し、織田信邦は領地没収のうえ幽閉した。竹内式部は八丈島へ送られる途中、三宅島で死んだ。

このように圧迫しても、尊王思想はだんだんさかんになり、寛政のころには民間でどうどうと唱えられるようになった。

蒲《が》生《もう》君平《くんぺい》秀実《ひでざね》は宇都宮《うつのみや》の人で、古代の制度律令をきわめ、遊歴を好んで足跡は日本の半ばにおよんだ。御歴代山陵《さんりょう》の荒れはてているのを歎き、一々その現場を調査して「山陵志《さんりょうし》」を著わし、これを幕府に献上した。

そのころ上野国の人で、高山彦九郎正之《まさゆき》は、十三歳の時太平記を読んで、武士が朝権をふみにじったことを知って、憤然勤王の志を起し、十八歳の時京都に上り、中山大納言《だいなごん》愛親《なるちか》と結び、それから四方をまわって尊王論を説いたが、その志の遂げにくいのを痛憤して、寛政五年（一七九三年）久留米《くるめ》で自殺した。

一代の文豪頼山陽《らいさんよう》は、明快な漢文で「日本外史」を著わして、尊王の思想を鼓吹し、飯田左馬《いいださま》忠彦は、光圀の大日本史の後を継承し、後小松天皇以後の史実を記して、二百九十一巻からなる「野史《やし》」を著わしたことも、尊王論に大きな力を与えた。

雲浜は門人に学を講じつつ、あるいは多くの同志と相会して、常に皇室の衰微を歎き、幕府の横暴を憤り、皇権の回復を説いて大いに士気を鼓舞し、他日国家のために、ともどもに一身を捧げるを念とすべきを説いた。

その弁説は火のごとく、あるいは熱涙さんさんと下り、あるいは膝をたたき、あるいはきせるをもって、たばこ盆やたんつぼを打こわすこともあった。そして聞く者もみな手に汗を握り、目を怒らして感奮したという。

まだまだ徳川幕府の権勢が大であるため、表面にはあまり尊王論も勤王運動も現われていなかったが、米国提督《ていとく》ペリーの来朝から、がぜん国論がわき立ち、尊王攘夷《じょうい》の叫びがさかんになったのである。

雲浜は嘉永六年正月、一乗寺村のかりずまいにいとまを告げて、京都寺町四条下る大雲寺中の原隆院《げんりゅういん》という空寺《あきでら》に引き移った。

一乗寺村は不便で、門人のため、また天下の志士と交際する上に都合が悪いのと、岳父上原立斎が、昨年五月からの長患《ながわずらい》で、その年の冬、大津から京都の木屋町へ、出養生《でようじょう》をしていたのでその世話もしなければならなかったのであった。

便利の場所に移った雲浜の家には、同志がますます集って来て、毎日毎夜論じ合うのであった。

米国艦隊来る

時しも嘉永《かえい》六年（一八五三年）六月三日（太陽暦七月八日）の午前八時ころ、伊豆下田沖《いづしもだおき》に、二隻の汽船と、二隻の帆船《はんせん》の堂々たる艦隊が現われて、浦賀に向って快走を続けているのを、土地の漁師が発見して、驚いて役人に届けでた。浦賀でも先ず漁師が発見して急報した。

当時小型帆船《こがたはんせん》の一隻をさえもっていなかったわが日本としては、正に驚くべき艦隊である。

これぞ昨年すでにオランダから通知のあった、米国使節であって、米国東インド艦隊司令長官海軍代将《だいしょう》マシュウ・カールブレース・ペリーの坐乗する、蒸気外輪二千五百トンの旗艦サスクェハナ号と、千七百トンのミシシッピー号及び帆船のプリマス号、サラトガ号である。

午後二時ごろ、わが役船《やくせん》十余隻がでて、停止させようとしたが、それを置き去りにして、午後

日本に来た米艦隊とペリー（沖縄の那覇にて）

三時すぎには、浦賀鴨居村の海上に来ていかりを投じた。

浦賀奉行戸田《とだ》伊豆守氏栄《うじひで》は、警備の役にある彦根、会津《あいづ》、川越《かわごえ》、忍《おし》の四藩の兵に厳重な警戒を命ずるとともに、支配組与力《よりき》中島三郎助、香山《かやま》栄左衛門に、輩下《はいか》と通訳《つうやく》を付けて旗艦を訪問させた。

役人は旗艦に近づいた。しかるに米国軍艦は、ことごとく大砲の口を開き、将兵を戦闘部署につけ、いつでも砲撃を加える態勢を取った。

またわが警備の船が、米艦の周囲に近づくと、武《ぶ》装艇《そうてい》をだして威嚇《いかく》して追い払おうとした。

中島三郎助は船の中から、

『司令官殿に面会したいから、乗艦を許されたい。』

と言ったが、かれらは、

『浦賀奉行自身で来なければ、乗艦させない。』

と言って艦へ上らせない。三郎助はなおも下からいろいろと説いて、『私は浦賀副知事《ふくちじ》でござる。司令官殿や艦長殿でなくともよろしい。私の職に相当する士官に御面会を許されたい。でないと私どもの役目が相すみませぬ。』と、役名を偽《いつわ》って懇願の結果、ようやく先方でも折れて、『では、貴君と通訳と二人だけ上ってよろしい。』と言ったので、中島三郎助は、オランダ小通詞《つうじ》堀達之助一人だけをつれて、艦へ上って行った。

これに対し応接にでたのは、副官コンティー大尉である。かれの来意を尋ねると、日本と和親通商を求むるための、米国大統領からの国書を将軍に提出したいというのである。

ペリーは昨年十月、軍艦ミシシッピーに坐乗して、米国ノーフォーク鎮守府《ちんじゅふ》を出帆し、セントヘレナ、ケープタウン、セイロン、シンガポールを経てホンコンへ来て、他の三艦と合し、本年二月琉球《りゅうきゅう》に行って那覇《なは》付近を測量《そくりょう》し、次に小笠原島に航し、ふたたび琉球に行き、五月二十六日琉球を発してここへ来たのであって、本国を発してから二百二十六日目、異境の海を縦横に活躍していたのである。

中島三郎助は、

『日本の国法として、外国の国書はいっさい受理しない定めであります。また外国船は長崎港以外はいっさい入港が禁ぜられております。ぜひともこのまま長崎へおまわりになって、改めて御用件をお申し出で願いとうござる。』

と言うやいなや、コンティー大尉は、まっかになって、

『もってのほか、断じてそんなことはできない。』

と言下にはねつけた。今までの外国船よりは、だいぶ手ごわいと、心中に驚いたが、

『国書受理のことは、こと重大で、私からお返事を致しかねますから、いずれ上司《じょうし》とも相談のうえ明日御返事申し上げます。』

と言うと、大尉は、

『よろしい。では貴君《きくん》の用事はすんだ。すぐお帰りなさい。』

と追いたてられて下った。

翌日、奉行は香山栄左衛門を談判委員として差し向けた。

今度は艦長ビューカナン中佐が出て面会した。香山は昨日中島の言ったとおり、国書は受理し難いこと、長崎へ回航のことを懇談したが、中佐は強硬な態度で、

『わが国書を受理しないといわるるならば、よろしい。われわれは武力をもって上陸し、必ずその目的を達する。その結果どんな重大な事態を発生するかも知れないから、あらかじめ御承知願いたい。もし大事発生後に、貴方から交渉の必要があらば、白旗を掲げてお出でなさい。そうでないかぎり断じて砲撃は中止しませんぞ。』

と鋭い語調でいうと、同席の米国士官は、いずれも殺気立って香山をにらみつけた。

かくまでに異国人におどされ、侮辱され、日本男子として忍びえないところであるが、じっと歯を食いしばって、

『どうか、しばらくこの返事は、御猶予をお願い申します。――幕府でも国法に関する重大事で、いろいろ協議する必要もありますから、なにとぞ七日間だけ御猶予を願います。』

と哀願して、ようやく承諾を得て引き上げ、委細を奉行に報告し、奉行からは幕府へ早馬で報告した。

幕府では大いにあわて、武力に訴《うった》えても、といわれては天下の一大事、二百年の祖法《そほう》を破るは罪深し、破らねばアメリカこわしと、老中阿部伊勢守《あべいせのかみ》以下毎日の評定《ひょうじょう》の中に日はいたずらに過ぎる。

その間に、米艦は傍若無人《ぼうじゃくぶじん》にもボートをおろして、浦賀湾内をくまなく測量し、さらに艦はだ

んだん内海に進みつつ測量を続け、観音崎《かんのんざき》、猿島《さるしま》を越えて、小柴沖《こしばおき》にまでやって来た。江戸へは昼夜注進《ちゅうしん》の汗馬《かんば》、海からの飛脚船《ひきゃくせん》、沿岸は大警戒の陣を張り、江戸の人心は極度におびえた。

幕府はついに、米国使節の恐喝《きょうかつ》に屈服し、自から定めた永年の国法を破って、九日ついに国書を浦賀の西北、久里浜《くりはま》で受理することとなり、同地に応接所を急設し、戸田伊豆守、井戸石見守《いわみのかみ》の両全権が列席し、ペリーは三百余人を上陸整列させ、軍艦から放つ祝砲の中に、自ら参謀長以下の幕僚《ばくりょう》をしたがえて堂々と応接所へ入った。

わが委員はペリーから国書を受理し、そしてこれに対する回答は明年の春にすることを告げると、ペリーは数日中に退去すると言った。

しかるにペリーが帰艦するや、ただちに全艦隊は浦賀水道を越えて、江戸湾に進入し、金沢沖《かなざわおき》に現われた。

幕府はいよいよあわてて、かれに退去を要求したが、耳にもかけず、なおも深く進み進んで、ついに江戸市街を望みうる所までやって来た。

江戸市中の大混雑は、想像もできない状態に陥った。今にも紅毛人《こうもうじん》が、切支丹《きりしたん》の魔術のごとき武器をもって、江戸へ攻め上るとの風評で、武士はもとより、市民はみな武器を取り出し、荷物

111 米国艦隊来る

久里浜応接所へ向うペリー（従軍のハイネ画）

を運び、老少婦女を立ち退かせ、古物商などは、武器、陣羽織《じんばおり》、小袴《こばかま》、裁付《たつつけ》、あるいは甲冑《かっちゅう》を陳列して売り出すというしまつ、右往左往《うおうさおう》、八百八町は上を下への大さわぎであった。

沿岸を守る諸藩の兵は旧式の鉄砲を構え、やりを立て、まん幕《まく》を張り、馬印《うまじるし》をひるがえし、夜は天をもこがせとばかりにかがり火をたき、ちょうちんを立てつらね、海には小舟を多数浮かべ、昼夜を分たず厳戒を加えた。

浦賀奉行の戸田伊豆守は二千石の旗本の身で、彦根藩はじめ大名の兵を指揮するので、いろいろの困難があった。

十一日、香山栄左衛門は三度目に旗艦を訪れて、

『御退去にならねば、かえって人心を刺戟して、まとまるべき条約も遷延し、結果は必ずおもしろくないと信じます。明春には必ず御回答申上げますから、なにとぞ一旦お引取りを願います。』と懇願した。ペリーも考えた。これだけおどしておけば、この次にはだいじょうぶ、せいては事を仕損ずる。それに長びけば食糧が欠乏するし、なお中国の長髪賊の乱に警備に行かなければならないと、十二日早朝、江戸湾を出で、どこともなく立去った。香山栄左衛門は大いに男をあげたのであった。

齊昭《なりあき》起用の意見

米国の国書は、和親通商を求めるのが目的であったが、幕府はすでに厳重な鎖国令《さこくれい》をしき、これに違反した者は極刑《きょくけい》に処して来たのである。現に昨年銭屋《ぜにや》五兵衛の一家を密貿易の罪で捕え、五兵衛は獄死し、三男をはりつけ、手代《てだい》をさらし首に処した。幕府自身が、外国の圧迫でこれを破るということはできない。それからの幕府の悩みは、非常なものとなった。

二十二日将軍家慶《いえよし》が六十一歳で死去した。家慶は平凡な人で取立てていうほどの長所もなく、例によって奢侈《しゃし》の生活はしたが、別に大した欠点もなく、水野越前守、阿部伊勢守らを用いて政治を行わしめ、頽勢《たいせい》に流れ下る徳川の面目を、ようやく保つことができたが、これに次いで十三代将軍となった家定は、これはまたお話にもならぬ人物であった。

きのどくにも、幼時の疱瘡《ほうそう》のために、ふた目と見られない顔となり、強い疳症《かんしょう》で、怒りやすく泣きやすく、瞳《ひとみ》は定まらず、顔面にはひどいひきつれが起り、年こそ三十歳に達したが、生来の暗愚で、いつまでも子どものごとく、毎日庭の鵞鳥《がちょう》を追い回したり、池の鯉に石を投げ、あるいは鉄砲に劒をつけて女中どもをおびやかしたり、豆を煮て側の者にくばるなどして、日を過しているのである。そして病弱で夫婦の交りもできない。したがって子どもができない。

わが国の非常な難局に際して、このような将軍を戴くことになって、幕臣の失望落胆ははなはだしいものであった。

ばかでも将軍様、老中から政治のことなど、重要な事務を申し上げて、形式的にもその承認を得なければならないのであるが、そういう場合には家定は泣いてしまって、物も言わないというありさまであった。

そして、昔から奥女中の勢力は大したもので、老中でも頭が上らないほどであったが、こんな将軍では奥女中に丸められて、政治まで左右されるのである。ことに、家定の乳母であった老女歌橋《うたはし》の勢力は非常なもので、将軍の仰せといって権威を振い、老中首座の阿部伊勢守でも思うようにはならなかった。

しかし阿部伊勢守は賢明な政治家であった。かれは福山十万石の藩主、性質は温厚で、度量があり、容貌は円満の相で、色白く目涼しく、自然の温容にはだれでも心服した。二十歳で寺社奉行となり、多年の難事件といわれた越後《えちご》の神職の疑獄《ぎごく》をみごとに解決し、また、下総《しもふさ》中山の法華《ほけ》経寺《きょうじ》の悪僧事件は、将軍の愛妾や大奥の女中が、迷信に陥って、おぼれ切っているので、だれも手をつけることができなかったが、伊勢守はようしゃなく処断して一躍名声をあげ、二十五歳で破格にも老中となった。

一旦退任した水野越前守がふたたび老中になったが、八カ月でまた免ぜられるや、伊勢守は若年をもって全く幕政を握ることとなり、公明な政治をしき、大奥の方面とも、強硬論者の徳川斉《なり》昭《あき》とも、その他諸侯とも、円滑に調和して、不平を言わせなかった手腕は、全く名宰相《めいさいしょう》というべきであった。しかし、さすがのかれも、米国使節の威嚇には、全くあわてて、なんの名案も出なかった。

米艦の去った翌月、すなわち七月一日には、幕府は米国の国書を和訳《わやく》して諸侯に示し、広く、諸侯からその臣に至るまで、意見をのべさせることにした。

まず徳川斉昭が海防意見書を提出したほか、続々として意見が集って来た。

米艦が来て、国法を無視しわが国を侮辱した行動をとったことは、江戸の同志から刻々と雲浜のところへ報ぜられた。

雲浜は、日夜、梁川星巌、頼三樹三郎、その他の志士と会して対策を講じ、また各方面の同志へ激励の手紙を出した。

その一つ、七月二十三日付で雲浜から江戸の同志の一人、矢島為三郎へ送った手紙には、左の意が認めてあった。

『――先ころ、熊本藩士永島三平なる者下向につき一書を呈したが、相違せしや。永島ははなはだ頼もしき傑出の士で、何かと申し談じて置いたから、貴兄のお力になることと思う。さて、このせつ夷船渡来し四海騒然たるに、幕府は相変らず小田原評議《おだわらひょうぎ》にてらち明き申さず、これでは行くすえ神州の恥辱を取るやも知れない。お互いに慨嘆に堪えないところである。なにとぞ文武兼備の賢将を登用あって、御英断がなくてはならない。その賢将はすなわち景山公《けいざんこう》（徳川斉昭）であると思う。御地旗下有志の士で時事を歎ずる徒も多分にあるおもむきであるが、有識者《ゆうしきしゃ》の見るところはみなそうであろうと存ずる。よって勘考《かんこう》するに、天朝から勅命あって、その人に任ぜられることでなければ決断できない。一二の志ある公卿もあるゆえ、説き込めば計略は成就するだろうと、当地同志の者も申している。貴兄の御師範《しはん》中山大納言《だいなごん》はますます世評よろしく、皇太子の外祖父《がいそふ》にて、はなはだ御権威もあり、そのほかにもかれこれ心当りもある。貴兄かねての御志願は、正にこの秋成就《ときじょうじゅ》すべきかと存ずるゆえ、御同志ともよくよく御談合の上、急々御上京になってはいかに、私不肖《ふしょう》といえども力を尽して周旋《しゅうせん》つかまつる。これしかし大作略にて、容易ならぬことであるゆえ、御返事を相待つ――。』

とある。矢島為三郎という人は、明らかでないが、この文中にある熊本藩士永鳥三平は、機略に富み、文武両道に達し、特に国学に通じた。京都に永く滞在して形勢を視察中、雲浜と親密になり、この時雲浜の紹介を受けて江戸に行き、諸藩の士と交わり、大いに尽力したのである。

吉田松陰来る

七月十七日、ロシヤの使節、海軍中将エウフィーミー・プチャーチンが軍艦四隻を率いて長崎港に入港した。

かれはペリーとちがって、表面すこぶる温和に、わが役人の機嫌を取って国書を呈し、千島《ちしま》、樺太《からふと》における日露の国境を定め、あわせて一二港を開いて、和親通商することを請うた。

そしてその回答を待って、三カ月間も長崎に滞泊した。

九月十五日、幕府は二百年来の大船建造禁止令を廃止した。

十月二十三日、露艦は一旦長崎を出て、上海《シャンハイ》に向い、十二月五日ふたたび長崎へやって来て回答を迫り、遅延せば江戸へ直航するといった。

幕府から命ぜられた応接掛の、勘定奉行川路聖謨《かわじとしあきら》、大目附筒井政憲《つついまさのり》の一行が、江戸から多くの日を要して、ようやく十二月十八日長崎に着いた。そして左の回答文を渡した。

『通商の儀は朝廷へ奏上し、また諸侯とも協議しなければならないから、決定までには数年を要する。』

といういっこう要領を得ないものであった。

十二月七日雲浜の宅へ吉田松陰が、熊本の宮部鼎蔵《みやべていぞう》、野口直之允《のぐちなおのすけ》とともにたずねて来た。吉田松陰はその時二十四歳、死罪にあたる罪を犯しても、外国の事情を調べるために、ロシアの軍艦に乗って、ひそかに海外へ渡ろうと思い、九月十八日江戸を発し、長途はるばると長崎へやって来たのに、残念ながら軍艦は出港した後であったので、一たん故郷の萩に帰り、いま江戸へ引返えす途中であると語った。

117 吉田松陰来る

雲浜は、松陰の憂国の熱誠に感激して、かれを慰め励まし、今後のことについて計った。

この日福井藩士山口要人《かなんど》も雲浜をたずねて来て、福井藩の応急施設について、雲浜の意見をきいたので、ともに談じ合った。

松陰はその時、京都から兄の杉梅太郎へ出した手紙の中に、次のとおり認めてあった。

『京師梅田源次郎、事務にははなはだ練達、議論もまた正し、事務上に付いては益を得ること多し。森田節斎上京、頻りに慷慨《こうがい》仕り候。森田は粗《そ》毫策《ごうさく》無し。梅田は精密策あり――。』

吉田松陰は、名を寅次郎矩方といい、字《あざな》を義卿、号を松陰、二十一回猛士などと称した。長州毛利藩の杉百合之助の二男で、五歳の時に兵学の家柄の叔父吉田大助の養子となり、翌年叔父が死去し、実父と、その弟の玉木文之進という傑物から厳格な教育を受け、本人も進んで刻苦勉学し、十八歳で林真人から山鹿流軍学の免許皆伝をうけ、十九歳で一藩の兵学師範となった。

二十一歳の時、九州を遍歴し、各地の学者を訪うて学び、ことに平戸、長崎では西洋の事情を研究して、日本の国防に非常な不安を感じ、海外へ渡り、直接その実情を調査しなければ、日本の根本国策は立たないことを深く感じたのであった。

二十二歳の時、主君に従がって江戸へ出て、佐久間象山らを師とし、房相の海辺を視察し、二十三歳の十二月十四日に、宮部鼎蔵と、兄の仇討に出かける江幡《えばた》五郎とともに江戸を発し、途中で江幡と分れ、宮部とともに会津、新潟、佐渡、秋田、弘前を経て、津軽半島の突端の龍飛《たっぴ》崎の近くまで行き、青森、盛岡、仙台、会津、日光を経て、各地の状況を視察し、学者を問うて説を聞き、江戸に帰ったのが四月五日であった。

この旅行は、藩の許可を得ない勝手な行動であったので、国元で謹慎を命ぜられ、五月十二日に萩に帰り、一室に閉居して処罰を待っていたが、十二月になって士籍を削られ、兵学師範と祿を取り上げられて浪人の身となった。

しかし藩主のなさけで諸国遊学を許可され、翌年正月に遍歴の旅に出たのであった。

雲浜の門人の、大和《やまと》の下河辺《しもこうべ》昌俊《まさとし》は、雲浜の塾に止宿していたが、ある夜、だれか夜おそく帰って来て、その下河辺のふとんの中へゴソゴソともぐりこんだ者がある。だれだろうかと思いつつそのまま眠ってしまったが、翌朝見ると、それは吉田松陰であった。雲浜は貧乏で、客ふとんの用意は、じゅうぶんでなかったらしいと。この話は昌俊が、養子の下河辺三郎氏（医師で元奈良県会議長、奈良県高島町に現住）に物語ったところである。

下河辺昌俊は、雲浜の家へよく来た頼三樹三郎や、僧月性や、医師安藤精軒らと親しくなった。月性の詩稿を譲り受けたとみえて、現に下河辺三郎氏が所持している。昌俊は、その後に雲浜の塾を去って、有栖川宮《ありすがわのみや》の典医《てんい》秋吉《あきよし》駿河守《するがのかみ》の塾に入って医学を学んだ。その時に同門の八木《やぎ》重《しげ》義《よし》と親友になった。

八木重義は頼三樹三郎とも親交があった。後にこの二人はりっぱな医者になったが、下河辺は八木の三男の三郎氏を請うて養子にしたのである。なお三郎氏は、雲浜の長女竹子の子良三とは同級の友人で、よく遊びに行って竹子を知っているとのことである。

八木重義の長男は、衆議院議員に当選十回、三十年にわたる政界の長老八木逸郎氏で、ドイツの大学出身の医者で、医師共済生命保険、昭和生命保険の社長をした。著者とは知己の間柄で、実弟の下河辺三郎氏に紹介を受けた。八木兄弟から雲浜初め志士の話を聞きえたことが多い。

なお下河辺昌俊は明治二十四年梅田雲浜贈位祭に、三篇の詩を捧げて旧師の徳をたたえた。

宮部鼎蔵は、松陰より十歳の年長で熊本藩士である。米艦が来てから幕府の態度が因循《いんじゅん》なのを憤慨し、たびたび対策を藩に上書したが用いられず、のちに京都で志士と奔走し、あるいは薩摩に行って有馬新七と義挙を計画しなどした。後に朝廷の親兵三千人が諸藩から徴集された時は、その総監になった。池田屋事変で非命に倒れるまで、勤王のため大いに活躍した人傑である。

幕府では、ロシアは温和であるから、大して心配はないが、アメリスは約束どおり来年春にはやって来るであろう。そしていっそう強硬に要求して、もし要求に応じなければ、恐ろしい新鋭武器をもって攻撃されるであろう。どうしたものであろうかと、日夜評定を重ねていたが、去る七月一日、諸侯に対し、各々意見を述べよと命じたので、その意見書が集って八百に達した。

いろいろの説があったが、多くは、

『祖法は厳として動かすことはできない。断然米国の要求を拒絶し、かれから戦端を開かばこれに応戦せよ。』

というのであった。しかし幕閣は平和論であった。阿部伊勢守はようやく案を練り、将軍の命であるとて、十一月一日に諸侯を集め、米国使節に対する方針を左のとおり布告した。

『米国使節が再来した時には、きわめておだやかに応対し、なにかことにかこつけて回答をできるかぎり引延し、要求を拒絶することを明らかにしないで退去せしめる。しかし万一かれから乱暴するやも計られず、故に諸侯は防備を厳にし、忠憤を忍び義勇を蓄《たくわ》え、兵端が開かれたならば一同奮発努力せよ。』

親交も通商もお断りして、何とかうまく怒らせずに帰すという方針である。幕府の腰は少しもきまらず、万一のさいわいを頼みとしているのであった。

勘定奉行川路聖謨《としあきら》は、この手段を評して「ぶらかし策」と名づけた。

かくしてあわただしい嘉永六年は暮れて、安政元年の春を迎えた。

永々病気であった上原立斎は、一時軽快におもむいたが、また重くなって、安政元年正月八日死去した。時に六十一歳である。

立斎は、雲浜を実子のごとく、弟のごとく、また親友のごとく、常に変らぬ真情をもって迎えた。実父に次ぐなつかしき人であった。かれの死はいたく雲浜の心を打ったと見え、声を立てて泣いた。熱情家のかれは、父母や親しき人の死にあうと、非常に悲んで泣いた。知らない人でも徳望のある人の死を聞くと、心から哀悼《あいとう》したという。

この日、すなわち正月八日、長崎に滞泊していた露使プチャーチンは、ロシアと、イギリス、フランスとの間の戦争が、東亜にまで波及して来たので、日本の態度に不満の旨を告げ、いずれまた来るとて出港した。

アメリカもやがて近々に来るであろう。この度はさらにいかなる暴慢な行動に出るやも計られない。正に天下の大事、わが国の危急存亡に関する難局に直面したのである。

風雲の江戸へ

雲浜は今こそ起って国難に当たらねばならないと決心した。

立斎の葬儀を終ってから七日ばかり、まだ後始末も終らない中に、急ぎ旅装を調え、さびしげな顔をする妻子に、

『お国のためにはいたし方がない。しばらくるすを頼むぞ。』

と、一言いいすてて、京都のわが家を後に、江戸に向って急いだのであった。

日数重ねて一月の末に江戸に入り、神田美土代町《かんだみとしろちょう》に宿を定め、京橋の桶町河岸《おけちょうがし》の、鳥山新三郎という志士をたずねた。

そこには吉田松陰、宮部鼎蔵《みやべていぞう》もすでに来ていた。

この鳥山新三郎は房州の人で、儒学、兵学に精通し、名は正清、号は確斎と称し、その家は当時志士の梁山泊《りょうざんぱく》ともいうべく、多くの同志が出入していたので、雲浜は松陰その他多くの志士と毎日謀議をこらしたのであった。

その鳥山新三郎は惜しいことに、二年後に三十八歳で死去した。

懐しい恩師の山口菅山の許へも訪れた。菅山も寄る年波に、心細く感じていたおりから、雲浜の訪れを非常に喜んだが、同年すなわち安政元年八月五日八十三歳で死去した。牛込榎町の済松寺にその墓がある。

明春回答すると約束したので、ふたたび来ることはまちがいないと、内心ビクビクながら予期していたが、こうも早く来るとは夢にも思わなかった正月十一日、恐るべきペリーが、以前にもまして七隻の大艦隊を率いて浦賀水道を越え、十六日午後には金沢沖にいかりを投じた。

昨年、かれらはわが国を去り琉球に寄って香港にいたのであった。

続いてさらに二隻がこれに加わり、大げさにも合計九隻の艦隊、威風堂々江戸湾を圧して威嚇したのである。

幕府は江戸府内に戒厳《かいげん》の令を布き、湾内の重なところを諸藩に警備せしめ、十八日には林大学頭煒《あきら》、町奉行井戸《いど》対馬守《つしまのかみ》、目附《めつけ》鵜殿《うどの》民部少輔らを応接掛に任命し、浦賀へ向けて出発させた。

幕府はペリーに対し、浦賀へ入港するよう頼み入ったが、全然これに応ずる色もなく、毎日ボートを下ろして湾内各所を測量した。また応接地を浦賀にすることに交渉したが、江戸でなければ承知しないといってきかない。

平和な開港通商を交渉するのに、かくも多数の軍艦を差し向けて来るのは、はなはだ不穏当《ふおんとう》である。しかし弱小国日本はこうして脅迫《きょうはく》して屈服させ、理が非でも応じさせるという方針であろう。

二十七日ペリーはさらに威嚇するため、前年のとおり全艦隊を進めて大師河原《だいしがわら》の沖に達し、翌日は羽田《はねだ》沖《おき》に来た。

ここまで来れば、江戸は指呼《しこ》の間に望める。江戸市民はこの威容をながめて、すわこそ今にも戦争開始とあわてふためいた。

前年に米艦隊を退去させて、男をあげた香山栄左衛門を、談判委員に命じて交渉に当らせた。

しかしこのたびは香山の力も、いっこうにききめがなかった。

幕府も一歩譲って応接地を神奈川《かながわ》にすることを申し入れたところ、先方もようやくに承諾して艦隊は横浜沖まで退いて碇泊した。

幕府では毎日の評定、斉昭は断然撃払うべしと、どこまでも強硬論であった。

そしてついに、『漂流民の救助、まき、水、食料の供給だけは許すが、和親交易は拒絶すること。』と大体は決して、二月七日支配組頭の黒川嘉兵衛を米艦へつかわしたところ、応接の士官は威《い》丈高《たけだか》に黒川をにらんで、

『もし日本政府ががん迷にして、わが要求を容れない時には、やむを得ず開戦の用意に及ぶからそう心得てほしい。開戦となれば、近海に待機《たいき》しているわが軍艦五十隻、カリフォルニヤに待機している五十隻、合せて百隻の大艦隊は二十日以内には、たちまちここに集合するのであるからそのことは、しかとお忘れなくお伝えありたい。』

と言った。黒川は帰ってそのとおり伝えた。応接掛はどぎもを抜かれて青くなった。

二月十日には、ペリーは部下の五百名の兵を陸上に整列させ、わが警備兵を尻目にかけつつ、沖にいならぶ各艦から発する祝砲と、堂々たる武装行進に送られつつ、神奈川の応接所へ入って来た。

わが方では、ただただ、その威容に驚嘆するほかはなかった。

かくて四回会見したが、幕府には気骨も意地もなく、かれの要求を容れて、三月三日に和親条約十二ヵ条に調印を終ったのである。

これいわゆる神奈川条約で、その要旨《ようし》は下田《しもだ》、箱館《はこだて》（函館）の開港、漂民の救助、必需品の供給、開港場に於ける外人の遊歩区域、領事の駐在等を決したものである。しかしまだ通商貿易の条約は結ばなかった。

ペリーがどの程度の決心であったかは、当時ペリーが大統領《だいとうりょう》および海軍省へ送った手紙には、『日本がわが要求をこばむならば、一、二島（琉球、小笠原島）を合衆国の名において占領し、わが捕鯨船および船舶の避難、ならびに食料薪水の供給を得る港を設け、もって米国貿易の勢力の中心を作る――。』

と全く自国の利益本位で他国の領土を侵略しかねない計画であった。それを現在日本では、ペリーを開国の大恩人として感謝しているのである。

鎖《さ》国令《こくれい》の利害得失については、いろいろと史家の間にも批判がある。文化の遅れた弊害は大であることはもちろんであるが、そのために外国の領土となることを免れたかも知れない。当時の多くの志士も、あながち鎖国令を尊重したわけではないが、徳川が自から定めて二百年来厳行した国法を、当方の意志でなくして、外国の威圧脅迫に恐怖して、一たまりもなく屈服して破ってしまった幕府の意気地なさ、卑屈さと、暴慢なる米国使節の態度とに対して、憤慨したのであった。

当の責任者たる老中阿部伊勢守の家臣山岡八十郎は、憤慨のあまり、主君に直言しようとしたが、側臣に遮ぎられたので、数千言の上書をのこし、切腹して主君をいさめたことは、大いに世人を感動させた。

東湖を説く

雲浜は江戸へ着いて間もない二月一日、早くも小石川の水戸藩邸に、藤田東湖を訪問して面会を求めた。

東湖はすでに天下にその偉材を知られた人、通称は虎之助、後に誠之進といい、名を彪《たけき》といった。二百石から五百石の側用人《そばようにん》に登ったが、主君斉昭《なりあき》が幕府からちっ居を命ぜられた時、東湖も禄を奪われて十五人扶持となった。ペリーが来てから、斉昭が幕政に参与することとなって、東湖も海防掛を命ぜられ、また側用人となり、当時禄は三百石（のち六百石）であるが、斉昭の顧問格として非常に権威があった。その時四十九歳で、雲浜より九歳上である。

東湖とともに、水戸の両田《りょうでん》と呼ばれた戸田忠太夫（蓬軒《ほうけん》）もまたなかなかの傑物で、この両賢臣が斉昭を補佐していた。

雲浜は、かねてから、諸侯中で尊王攘夷を主唱し、かつこれを実行する力のある英傑は、徳川斉昭であると思っていた。そして斉昭を動かすには、まず東湖を動かさなければならなかった。

東湖の日記には、『二月朔日、出仕、梅田源次郎来る、奇男子。』と記してある。

雲浜は東湖に対し、詳《くわ》しく朝廷《ちょうてい》の様子を述べた上で、

『いま諸侯も国民も、徳川将軍あるを知って朝廷あるを知らない状態で、諸侯中一人たりとも朝廷へお味方する者がない。これは幕府が朝廷を圧迫し、永年政権をほしいままにした結果であります。その中で独り水戸藩は、光圀《みつくに》公が大日本史を著述されて大義名分を明らかにし、尊王の思想を養成されて、他藩に見ることのできないほど勤王心がさかんであられます。幕府は外夷に恐れ、ただろうばいしてなすところを知らず、おそれ多くも痛くお心を悩まし奉っています。水戸藩はもはや、単に口に尊王を唱えている場合ではありませぬ。断乎諸藩に率先して実行に移るべき時であります。一刻も猶予はできません。』

と説くと、東湖も元より熱心な尊王家である。

「お説まことにごもっともでござる――。してその実行の手段は？」

「すみやかに尊王攘夷《そんのうじょうい》の義軍を起こし、朝廷の御意を奉戴して国難に当らるべきであります。貴殿から斉昭公へ、この儀お勧め下さるようお願い申したいのです。」

と言った。東湖は英国船員が上陸したのを追払おうとしたことがあるほどであるが、これには驚いて、

「いや御趣意はけっこうです。しかしあまりに大事件で、わが藩のごとき微力ではなかなか実行は容易でござらぬ。かつよほどの大人物がいなければその任に堪えないが、わが藩にそれほどの有力な人物がありませぬ。」

この一言とその態度で、見込がないと見て取ったが、

「これは異《い》なことを仰せられます。この大藩にして、なぜ微力でしょうか。水戸全藩の一致結束こそ何よりの偉大な力であります。人物もりっぱにあればこそ申し上げるので、すなわち当時第一の英傑たる斉昭公を大将とし、貴殿が副将となられることです。なお他にもすぐれた人物がたくさんいられます。少しも憂えられることはありません。有力な水戸藩がまっさきに義軍の旗を進められたならば、天下の人物は、雲のごとく起って来ることは明らかです。――まず貴殿が御賛成になって、とくと御同志とお謀りの上、君公にお勧め願いたいと存じます。」

と言うと、東湖は、

『承知つかまつった。それでは拙者も熟考し、また同志とも協議してご返事することにいたしましょう。』と言った。

雲浜はさらに二月十九日に東湖を訪問した。

東湖の言うには、

『一同といろいろ協議したが、時期いまだそこに達しないとて賛成する者がござらぬ。』

と言う返事であった。

雲浜は大いに失望を感じたが、なおもじゅんじゅんと説いて、

『拙者は長州藩、熊本藩にだいぶ有力な同志があります。誓って両藩を説いて動かし、水戸藩と東西相呼応《こおう》して起つことにいたしたら、いかがでしょうか。』

などと勧め、また薩州藩のことも話に上ったが、東湖はいっこう乗気にならなかった。

雲浜はやむをえずそこを去ったが、非常に残念がって、

『藤田東湖は、ともに天下のことを語るに足らぬ人間だ。東湖でさえこういう態度では、水戸藩はとうてい全藩一致して勤王に起ち上ることはできない。』

と人に語った。

これは東湖の方でも無理はない。その時代の国情からいっても、水戸藩の状態からいっても、いろいろの困難があった。雲浜の説はほとんどだれも考えたことのないほど積極的で、むしろ過激と見られた。勤王の義兵といえば、名は良いが、そのころでは幕府への謀叛《むほん》と同様に思ったものである。長州《ちょうしゅう》や薩州《さっしゅう》が、勤王のために尽したのも、はるかに後のことである。そして率先して勤王に起った長州藩でも、実は雲浜がわざわざ長州まで行って、いろいろ尽力したことが力となったもので、雲浜が勤王運動の急先鋒であったことは、疑うことのできない事実である。

ところが、雲浜の観察は適中して、水戸藩はついに勤王に一致せず、藩内は分裂して悽惨な闘争を演ずるにいたった。

安政元年二月二日付で雲浜から藤森弘庵《こうあん》に送った手紙には、「イギリス国法理論」をしばらく拝借したいということと、左の歌が記してある。

君が代を思う心の一すぢにわが身ありとも思はざりけり

この歌は雲浜の辞世《じせい》として有名であるが、実はこの時によんだもので、はやくから皇国のために身命を捧げた覚悟がよく判るのである。

この藤森弘庵は、通称は恭助、名は大雅、弘庵または天山と号した。伊予《いよ》の人で博学である。時事に関したびたび藩主へ意見を述べたが容《い》れられないので、去って江戸に出で、いったん土浦藩主に聘せられたが、また江戸に出て塾を開いて教授し、徳川斉昭に海防策を建言して大いに信任を得た。雲浜よりは十六歳の年長であるが、親友となり、ともに勤王に尽した。

松陰の密航

吉田松陰は雲浜よりは十五歳下で、その時二十五歳であった。

ある日、雲浜は松陰をつれて、八丁堀にいる友人の松山藩士三上是庵《ぜあん》を訪ねた。是庵は雲浜と同じ崎門学派で、学才あり達識の士である。かれの「柏陰遺稿《はくいんいこう》」には、その時の状況を次のように記している。

『梅田氏が余を訪れて来た。その時余は他出中で、夕暮に帰って見ると、梅田氏は吉田寅次郎(松陰)という一生徒をともなっていた。驚きかつ喜び、久闊《きゅうかつ》を叙《じょ》し健康を賀し合った。さっそく酒席を張って杯は織るがごとく、たがいに襟《えり》をひらき、発論射《い》るがごとしである。

雲浜はその時言った。「我は朱子学《しゅしがく》である。山崎学ではない。」

と。しばらくして「我は孔子学《こうしがく》である。朱子学ではない。」

と。またしばらくして「我は無極学《むきょくがく》である。」

と言った。また山鹿素行《やまがそこう》、熊沢蕃山《くまざわばんざん》、山崎闇斎《あんさい》が大将たる器を備え、たくましき将略を抱いていたことを論じ、その他いろいろの人物を批評《ひひょう》した。』

など、雲浜のことはいろいろと記してあるが、吉田松陰のことについては一生徒と記してあるのみで、なにも書いてない。松陰は風采のあがらない男で、年も若いから雲浜の書生と思ったと見える。

この三上是庵は、その後、安政六年に丹後田辺侯《たんごたなべこう》に招かれて、非常に優遇され、席は老職の上に位したが、のち辞して松山に帰った。時に慶応三年、藩は恭順《きょうじゅん》と佐幕《さばく》の両論に分かれ、いずれに定めるか藩主も迷っていたが、かれは懇々と大道を説いて、ついに一藩をあげて朝廷に恭順することに決せしめた。明治九年十二月、五十九歳で歿した。なかなか傑物であった。

その三上是庵が雲浜を評して、

『その風調《ふうちょう》はおのずから人を動通する底《てい》の奇趣《きしゅ》あり。これをもって世人の尊仰《そんこう》を得、またもって世の禍《わざわい》にかかる。』と記している。

三月三日に、同志二十数名は向島《むこうじま》へ花見に行った。世の常の遊山気分ではない。国難が迫って天下騒然たる時に、都人士の覚悟はどうであろうかを観察し、また国に捧げた身の、二度と江戸の花を見ることができないかも知れないという、悲壮な気分である。ことに吉田松陰と金子重輔《じゅうすけ》とは、あと二日で、一大決心をもって米艦に乗り込むために、江戸を出発するのである。

その人々の中には、のちに勤王志士として天下に名を揚げた者が多かった。梅田雲浜、吉田松陰、鳥山新三郎、宮部鼎蔵、永鳥三平、白井小助、金子重輔、末松孫太郎、村上寛斎、佐々淳二郎、野口直之允、内田儀兵衞らであった。

なにごとぞ、幕府の武士が時局を忘れ、酒に酔いしれて、女にたわむれ、俗謡を放歌し、あるいは三味線をひき、あるいはヒョットコや、おかめの面をかぶって、ばか踊りに狂い興ずるものがだいぶあった。柔弱無能、魂の腐ったかれらに何ができるかと一同は慨歎した。

雲浜は心に期した。まず尊王攘夷の本家ともいうべき水戸藩をあくまでも説いて、そのうえ国内で活躍することを。

松陰もひそかに決心した。海外の事情を知らなければ国策は立たない。やがて下田へ回航するはずの米艦に便乗し、国禁の重罪を犯しても外国へ密航することを。

松陰の盟友宮部鼎蔵は、松陰の計画を知って、

『粗暴きわまる計画だ。とうてい成功の見込はないからやめよ。』

と極力止めたが、松陰は聞き入れず、

『大丈夫一たび決意した以上は、富嶽《ふがく》崩《くず》るるとも、刀水《とうすい》（利根川の水）つくるとも、たれかこれ

をかえることが出来ようか。』

と言って、一つ年下の門人金子重輔（二十四歳）をともない、三月五日江戸を発し、伊豆の天城峠《あまぎとうげ》を越えて、下田へ着したのは十八日であった。

米艦二隻は、新開港地の下田を視察するためにすでに入港していた。

ある夜、松陰と金子は、下田に近い蓮台寺《れんだいじ》温泉の共同風呂にはいっていた。この温泉はそのころから千二百年前、行基上人《ぎょうきしょうにん》が発見したと伝えられ、この地は六百年ほど前に廃寺になった蓮台寺の跡であると二人は聞いた。

そこへ土地の医者の村山行馬郎《ぎょうまろう》が入湯に来た。この人は江戸で医学を学び、さらに長崎へ行って最新の医学を修め、諸国を廻って実家に帰り医者を業としていた。

自宅にも温泉がわき出て、眼病や、毒気の病には効があるが、冷える湯であって、持病のせんきのためには、共同風呂の薬師湯が温ってよく効くので来たのである。

夜もおそいのに、若い二人の浪人体の男が湯にはいっているので、

『あなた方は、どちらでお泊りですか？』と行馬郎がたずねると、

『われわれは長州の浪人ですが、どこへ行っても泊《と》めてくれないので、今夜はこの湯で夜を明かすつもりです。』

蓮台寺温泉　村山庄兵衞氏寄贈

松陰と金子の隠れた村山家（現存）

下田に黒船が入港中で、もしも不穏な行動をする者があっては大変と、下田奉行から浪人者や怪しい者は、一さい泊めてはならないと厳重なお達しが出ているため、宿を求めることが出来なかった。かつ二人は極度の貧乏であるからなおさら宿には困ったであろう。

行馬郎も旅には苦労した人であるから、大いに同情して、

『それはお気の毒です。一晩ぐらいなら、私のうちでお泊り下さい。』

『それは千万かたじけない。』

すぐ近所のわが家へ二人をつれてきて、下の八疊の座敷にとおし、娘のお松を給仕としていろいろと世話をした。

翌日見ると、一人の方が、かいせん（ひぜん）

にかかっている。これが松陰である。医者であるから、薬を与え、自家の温泉は、その病には好適であるので入れた。話をすると意気投合して、二晩三晩と引きとめた。

松陰は行馬郎の親切に感激し信頼して言った。

『これは重大な秘密ですが、包みかくさずお話し申します。実は二人は、わが日本のために国禁を犯して、アメリカの黒船に乗せてもらって外国へ渡り、かの地の情況を調査する目的で来たのです。』

と打明けたので、行馬郎は大いに驚いたが、これが他へ知れては大変、あくまでも隠まって憂国の志士の志をとげさしてやりたいと決心し、二階に一室きりの八疉間に二人をうつし、階段は必要の時の外は、はずして隠し、世話はお松より外にさせなかった。

松陰は、昼間は机に向ってなにか書きものをして、夜になると二人で出かけて、夜の明けない中に帰ってきた。

数日たつと、松陰のかいせんは大分よくなったので、

『私のこの皮膚病が、この通りカセて、ずい分よくなりました。まことに有難う存じます。』

と喜んで礼を述べた。

二十七日の夕方、柿崎弁天島の浜に、小舟があるのを見つけた。それは船宿九右ェ門の所有で

ある。一たん蓮台寺の村山家に帰り、夜になってふたたび弁天島に来てその洞穴に隠れ、夜半にかの小舟を引き出して海に出た。

ところがろぐいがないので、ふんどしをはずして櫓《ろ》をしばりつけてこぎ出した。しばらくするとふんどしがプッツリと切れたので、次に帯をほどいて、櫓《ろ》をしばり、また必死になってこいだが、風波強く、舟はグルグルまわっていっこう進まず、腕もぬけてしまうようであったが、ようやくにして一町ばかり沖のミシシッピー号についた。

そしてはしごを上って行って、いろいろと手まねで示したがいっこう通ぜず、結局、

『ポーハタン号に大将がいるから、その船へ行け。』

と示され、またもや苦心して小舟をこいで行った。両刀はじゃまになるのではずして置いた。また一町ばかり、やっとのことで旗艦ポーハタン号の舷側に着いたが、波のため小舟がはしごに激突する。水兵が怒って、棒で舟をつき放そうとしたので、松陰と金子とは、あわてて小舟を捨てて、はしごに飛び移った。

小舟は、両刀や、二人のたいせつな荷物を乗せたまま、波のまにまに流れて行く。

この軍艦には、日本語の判るウイリヤムスという男がいたので、松陰も懸命に懇願したが、下田奉行の許しがなければつれて行くことはできないとて、二人の希望は許されず、大志も水の泡

となり、ボートに乗せられて福浦へ送り返された。

乗り捨てた小舟を探し求めたけれども、影だに見えない。いずれだれかの目にふれて、二人が米国軍艦を訪うたことが知れるであろう。それは国法の厳禁するところ、所詮免れぬ運命と、翌朝柿崎村の名主兵エ門に自首して出た。名主は驚いて与力に報じたので、長命寺に監禁され、数日ののち奉行所に呼び出されて訊問されたが、宿の村山家のことは一言も口にせず、お堂や軒下に寝たと言い、また行馬郎の息忠蔵は奉行所の役人で、知ってはいたが、これもだまっていたので、村山家には迷惑をおよぼさずにすみ、四月十五日に江戸伝馬町の獄へ送られた。

途中泉岳寺の前を通るとき、松陰は義士へ手向《たむ》けのためと、自分の心境とをよんで、

かくすればかくなるものと知りながら已《や》むに已まれぬ大和《やまと》魂《だましい》

また、伝馬町の獄中で次のとおりよんだ。

秋風に手折りし国の草花をつぼみながらに散るぞ悲しき

雲浜はその事を聞くと、熊本人の中村篁斎《こうさい》と謀り、金をくめんしてひそかに獄吏《ごくり》を買収して、松陰を救い出そうと大いに努力した。救い出すことは困難であっても、せめて待遇でも良くなるようにと、苦心して尽力したのであった。

その後京都へ帰った雲浜から、八月八日森田節斎へ送った手紙には、次のように記してある。

『吉田寅次郎ことも、定めてお聞き之れあるべく、未だ若年といひ、あたら武士、何ともその志憐れむべきことに候。彼が獄中の和歌を聞きて、僕一詩を賦《ふ》し候。

吾儕敢妄動二干戈一。（吾《われ》ら敢《あえ》て妄《みだ》りに干戈《かんか》を動かさんや）

欲下報二承平一支中頽波上。（承平《しょうへい》に報《ほう》じ頽波《たいは》を支《ささ》えんと欲す）

千里長門奇男子。（千里長門の奇男子）

誰憐悲憤獄中歌。』（誰か憐れまん悲憤獄中の歌）

とて松陰に対し深く同情した。

松陰と金子の二人は、伝馬町の獄にとらわれの身となること五ヵ月、さらに長州萩《はぎ》の野山《のやま》獄へ移されることになって、九月二十三日江戸を発した。

松陰は士分であるし、初めからあまり苛酷な扱いはされなかったが、金子重輔は、士分以下の小者であることなどから、非常な虐待を受けて、前から病気にかかり、身動きもならぬ中を一ヵ月もかかって送られて、十月二十四日萩に着いた。そして金子は翌安政二年正月十一日、獄中であわれな死をとげたのであった。

著者は昭和二十九年四月二十四日、蓮台寺温泉の村山家を訪うた。当主は農業の村山庄兵衛氏で、行馬郎の曾孫である。二階の八畳の室にとおされて、庄兵衛氏から前に記したとおり松陰ら

141 松陰の密航

弁天島と吉田松陰銅像

をこの室にかくまった話を聞いた。これは行馬郎の娘お松が明治三十八年まで生存して、庄兵衛氏に語ったものであるという。当時松陰らが使用した机、食器、飯びつ、徳利、舟の形の盃洗、行燈《あんどう》、薬籠《やくろう》、掛軸等がそのまま保存されているのを拝見した。

さらに下田から舟を雇って米国軍艦の碇泊したあたりを通った。犬走島《いぬばしり》やミサゴ島の風景が美しい。柿崎の弁天島に上って弁天の祠に詣で、松陰らが隠れたという洞穴を通りぬける。大岩石の上に松が繁り、島とはいえ、浜つづきで歩いて行かれる。近くに松陰の銅像があり、その隣りの玉泉寺は曹洞宗で、米国総領事館となつたところ、ハリス、お吉、松陰らの遺品が陳列してある。帰途はバスで天城峠（海抜八〇〇米）を越える。松陰と金子、ハリスが通った旧道が隠見し、当時のことをしのんで感慨が深かった。

水戸の城下へ

藤田東湖を説いて、水戸藩を動かそうとして目的を達しなかったが、それでくじける雲浜ではない。その年すなわち安政元年（一八五四年）五月まで、雲浜は江戸にあって日夜奔走していたが、さらに水戸藩を動かさねば止まないと、一かいのやせ浪人《ろうにん》の身で水戸の城下へ乗り込んで行ったのであった。

まず水戸で権威のある、奥右筆頭取《おくゆうひっとうどり》高橋多一郎を訪うて、大いに論じたところ、高橋も一代の熱血勤王家、たちまち雲浜と意気投合して、わが家にとう留せよとて引き止めた。

この高橋多一郎は、学問も識見もすぐれた人で、主君斉昭が幕府から閉居を命ぜられた時、金子孫二郎、茅根《ちのね》伊予之介《いよのすけ》らと無実の罪をそそごうと尽力して、ちっ居《きょ》を命ぜられ、斉昭が許されるとかれも許されて、矢倉《やぐら》奉行、寺社奉行を経て現職に昇ったのである。四十一歳である。

次に奥右筆郡《こおり》奉行の役にある金子孫二郎に会った。金子は五十一歳、至誠熱烈の士、高橋とともにちっ居を命ぜられたが、許されて現職につき藩に重きをなしている。一回で親しくなって、たびたびその家にも泊った。

次に斎藤監物《けんもつ》に会った。この人は三十三歳、神官である。藤田東湖に学び、無念流剣法の達人で、やはり熱心な勤王家である。

そして高橋らは雲浜の人物に傾倒し、家老武田耕雲斎《こううんさい》（修理正生、のち伊賀守《いがのかみ》、耕雲斎は退隠後の名）に説いて、雲浜と面会させた。

耕雲斎も、高橋、金子らと主君の無実の罪をそそぐために尽力して、五年間幽閉のうき目を見たが、今は大藩の権威者である。時に五十二歳。浪人儒者など大して重きをおかず、悠然として上座の厚い座ぶとんの上にあった。

雲浜は礼儀を正してあいさつを終り、耕雲斉と相対し、国を憂うる熱誠からほどばしる力強いことばをもって切り出した。

雲浜の最初の一言は次のとおりであった。

『まずおたずね申したいことがございます。それは御当家の御先祖光圀公が、大日本史を編纂せられた目的は、単に読書子《どくしょし》の消閑娯楽《しかうかんごらく》の料に供せられたものでしょうか、それとも、そのお志を天下のために行おうとせられたものでありましょうか。』

耕雲斎は鋭いその気魄を感じながら、

『光圀公のお志はいうまでもなく、すべて天下のために計られたものでござる。どうして区々《くく》たる消閑娯楽の料とせられるはずがござろうか。』

雲浜は、ここぞとばかりに乗り出して、

『しからば、今こそまさに天下のために行うべき時機に達したのでございます。水戸の士はすべて大日本史の精神をうけて勤王心に燃えております。いま国の大事に際し、朝廷の御意にしたがって御奉公申し上ぐべきであります。そして諸藩に率先して、大義のためにお働きなさるのが水戸家の本務であって、勤王に対しては、水戸家がどこまでもその本とならなければなりません。これこそ御先祖が大日本史を著述なされた御主旨に副うものと思います。光圀公は大日本史において、南北朝のいずれが正統かを明らかにせられ、湊川に楠公の墓を建てて、その誠忠を表彰せられました。これみな忠義の心を養成せられるお志でありましょう。その光圀公は、御子孫に対し、徳川将軍は宗家《そうけ》である、天朝は君主である、決して思い誤ってはならないと仰せられました。また、こうも仰せられました。他日朝廷と幕府との間にことが起った場合には、水戸の藩主は将軍の首を斬って朝廷に献じた上、切腹して宗家に謝すべきであると。さすがは義公《ぎこう》光圀卿、お偉い方でござった。』

堂々と数千言、熱誠あふるる尊王論を説いて、

『すみやかに斉昭公をおすすめあって勤王の兵をおあげ下さい。決して徳川将軍を討つというのではなく、単に幕府の専横を抑え、朝廷の御意を奉戴して将軍家に国家の大策を定めさせるのでありますから、少しでもわが国体を知る者は、この趣旨にたがう者はないはずであります――。城外二三里でよろしいから、兵をお進めにならば、幕府も諸侯も、いきおい朝旨を奉ずるに至りましょう。すなわち、よく上に忠にして、また祖宗に孝なることをうるものであります――。』

元来勤王の志に燃ゆる一代の傑物武田耕雲斎、雲浜の一言一句を熱心に傾聴している間に、大いに感激して、いつしか座ぶとんを下り、えりを正し、謹厳の態度となって頭を下げ、

『あゝ貴殿の誠忠の御志、深く感じ入り申した。わが水戸藩こそは、天下にさきがけて、朝廷に忠勤を励みたいと、常々心に決していたのでござった。いまお説を伺ってことごとく敬服つかまつりました。わが全藩勤王のためにけっ起するよう、拙者微力ながら尽力いたしましょう。』

と大いに賛同の意を表した。

耕雲斎初め座にいる者がことごとく感嘆し、耕雲斎は座ぶとんをすべって謹聴したことは事実であったと同席者は語った。

かくして水戸に留まること一ヵ月ばかり、大いに説いて多くの同志をえた。やがてまたの日を

期して水戸を去り、江戸を経て、京都のわが家に帰ったのは、六月上旬で、家を出てから実に六カ月目であった。

なおその後も絶えず水戸の勤王の士と連絡を取り、また水戸藩への勅諚降下等に非常な尽力をしたのであった。

武田耕雲斎は、後に水戸藩の尊王攘夷党の首領となって兵を挙げ、高橋多一郎、金子孫二郎、斎藤監物らは、井伊大老要撃《ようげき》の計を立て、いずれも維新の人柱《ひとばしら》となって、尊き血を国のために捧げたのであった。

さらに福井藩へ

雲浜は水戸から帰るや、まだ席の暖まらないのに、早くも福井へ旅立の準備に忙しかった。福井は賢君の評判の高い松平慶永《まつだいらよしなが》(春嶽《しゅんがく》)が藩主で、すでに交りを結んだ同志もだいぶいる。福井へ着くと、一乗町の麦屋に止宿したが、やがて家老稲葉正博《いなばまさひろ》と面談すると、家老は自分の別邸遊仙楼に迎えて、非常に優遇し、そこに留まることとなった。

そして稲葉正博、藩儒吉田東篁《とうこう》、岡田淳介《じゅんすけ》、村田巳《み》三郎、坂部《さかべ》簡介《かんすけ》、野村淵蔵《えんぞう》、山口要人らと会して、京都、江戸、水戸の形勢を告げ、時局を論じ、大いに勤王を説いたのであった。岡田淳介は吉田東篁の弟で岡田家を嗣いだ。藩校の教官となり、明治になって諸官に任ぜられた。雲浜に心服し、旅費の援助もしたのであった。

吉田東篁は雲浜より七歳上、村田巳三郎や橋本左内はその門人である。かれはただの学者ではない。嘉永六年時事を憂いて江戸と京阪に遊び、藤田東湖、藤森弘庵、梅田雲浜、梁川星巌、春日《かすが》潜庵《せんあん》らと交わった。藩校の教官をしていたが、横井小楠が福井藩へ師として招かれると、意見が合わず、退いて閉居したが、後にまた教官となった。武田耕雲斎が兵を率いて西上したときは、同情ある処置方を進言し、また幕府が長州を再征しようとしたとき、大いに反対論を述べて幕府の反省を促がし、また徳川氏に対し討伐軍が起されたとき、死を決して朝廷に伏奏し、徳川氏のために寛大の処分を乞うなど、熱烈な傑士である。

雲浜はこの人と大いに意気が合い、ある日二人で越前《えちぜん》三国《みくに》の、滝谷寺の住職道雅《どうが》を訪うた。この僧もただものではない。雲浜より三歳の年長、京都で生れ、江戸浅草《あさくさ》大護院《だいごいん》の道本《どうほん》を師とし、博識で、詩文も巧みであった。時世を慷慨し、憂国の念が深く、志士がその名を聞いて訪ねる者が多く、自身もたびたび京都へ行って活動した。衆議院議長杉田定一はその高弟である。

道雅は二人を迎えて大いに喜び、まず何はなくとも名産の雲丹《うに》で一こんと、たがいに酒をくみ交わし、悲歌慷慨、お寺もふっ飛ぶ勢いで、大いに論じ合い、夜のふけるのをしらなかった。泊れといわれたが、月を浴びながら歩くのもまた一興と、二人は足元も危うげに飛び出して、途中菜種畑《なたねばたけ》に寝ころんで一夜を明した。

福井常盤木町の橋本左内を訪い揮毫を与えた。左内は時二十一歳、すでに有名であった。雲浜は福井を出発し、越前粟田部《あわたべ》で子弟を教授している福井藩士三寺三作を訪うた。この人は藩主の命を受け諸藩の学者を訪問《ほうもん》して、藩の師儒を求めて歩いたとき、京都に雲浜をたずねて来たので、雲浜は熊本の横井小楠らに紹介状を書いて与えた。小楠が福井藩に招聘されたのは、こうした縁によるのである。

雲浜の京都へ帰って来たのが、七月二十七日である。福井へはその後もたびたび行った。帰って見ると、妻の信子と、長男の繁太郎が病気で床についている。門人や知人や近所の世話で、ようやく至らぬ看病を受けているという哀れな姿であった。

雲浜は驚いて、自ら子供の守をしたり、薬を煎じたり、炊事をしたりして立ち働いた。福井の村田巳三郎へ、八月九日付で送った手紙に、福井滞在中の礼を述べたうえ、皇居炎上の際のことを記して慨嘆し、皇居守護の緊要なことを説いている。

皇居炎上とは、去る四月六日のこと、御所の内で、掌侍《しょうじ》として仕《つか》えている今城定成の娘の住居の、庭にある梅の木に毛虫が多く発生したので、主人の命で、紅梅という腰元が、竹の先にわらを結びつけ、それに火をつけて毛虫をやいていたところ、それが飛火して屋根に燃えつき、それから大火となって、御所全部を焼き払い、なお寺社二十四箇所、公家武家等の屋敷三百戸、町家五千数十戸を焼き払ったのであった。

孝明天皇には、神器を奉じて下賀茂社《しもかもしゃ》に難を避けられ、ついで聖護院《しょうごいん》に、さらに桂殿《かつらでん》にうつられて、非常な不自由をされたのである。

さて雲浜から村田への手紙は、

『内裏炎上《だいりえんじょう》の節は、百官何れも大狼狽にて、玉体を守護致され候御方もこれなく、ようやく三条殿、八条殿、久我殿その外一両人御かけ付、御立のきに相成り候由。然る処にわかのことにて、御膳の料米もこれなく、何れも大饑渇《きかつ》、然る処東本願寺、急に京中の魚類等買取り、たき出しでき、車数十輛へ乗せ行宮《あんぐう》へ送り、是にて御一同うえを御免れ成され候由、本願寺の大手柄に候。是にて緩急《かんきゅう》の節は思ひやられ候。僕かねてお話し申候通り、先見の如くに候。』

これは、皇居の守護が至らないために、かかる不都合な失態を演じたので、その守護は一時もなおざりにできないことを論じたのである。

雲浜は、皇居の守護については、諸侯に頼むもとうていおぼつかない。この上は自らの手で兵を養成するよりほかに道がないと決心したのである。しかし大名《だいみょう》でもできないことを、浪人儒者のかれは、いかなる妙策をもってこれを成就しうるであろうか。

十津川に兵を養成

江戸の徳川将軍の護衛には、直属の旗本がある。しかるに京都には朝廷を守護する親兵が全くない。表面は幕府の任命した所司代《しょしだい》や、町奉行や、禁裏付《きんりづき》武家があるが、その実は朝廷を監視し、むしろこれを抑える目的に置いたものである。

もし朝廷で武を練り、兵を蓄えるようなことがあれば、これは徳川にたてつくものとして圧迫し、責任者を厳罰に処した。

御水尾《ごみずのお》天皇が御譲位の後、他へ行幸を仰せ出された時に、京都町奉行高木伊勢守《いせのかみ》は強《し》いてお引き止め申して、

『かくお止め申しても、なお行幸《ぎょうこう》遊ばされるならば、臣は禁中に向って一矢つかまるでござろう。これが関東に対する御奉公でござる。』

と言ったと、鳩巣《きゅうそう》小説に出ているが、事実こんな不都合な考えで、皇居を守護している連中ば

151 十津川に兵を養成

かりであった。

平時はともあれ、万一外国と戦端を開いた場合、もっとも憂慮すべきは皇居である。京都に近い大阪沿海の防禦についても、全くなんの備えもない。

まず第一に皇居の守護を計らなければならないと、雲浜は以前からしきりに策を練っていたが、ついに目を着けたのは、大和国吉野郡の十津川《とつかわ》の郷《ごう》である。

十津川郷は、吉野の山また山の奥で、山岳重畳し、道はけわしく谷は深く、人家は山間や十津川畔にまばらに見られ、交通の不便な、世塵を遠くはなれた神秘境で、五十九ヵ村（村は現在の大字）の広大な地域である。

郷内の玉置神社と、紀州の熊野三山といわれる本宮、新宮、那智は、昔から皇室の信仰が厚く、天皇、上皇、法皇の御参詣になられたことが多い。また大和の金峰《きんぶ》山、葛城《かつらぎ》山と、熊野は修《しゅ》験道《げんどう》の道場で、十津川はその修行者の通路になっている。

神武天皇の大和《やまと》入りには、十津川郷士が供奉《ぐぶ》して道案内を申し上げ、また壬申《じんしん》の乱（六七二年）には天武天皇の軍勢に加わって功があったので、諸税勅免地となったと伝えられる。

後醍醐《ごだいご》天皇の第三皇子、大塔宮《だいとうのみや》護良《もりなが》親王が賊の難をさけて、十津川にのがれられた時には御守護申し上げ、南北朝時代には、世は足利氏に征服されて、南朝を奉ずるものが稀であったが、十

現在の十津川

十津川村役場（延380坪）

十津川村の一部落

153 十津川に兵を養成

以上 十津川村長 後木実氏寄贈

十津川の吊橋

津川の人々は、足利の権勢に恐れず赤誠をつくして奉仕した。

徳川時代に、一時課税されたが、昔からの由《ゆい》緒《しょ》を申し立てて、また免税となった。

　とんと十津川御赦免所《ごしゃめんどころ》
　　年貢《ねんぐ》いらずの作り食い

の俚謡《りよう》は郷人の誇りとして歌われた。

郷人の大部分は生業をいとなむ武士、いわゆる郷士で、質実剛健で、武を好み、勤王心は伝統的に子孫の血に脈々と流れている。

雲浜はこれを説いて奮起させ、適当に訓練を加えたならば、大事のとき必らず国のお役に立つであろうと考えたのであった。

この着眼は実にえらかった。雲浜は十津川の指導訓練に、安政元年から五ヵ年継続したが、それが維新の大業の一面に、偉大な力となったのである。十津川の義兵は、雲浜の勤王事業中重大なものである。

安政元年正月、雲浜が江戸へ出発する前に、十津川の重立った郷士の野崎主計《かずえ》、乾丘右ヱ《いぬいおかうえ》門《もん》、上平主税《かみだいらちから》らが雲浜を訪問して、その意見を聞いたことがある。

雲浜は福井から帰るや、妻子の病気や、貧苦や、その他いくたの困難の中にも、ただちにこの大計画の実行に着手し、大和の五条にいる友人森田節斎へ、

『天下の大事につき相談したく、御登京を願いたし。』

との手紙を出して呼び寄せ、その計画を語ったところ、節斎も大賛成なので、さっそく尽力させることとし、なお五条の乾《いぬい》十郎、富商下辻《しもつじ》又七をも参加させた。

これらの人々は十津川におもむき、五十九カ村の重立った郷士を集めて、時局を語り、大義のために奮起するよう熱心に説いた。

十津川の郷士の中でも首領株たる野崎主計、乾丘右ヱ門、深瀬《ふかせ》繁理《しげり》を始め、藤井織之助、丸田監物《けんもつ》、千葉宗清、千葉良平、その弟田中主馬《しゅめ》蔵《ぞう》、上平主税《かみだいらちから》、佐古《さこ》高郷《たかさと》、沼田龍らの勤王の志の厚い人々はただちに賛同し、全郷から兵を募って訓練することになった。

一日の家業を終ると、一定の場所に集合して文武を学び、調練を励み、着々として紀律正しい

兵の養成は進行し、日ましにその人数は増加して、意気昇天、剣を按じて、一朝事あらばただちに都へ馳せ上り、君に仇なすやからを撃って、皇居を守護することを誓った。

乾十郎のことはすでに記した。下辻又七は木綿問屋《もめんどんや》で、紙又《かみまた》といった。町人であるが山崎学派の学者に学び、武士に劣らぬ魂をもち、ことに勤王心厚く、深く雲浜に心服して、軍資金は大部分この人が出した。その家には八畳の地下室があって、そこを秘密の会合所にあてていた。

雲浜はその後、山口薫次郎《しげじろう》、行方《なめかた》千三郎、永鳥三平らを十津川に遣わし、十津川の首領らも京都へ来て雲浜の指揮を受け、または入門し、雲浜自身も十津川へ行って、非常な努力をしたものであった。

155 十津川に兵を養成

かくしてついに大義のために死を誓う強兵、実に二千人の多きに達したのであった。

福井藩では、十津川の戦士を自分の藩に附属させたいとの話が雲浜にあったのに対し、福井藩士坂部簡助に与えた雲浜の手紙に、

『二千余の戦士、何のために附属仕るべきや、属不属《ぞくふぞく》は僕一人の心にあり、皇国へ不忠を働き候諸侯これある節、僕誅伐《ぼくちゅうばつ》の備《そなえ》に候。』

とある。ここに属不属とあるは、福井藩に属するか否《いな》かという意である。

露艦大阪湾に侵入

当時、イギリス、フランス、トルコの三国は連合して、ロシアと戦争を開始していた。クリミヤ戦争というのがそれである。その戦乱《せんらん》は北太平洋沿岸のロシア領におよんだので、イギリス、フランスともなかなか日本に使節を送る暇がなかったが、香港《ホンコン》に根拠《こんきょ》を置く英国東インド艦隊司令長官スターリングは、旗艦ウインチェスターに坐乗し、旗艦以下四隻の軍艦を率いて、露領ペトロパウロスクを砲撃し、露国の艦船を捜索しつつ南下して、安政元年閏《うるう》七月十五日長崎港に入って来た。そしていうには、

『イギリス、フランスはロシアの野望を挫《くじ》くため、これと戦い、大勝利をえている。露国は日本領の樺太《からふと》、千島を侵略し、さらに日本全土にもおよぶであろう。われわれはその憎むべき敵を打破っているのであるから、軍艦の寄港を許せ。』

とて条約の締結を申し入れたので、数回交渉の結果、幕府の指令の下に、八月二十三日長崎奉行水野忠篤《ただあつ》は、日英和親約定《わしんやくじょう》七カ条に調印した。

その要旨は、薪、水、食料、船中必需品の補給および船体修理のために長崎、箱館を開港する

157 露艦大阪湾に侵入

ことであった。

去る一月八日、長崎を去ったロシア使節プチャーチンは、八月になって、軍艦ディアナに乗り、イギリス、フランス両艦隊の目を遁れつつ箱館に入港し、薪、水、食料を請い、九月十八日に至り、突然大阪湾に入って来て、天保山沖にいかりを投じた。

大阪湾侵入のロシア軍艦とプチャーチン中将

　皇居に近き大阪湾に、無遠慮に外国軍艦が侵入して来たのは初めてである。

　やぶから棒に意外な黒船が、魔物のごとく現われたので、付近一帯大いに驚き、すわこそと京都警衛の任にある彦根藩は、その警戒の兵を増し、ついで藩主井伊掃部頭《かもんのかみ》直弼《なおすけ》が上京して指揮をする。大阪では城代の土浦藩主土屋釆女正寅直《つちやうねめのしょうとらなお》が、ただちに幕府へ報告して、どう処置《しょち》すべきかと伺いを立て、一方付近の諸侯や、諸藩の蔵屋敷《くらやしき》留守居《るすい》等に命じて、非常警備をさせる。天保山一帯は諸藩の兵をもって満ち〳〵、旗やのぼりは空をおおい、夜はかがり火が天をこがすばかりであった。

京都では、今にも恐ろしいロシア軍が攻め登って来はしないかと、戦々《せん〱》きょうきょうたる有様。天皇には、七社七寺に国家安康をいのらしめ給うた。はなはだしい流言が飛ぶ。天皇は一時彦根へ移られるといううわさまで伝わった。

露使の申し立ては、

『長崎に長らく滞在して和親を求めたが、いっこう返事がないから、やむをえずここへ来たのである。大阪で交渉を開始したい。』

というのである。厳重に退去を命じたがきかばこそ、がんとして動くようすも見えない。

御用絵師の宇喜多《うきだ》一蕙《けい》は、孝明天皇の思召をこうむって、狂人のまねをして天保山沖に至り、露艦の図を写して天覧に供したという。

十津川隊を率いて

事あらばけっ起して、国のために働こうと待ち構えていた十津川から、突然数名の急使が雲浜のところへ飛んで来た。そして言うには、

『先生！ わが十津川隊は露艦を打払うために、すでに大阪に向って出動いたしました。ついては先生を主将として、御指揮を仰ぎたいと、幹部一同の願いでございます。なにとぞ急ぎ御出動をお願い申します。』

とのこと。雲浜は大いに喜んで、

『おゝ、さすがは十津川の諸君。待っていた。即刻出発いたす。』

外夷に国法を破られ、皇居の付近をうかがうを許して置けようか。

と、雲浜は急ぎ出陣の用意もりりしく調えた。

妻の信子の病気は労咳《ろうがい》で、引続きはかばかしくなく、その時も病床についていた。それに貧苦のために三度の食事も満足にえられなかった。親はとにかく、二人の子どもがまことに哀れであった。

その時いた書生の話に、

『ひどい貧乏で、三度の食も不じゅうぶんでした。ぼっちゃんは三つで、まだがんぜないから、夜中でも腹がすくと泣き出してしかたがない。あまりかわいそうなので、夜遅く飛び起きて、せ

んべいを買って来て上げたこともあった。先生の御出発の時は、奥さんは御病気、今思うも語るも涙の種です。』

と人に語ったという。

雲浜は、病に臥す妻と、飢にやせた子どもを見て、生きて再び帰れないかも知れないこのかどで、傑士の情緒《じょうちょ》も乱れたか、目に一滴の露を宿しつつ、やがて筆をとって、

妻 臥二病 牀一児 叫レ飢。 (妻《つま》は病牀《びょうしょう》に臥《ふ》し児《こ》は飢《うえ》に叫《さけ》ぶ)
挺レ身 直 欲レ当二戎 夷一。 (身《み》を挺《てい》して直《ただち》に戎夷《じゅうい》に当《あた》らんと欲《ほっ》す)
今 朝 死 別 与二生 別一。 (今朝死別《こんちょうしべつ》と生別《せいべつ》と)
唯 有二皇 天 后 土 知一。 (唯皇天后土《ただこうてんこうど》の知《し》る有《あ》り)

と記した。これ千古不朽、悲壮きわまる愛国の名詩となったものである。

さらにまた左の一詩を記した。

大 厦 欲レ支 奈二力 微一。 (大厦《たいか》支《ささ》えんと欲《ほっ》するも力微《ちからび》なるをいかんせん)
此 間 可レ説 小 是 非。 (この間説《かんと》く可《べ》けんや小是非《しょうぜひ》)
賤 臣 効レ国 区 区 意。 (賤臣国《せんしんくに》に効《いた》す区々《くく》の意《い》)
憤 激 臨レ行 拝二帝 闈一。 (憤激行《えんげきこう》に臨《のぞ》みて帝闈《ていい》を拝《はい》す)

記し終るや、皇居の方に対して、うやうやしく礼拝をなし、次にだまってこの二首を妻に示した。妻は頭をもたげつつ淋しく笑みて、

『お国のため、私や子どものことなど、少しも御心配なく御出発下さいまし。そしてりっぱなお働きをおいのりいたします。』

と言って、せき入った。雲浜は急ぎその背をなでさすり、

『お前にはいつも苦労をかける。気の毒だが後を頼んだぞ。』

と言うや、十津川の使者をしたがえて、さっそうと わが家をあとに大阪に向かった のであった。

十津川一隊がすべて武装し、隊伍を整えて大阪へ向うのと途中で会した。一隊は大将と仰ぐ雲浜を迎えて歓呼の声を　げ、意気天をつくの勢いで進軍した。

ところが、幕府から大阪城代へ、露艦に下田へまわるよう伝えよとの指令が着いたので、それを伝えると、露艦は承知して、十月三日一旦紀《き》州《しゅう》加太浦《かだのうら》に退き、やがて下田をさして出帆した。

十津川の一隊が、勢い込んで大阪へ着いたのは、露艦がすでに退去した後であった。それでことなく終ったが、雲浜が十津川隊を率いて撃ち払いに向ったことは、幕末史に有名なことがらである。そのために天下の志士を刺激して発奮させた力は大きい。そして、全くだれの援助も受け

ず、独立自営して勤王に尽した十津川人士の赤誠と、これを養成したのが一かいの貧乏浪人であったことは、当時日本中に全く例のないことであった。

雲浜の右の二詩は、雲浜がその後人にも書き与えているが、時により多少文字を改めたものがある。

つぎに掲げた「古今勤王一覧」の図は、三枚続きの内の一枚で、他の二枚には、高山彦九郎、藤田東湖、頼三樹三郎、岩倉具視、西郷隆盛、万里小路藤房、児島高徳、徳川斉昭、島津久光、大久保利通、黒田清隆で、合計二十人である。梅田雲浜は十津川隊を率いて出陣した時の姿であろうと思われる。

大阪湾を去った露艦はどうしたかというと、十月十五日伊豆《いず》の下田に入港して、応接掛との会見を求めた。

幕府はこれに応じて、大目付筒井《つつい》政憲《まさのり》、勘定奉行川路《かわじ》聖謨《としあきら》らを派遣して談判を開始させた。双方の全権が儀礼的の会見を終り、十一月三日になってようやく談判を開始したのであるが、その翌四日、突《とっ》じょとして大地震が起った。

この地震は、近畿、東海道、南海道にまで広く起り、下田地方には大つなみが襲来して、下田の港は全町ほとんど流没し、満目荒涼《まんもくこうりょう》、さんたんたる姿と変り果てた。

163 十津川隊を率いて

前列左より　梅田源次郎　和気清麻呂　山県有朋　楠正成
　　　　　　正成の後名和長年
後列　〃　　東伏見宮　有栖川宮　大塔宮　三条実美

下田に碇泊していた露艦は、大破して全く航海ができないようになってしまった。

そのころは大地震が頻繁に起ったものである。前年、すなわち嘉永六年二月二日は、伊豆、相模《さがみ》、三河《みかわ》、遠江《とうとうみ》、駿河《するが》の各地に大地震が起って、民家の倒壊、人畜の死傷はおびただしいものであった。この年すなわち安政元年六月十四日には、近畿地方に大地震起り、数日間それが続いて、山城《やましろ》、伊賀《いが》、近江《おうみ》、大和《やまと》の被害はもっとも甚大で、人畜の死傷がすこぶる多かった。

そこへこの十一月四日の大地震。また翌年十月二日、江戸の大地震で、人家の倒壊無数、各所に大火災が起り、死傷者算なく、水戸藩の柱石であった藤田東湖、戸田蓬軒《ほうけん》の両傑士が、その時圧死したのは惜むべきことである。

話は前にもどって、露艦は大破したので、伊豆の戸田《へた》浦で修繕することとし、そこへ回航中、駿河《するが》湾《わん》で風浪のために沈没してしまった。乗組員四百数十人は戸田浦に収容された。

幕府では、かれらの帰国用として、一隻の船を建造することを許し、また別に幕府の依頼で一隻造らせることとした。この造船を見習ったわが船大工は、洋式の大船建造の術を覚え込んだものであった。

その後、談判を経て、安政元年十二月二十一日和親条約九ヵ条、及び条約付録四ヵ条に調印した。その内容は千島、樺太の境界の外、大体日米間の条約に類したものである。

露兵は下田へ入港したフランス船を捕獲しようとして失敗し、そののちまず百五十人をアメリカ船に乗せて帰国させ、露国提督は新造船に乗ってカムチャッカに着し、残りの二百七十人はドイツ船で帰国の途中、英国軍艦に捕えられて香港へ送られたのであった。

わが国は、オランダとは昔から貿易を許していたが、国家間には何の条約もなかったので、その要求により、十二月二十三日日蘭《にちらん》和親条約二十七カ条を結んだ。

無常の風

雲浜は八方に奔走して国事に活躍し、家にあっては、毎日おとずれて来る志士が引きも切らないありさまであるのに、家には病人に悩まされつづけた。

福井から帰った当時は、前に記したとおり、妻も長男も病気であった。

その後、妻の病気は一進一退、とかく病床にある日が多かった。門人らが多少手助けしてくれるが、雲浜は常に妻子の世話をしなければならなかった。しかし煩わしげな顔は一度も見せず、妻をいたわるさまは、はたの見る目も涙ぐましいほどであった。

九月四日には、妻の妹の静子が、二十四歳の若い身で大津で死んだ。

雲浜はその方へ行って諸事の取り計いをしたが、十一月になって、妻の母、すなわち上原立斎の未亡人が、雲浜の家へ来ている間に発病して、もう動くことができなくなった。そしてなかなか急に治《なお》りそうに見えない。雲浜はその看病《かんびょう》もしなければならないことになった。

妻の病気は少しずつ重くなっていった。雲浜は真剣に看病をして、貧苦の中にもおよぶ限りの手当をした。名ある医者にもかけた。雲浜の門人中には何人も医者がいるので、献身的に診療してくれた。

わがこの熱誠こもる一念からでも、断じていま一度、じょうぶな体にしなければと、心魂を尽したが、その熱誠も、ついに天に通ぜず、病魔は次第にその身をむしばんでいく。医者はみなさじを投げた。

安政二年三月二日の朝、せき入る妻の背をなでていた雲浜の手を取った信子は、夫の手厚い看護を心から謝したうえに、

『お国のために、この上ともお尽し下さいますよう。また二人の子どもをよろしくお頼み申します。』

との最後のことばを残して、あわれ二十九歳の、まださきの永い身で、はかなくも消えたのであった。

あとには十歳の竹子と、四歳の繁太郎が残された。日本婦人のかがみと、後の世までたたえられる信子、かの女の一生はあまりにも苦労が多かった。そのため病にもかかったのであろう。

雲浜はあふれ落ちる涙をとどめえず、口には出さないが心の中で痛恨した。

——信子、お前ほどりっぱな女が、またと世にあろうか。よくこの夫にま心を尽してくれた。しかるに、夫の力足らず、人の住まないような荒家に、日に一食さえ満足に食えない、こじきにも劣《おと》るような、みじめな生活をさせたこともあった。いつも古びたつぎはぎだらけの着物を着せて、晴着《はれぎ》をただの一枚、買い与えたこともなく、物見に誘ったことも一度さえなく、いつも無理ばかり言って、どれだけ困らしたかわからないのに、涙一つ、いやな顔一度見せたこともなく、ただ夫のためと、いつも笑をたたえて尽してくれたいじらしさ、思えば不びんな女であった。死んでも笑顔で、満足げに——。いまわのきわにも、この上ともお国のために尽せと言った。その遺言は忘れぬぞ。雲浜が命のあらん限り、日本のために尽さでおこうか。草葉の蔭で雲浜の働きを見ていてくれ——。

と泣く〳〵も、鳥辺山安祥院《とりべやまあんじょういん》に涙とともに葬った。

それから雲浜は常に一箇の小箱をそばから離さずに、たいせつにそれをあつかっていた。その中には妻の位牌が入れてあったのである。
信子の使った藤原行長銘《めい》の薙刀《なぎなた》は、雲浜の長女の嫁した奈良高橋家に保存されている。
ここに信子《しんこ》の詠《よ》んだ和歌を掲げて、その人をしのぶこととしよう。

山中花を尋《たず》ぬ

末《すえ》遠く霞《かす》める中をうちむれて深山《みやま》がくれに花を尋ねん

春の山里

山里《やまざと》に霞《かすみ》の深く見えつるは折たく柴《しば》の煙添《そ》ふらん

ちる花

みちのへや木蔭《こかげ》に立ちて眺むればただ山風《やまかぜ》に花ぞ散りける

夏来る

昨日《きのう》まで花に宿りし鶯《うぐいす》の声を古《ふる》して夏は来にけり

秋の野

霧深《きりふか》みそことも見えぬ秋の野にゆき交《こ》う人の声のみぞする

行秋

残りなく山のもみぢ葉ちりしかどまた咲く雪の花もありけり

深《しん》夜《やの》初《はつ》雁《かり》

初雁の声のみ空にさやかにて暗《やみ》の夜深く鳴《な》き渡るなり

雪　雲

東山《ひがしやま》ふかく深雪《みゆき》のふらぬまに急げや賤《しず》が爪木《つまき》樵《こ》るらん

雪　の　旦《あした》

都人《みやこびと》来てもみよかし山里の雪ふりつもる朝の景色《けしき》を

○

梓弓《あずさゆみ》春になりぬと疾《と》くおきてむすぶぞ嬉《うれ》し今朝《けさ》の若水《わかみず》

都《みやこ》には春の初雪ふりつもり君がすみかはいかにあるらん

聞きなれし去年《こぞ》にかはりし音羽川《おとわがわ》水もぬるみて春は来にけり

物おもふ時こそ月の恋しけれ憂《う》きを語らふ人のなければ

呉竹の忍びしことも忘られき今宵《こよい》と頼む月に向へば

愛児も逝く

後に残った二人の子どもは、日夜亡き母のあとを慕い、一家の世話をする女がないので、雲浜もほとほと困り果てた。前から懇意にしている松坂屋清兵衛夫婦は、いろいろと世話をした。雲浜の姉で、小浜の藤井家に嫁している利貞《りて》も手伝いに来た。

信子が死んだ翌月の四月二十六日には、昨年十一月から雲浜の家で、病を養っていた信子の母が死んだ。

それまで病人二人の看護も、なみたいていではなかったが、また葬式を一ヵ月目に出すのも、容易のことではなかった。

この窮状を見かねた門人や友人は、それぞれ心配して後妻をさがし始めた。

その中でも、雲浜の家に泊っていた熊本藩士で、松田重助範義《のりよし》という人があった。当時波多野《はたの》右馬之亮《うまのすけ》と変名して国事に奔走中、雲浜の名を慕って来て滞在していたのであるが、この人がいろいろ骨を折って、大和国《やまとのくに》高田の富豪村島長兵衛の分家で、やはり豪家で勤王家たる村島内蔵進《くらのしん》の娘千代子という三十二歳になる婦人を媒介した。

村島一家は大和に勢力があって、十津川との関係にもまことに好都合なので、雲浜も心が動いて承諾し、安政二年六月、後妻として迎えることになった。

そして住居《すまい》もその月二十四日、三条通東洞院西入に転じた。この家は友人の蘭方医《らんぽうい》安藤桂洲《けいしゅう》の所有で家賃がいらなかった。

新婚の日もまだ浅い七月十六日の夜から、雲浜は腸チブスにかかって大熱を発し、医者が治療を誤ったため、吐血したりして、かなり重態に陥った。

幸い安藤桂洲の手当が効を奏して、ようやくにして一命は取り止めた。

同時に長男繁太郎も病気になる。長女竹子も病気になる。

妻の千代子は心配と看病つかれで、これも発病して床につく。

一家全部が病の床を並べるという、さんたんたる状態に陥った。しかし九月上旬ごろにはほとんど皆全快した。

小浜の弟矢部三五郎の家には、兄孫太郎の遺児登美子《とみこ》がいる。雲浜はこれをりっぱに教育して兄の恩に報いたいと思い、そのころからかの女を引き取って、わが娘として養育した。その時十四歳であった。初めは家の手助けに忙しかったが、後に女中を置くようになってから、習字、和歌その他諸芸を学び、女ながらも雲浜の感化を受けて、あっぱれの女丈夫となり、勤王志士を助けて奔走した。

その冬に至って、繁太郎の病気が再発した。掌中《しょうちゅう》の玉とまがうかわいい大切な長男、手を尽したが、翌安政三年二月十七日、ついに五歳であの世へ旅立った。

雲浜は、あまりにもかなしいことにたびたび出会い、さしも剛毅の人も悲痛に堪えなかったであろう。そのころ、福井藩の坂部簡助に送った手紙に、

『始めての男子、当五歳にも相成り候こと故、残念御察し下さるべく候。』

と記した。簡単《かんたん》であるが、深い悲しみが言外にあふれている。

ここ二年の間は不幸の連続であった。しかし雲浜の精神は、少しも衰えなかった。

安政三年の初には、烏丸御池上る山階加賀守の隠宅に移転した。これは二階建の相当な家で、最後までの住所となった。

同年五月十八日付で、五条の森田節斎へ送った手紙に、

「今外夷のことも静かで、天下太平に見えるが、決してさにあらず。諸方の消息を聞き、時勢を察するに、天下動揺の変、いつとも計りがたい。李綱《りこう》のいわゆる「有レ事急遽《ことあればきゅうきょ》、無レ事緩慢《ことなければかんまん》」は、愚人の状態で、有識具《ゆうしきぐ》眼《がん》の士は、ますますもって寒心《かんしん》憂慮し、遠計をいたすべきである。別して忠孝の大節を振い立てて、人才を教育することが、世の乱を治める第一策である。京は天下根本の地であるが、これに任ずべき人がない。故におよばずながら、この任は僕にあると信ずる。大いに諸国へ手を延し、同志もまいっている。しかし昨秋は僕大病、引続きせがれも大病にて二月死去、物入り続きにて、この節は生計もよほど困難であるが、今僕が落城してみやこを退けば、

他日国家緩急の時、勤王の権をとる者がないであろう。それが残念である――。」

とある。自ら勤王の柱石《ちゅうせき》をもって任じ、国を憂うる苦心がよく現われている。実際当時勤王の根本地となるべき京都で、勤王家も多いが、雲浜の右に出るほどの者はなかったのである。

またこの文で見ると、豪家から妻を迎えても、家計上にはその援助を受けず、相変らず貧乏の生活をしていたことが判るのである。

青蓮院宮の信任

雲浜はおいおいと、宮家、公家《くげ》の有力な家臣に知己をえた。すなわち有栖川宮《ありすがわのみや》家の豊島《としま》太宰少《だざいしよう》弐《に》、飯田左馬《いいださま》、鷹司家《たかつかさけ》の小林民部権大輔《みんぶごんのたいふ》、高橋兵部権大輔、三国大学、三条家の森寺因幡守《ありでらいなばのかみ》、丹《に》羽《は》豊前守《ぶぜんのかみ》、中山家の田中河内介《かわちのすけ》らと、気脈を通じ、宮殿下や公卿を動かして、朝廷へ意見を上達することにつとめた。

当時朝廷で、もっとも勢力のある青蓮院宮尊融法親王《しょうれんいんのみやそんゆうほっしんのう》の家臣、伊丹蔵人重賢《いたみくらんどしげかた》、山田勘解由《かげゆ》時《とき》章《ふみ》の二人が、雲浜の名のさかんなのと、勤王家であることを知って、入門を乞い、師弟の関係を結んだ。

伊丹の妻は山田の姉である。二人とも至誠の勤王家で、雲浜の門人中でも有力な人となった。これから雲浜が朝廷へ意見を上達する道が開けたのであって、その実力がいちじるしく増大した。

青蓮院宮は伏見宮邦家《ふしみのみやくにいえ》親王の第四子、文政七年（一八二四年）正月二十八日の生誕で、光格《こうかく》天皇の御養子となられた。

天資すこぶる豪邁で、文武両道を学ばれた。

青蓮院宮を相続し、天台座主《てんだいざす》となられた。文久三年に還俗《げんぞく》して中川宮朝彦親王と称せられ、さらに賀陽宮《かやのみや》、久邇宮《くにのみや》と改称せられ、久邇宮家の御祖となられ、明治二十四年六十八歳で薨去された方で、いまの皇后陛下の御祖父であらせられる。

当時粟田口《あわたぐち》にお邸《やしき》があったので、雲浜の書面には粟田殿とか、粟田親王と記してある。

親王は、深く朝廷の微力を歎き、またその守護のうすいのを憂いて、もし外敵が京都に近い若狭、大阪等に来るときは、叡山《えいざん》の衆徒《しゅうと》を率いて、皇居を守護しようとの計画を立てられ、衆徒に武芸を奨励し、自ら甲冑《かっちゅう》、大剣を用意せられ、頭髪をそることをきらって長髪の時が多かった。

孝明天皇は、深く親王を信任され、力と頼まれて、最高の顧問とし、内政外交いっさいについて諸問《しもん》を賜い、当時朝廷で権力のあった内大臣近衛忠熙《ただひろ》、大納言《だいなごん》三条実万《さねつむ》らと同じく宮中の内議に参与せられた。

このように英邁の親王であるから、朝臣や勤王家は、昔の大塔宮護良《だいとうのみやもりなが》親王の再来と仰ぎ、「今大塔宮」と称して崇敬した。

かくまでに勢力ある親王へ、伊丹《いたみ》、山田の二人が、口をきわめて雲浜の人物のすぐれていること、熱烈な勤王家であることを言上した。親王は雲浜を深く信頼せられ、なにか外交上の問題が起った時は、雲浜に意見を述べよと下問せられ、雲浜もまた遠慮なく意見を申し上げた。

されば雲浜の意見は、ただちに朝廷へ直通するようになり、また朝廷の秘密の議も、ただちにもれうけたまわることができた。

ある日、伊丹蔵人が来て、

『先生、宮殿下には、先生をお召しでございます。』

と言うので、雲浜は感激に堪えず、謹んでおうけを申し上げた。

ところで宮の御殿へ伺候《しこう》するのに礼服の裃《かみしも》がない。そこで懇意にしている裃問屋の松坂屋清兵衛に話すと、

『それは御名誉のことでございます。ぜひお出でなさいませ。裃《かみしも》は私が御都合いたします。』

と言って、梅鉢《うめばち》の定紋《じょうもん》を付けたりっぱな品を調えてくれたので、雲浜はそれを着用して参殿し、宮殿下に拝謁して、身にあまるおことばを賜ったのであった。

　天《あめ》の戸をおしあけかたの雲間よりてらす日影のくもらずもがな

という一首は、その時雲浜が感激してよんだものである。

またある時、親王からお召しがあって、雲浜は叢華殿《そうかでん》というご便殿へ伺候した。その時いっしょに召されたのは、京都成就院《じょうじゅいん》の僧月照《げっしょう》、その弟信海《しんかい》、鷹司家の家臣小林民部権大輔、宮中画院寄人《よりうど》宇喜《き》多《た》一蕙《けい》らで、いずれも勤王の心の厚い人々で、とくに親王の信任があった。そして親王はこれらの人々と密議を謀られた。

親王は多くの志士と接しられたが、その中でもっとも雲浜を信用になった。幕府から条約の勅許を奏請したもっとも重大な場合には、親王は雲浜の意見を尋ねられた。また水戸へ勅諚《ちょくじょう》降下の議が朝廷で行われた時、親王から伊丹蔵人を使として、まっさきに雲浜へ内報されたことなどを見ても、どんなに深く信任せられたかが判るのである。

雲浜は、幕府が勅命を奉じない場合には、この英邁な青蓮院宮を奉戴し、十津川の郷兵を守護とし、これに勤王の諸藩を加え、錦《にしき》の御旗《みはた》をひるがえして、尊王攘夷の軍を東方へ進める策を立てた。箱根《はこね》までも進む中には、錦旗《きんき》の前には幕府も恐れ入って、その命にしたがうことはもちろん、諸藩も続々として旗下に参加することは明白であると信じ、親王にその旨を申し上げた。親王も賛同されて、ひたすらその時機をうかがっておられた。薩摩《さつま》藩主島津《しまづ》斉彬《なりあきら》が親王にひおどしの大鎧《おおよろい》を献上したので、宮はこれを出陣の際に召されるお考えであった。しかしついにその時が来なかったので、大鎧は山田勘解由《かげゆ》に賜わった。

また武芸の達人で、山田勘解由の武道の師であり、雲浜の親友である花房厳雄《はなぶさいつお》が言うには、『従来の甲冑《かっちゅう》はあまり重くて、実戦に適しないから、自分は一つ考案した。それは紙を合せて漆《うるし》を塗り、それをつづり合せて鎧《よろい》にすると、軽くてじょうぶである。』とのことで、雲浜も山田も賛成し、山田が主となって、漆を陶器師《とうきし》の文山《ぶんざん》に塗らせ、絵師の中林竹溪夫妻に内職として、それをつづらせた。これを関東下向の際に自分らも着用し、十津川の郷兵にも着せる考えであったが、十余領《よりょう》ほどでき上ったところに、安政の大獄が起って中止となった。

三宅と月性

安政三年（一八五六年）四月のある日、備中《びっちゅう》浅口郡連島《つらしま》の郷士で素封家で、六十余町歩の田地を有する三宅定太郎高幸《たかゆき》が、雲浜をたずねて来た。国事を論じ合い、三宅は深く雲浜に敬服して、ぜひ義兄弟のちぎりを結んでいただきたいという。雲浜も喜んで承諾し、三宅は義弟になった。年は雲浜より三歳下である。

三宅定太郎は児島高徳《こじまたかのり》の子孫であるが、話が元弘の昔のことに及ぶや、雲浜は慨然としてかれに説いて、

『世人は功名をもって人を評するが、これは誤りである。学者はただ忠義をもって人を論ずべきである。拙者は貴殿の御先祖児島高徳公がえらいと思う。高徳公はへき遠の地におり、門地も小さかった。たいていの忠臣は朝廷のお召しによって始めてたっているが、高徳公はお召しを待たずして忠義に赴いた。簑《みの》に笠の姿で、赤足《せきそく》をもって鳳輦《ほうれん》を追い、詩句を題して宸襟《しんきん》を安んじ奉り、孤軍をひっさげて逆賊を討ち、百度《もゝたび》敗れても死なず、一身は天下に奔走して大義を説いてまわった。南朝六十年の間に、新田氏や、北畠《きたばたけ》氏や、結城《ゆうき》氏等のごときが、絶えようとしてはまた起り、滅《めっ》しようとしてはまた起ったのは、実に高徳公の力といってもよいと思う。どうだ、三宅君、君も僕もただの一匹夫《ひっぷ》に過ぎないが、この志を持たなければならない。万一にも、一朝、朝廷に御事あらば、君は御先祖高徳公のなされたところを学ばなければならないぞ。』

と激励した。

謹聴していた三宅定太郎、深く感激して、思わず手にせる盃をハッシとなげうって叫んだ。

『ありがとうございました。お説は肝《きも》に徹《てっ》しました。私は仰せのとおり、百度敗れても死なずの精神をもって、ただ忠義を尽します。名が世に出ずると否とは、もとより意に介《かい》するところではありません。』

その目は涙とともに燃《も》えていた。

二人が会って義兄弟となった記念に、雲浜はその時話した内容を、漢文で大きな紙に書いて三宅に与えた。その文の最初は、次の文から始まっている。

『功名《こうみょう》を以って人を品《ひん》するは俗情《ぞくじょう》なり。学者は唯当《ただまさ》に忠義を論ずべきのみ……。』

三宅は雲浜との関係からして、後に中川宮家の近臣となり、この雲浜の書いたものを宮家に献上したので、久邇宮家《くにのみやけ》に所蔵せられた。なお三宅は、雲浜の義弟として恥じない勤王志士となって大いに活躍した。

その年の秋のある日、周防《すおう》玖珂《くか》郡遠崎《とおさき》の妙円寺の住職月性《げっしょう》が雲浜のところへ来た。

月性は清狂《せいきょう》と号し、学識に富み、詩文に長じた。僧の身でありながら、信徒を集めて、説法《せっぽう》はそっちのけに、必ずわが国海防の必要を論ずるのが常であった。信徒のみでなくだれに向ってでもそうであったので、世間ではかれのことを海防僧《かいぼうそう》と名づけた。

性質は豪放で、才気縦横、ことに雄弁家で聞く人を感動させた。

西本願寺へ来て布教に従事していたのであるが、一方多くの志士と交わって、海防運動に活躍しているという一風変った奇僧、雲浜より二つ年下である。

雲浜はまず、

『貴僧、酒をやられるか。』

『般若湯《はんにゃとう》は生来大好物です。ハッハッハ。』

酒が出る。飲みかつ熱烈に論ずる。

月性は言った。

『拙僧は京都へ来てから、もうだいぶになります。先生は今なかなか有名で、尊名はすぐ承知したが、実は世間の学者たちは、貴殿を兇人《きょうじん》であるとうわさしているので、おたずねすることがこう遅れました。』

雲浜は笑って、

『世の学者がみな兇人であるならば、天下のことは少しも憂うるに足らないが、世間には善人が多くありすぎて心配なのでござる。貴僧もその善人の類でござるか。』

とやったので、月性は頭をかかえ、首をすくめて、

『やツ、これは参りました。ハッハ、、、。』と笑った。

国事を論じ合った結果、大いに共鳴して、たがいに無二の知己《ちき》をえたと喜び、ともに国事に尽そうと誓った。

天下の勤王僧として有名な月性も雲浜には敬服していた。ある時頼三樹三郎の家で、同志が集って飲んだ時、月性が大いに酔《よ》って秘密のことまでベラベラしゃべり出した。人が注意してもきかない。雲浜が頭から大喝一声叱りつけると、月性大いに恐縮し、以後酒をつつしんだという話がある。

やがて後妻千代子との間に男子が生れ、忠次郎と名づけた。さきに最愛の長男を失っているので、雲浜の満足が思われる。しかしこの子も八歳で世を去り、男の子は一人もなくなった。

唐人お吉

ここでまた少しく当時の国情を顧みよう。

安政元年神奈川条約が締結されると、徳川斉昭は大いに怒って、海防参与を辞任すると言い、老中主座阿部伊勢守は責任を感じて辞表を出し、老中牧野《まきの》忠雅《ただわか》も辞表を出すやら、幕閣《ばくかく》は一時だいぶ動揺したが、ようやく阿部伊勢守は辞表を引っ込ませ、斉昭も阿部の慰撫によって一時おさまったが、他の老中二名をやめさせた。

安政元年五月、わが国に最初の西洋型帆船《はんせん》ができ上った。これが幕府の軍艦鳳凰《ほうおう》丸である。長さ二十二間、幅《はば》五間、檣《マスト》が二本である。各藩でもぞくぞく大船の建造に着手した。

その年十二月、江戸で数ヵ所に講武所を設け、幕府の士に武術や、洋式調練や、砲術等を学ばせた。これが日本陸軍の初めである。

翌二年六月、オランダ国王から汽船一隻を寄贈してきた。これを観光丸《かんこうまる》と名づけて練習船とし、オランダ人の乗組員二十二人をやとって教官とし、長崎に海軍伝習所を設けた。これが日本海軍の初めである。ここから勝海舟《かつかいしゅう》や、榎本武揚《えのもとたけあき》や、川村純義《すみよし》らが出たのである。

阿部伊勢守はだいぶ政治に疲れたので、佐倉藩主十一万石堀田備中守正睦《びっちゅうのかみまさよし》に老中首座を譲り、自分は次席となった。

堀田正睦は西洋の文物に興味を有し、蘭癖《らんぺき》と称せられていたので、徳川斉昭初め徳川氏の近親には好かれなかった。

安政三年二月江戸九段下に、蕃書調所《ばんしょしらべしょ》を設けて、西洋の書を翻訳《ほんやく》したり、西洋の学を教授したりした。

三月九日には永年開港場で行われた踏絵《ふみえ》の制度を廃した。踏絵というのは、キリストの像を画いたものを人に踏《ふ》ませ、踏まない者は基督教《キリストきょう》信者として厳刑《げんけい》に処したものである。

四月には砲術調練場を深川越中島に設けた。こうして幕府でもいろいろ時代に応ずる策を講じた。

七月にオランダの軍艦メジュサ号が長崎へ来て、

『近い内にイギリス国香港《ホンコン》総督ジョン・ボーリングが、日本に通商条約の締結を要請するために来朝することになっている。今や列国《れっこく》は日本と通商開始を希望している。もし強《し》いて拒絶したならば、必ず多数の強国を敵としなければならない。』

と告げた。

そこえまた一つの大きな心配が降《ふ》ってわいた。それは七月二十一日午後一時ごろ、アメリカ軍艦サン・ゼシント号は、駐日総領事《ちゅうにちそうりょうじ》タウンセンド・ハリス（五十三歳）を送って下田へ入って来たことである。

神奈川条約は単なる和親条約で、通商貿易のことは規定してない。故に米国人がわが国へ来て貿易をする権利がなく、居住権もないので、その条約締結のために、ハリスは大統領から外交代表に任ぜられて来たわけである。

奉行はハリスの上陸を禁じて置いて、幕府へ急報した。

幕府では、ハリスの持参した米国の書を受け取らないこと、外交官の駐在は拒絶することと定め、数日間大いに談判したが、ハリスは承知しない。

幕府はついに屈して、まず当分柿崎村《かきざきむら》の玉泉寺《ぎょくせんじ》に止宿させることとしたので、八月五日にはハリスは通訳官《つうやくかん》のオランダ人ヒュースケン（二十五歳）と従僕をしたがえて上陸し、翌日米国の星《せい》条旗《じょうき》を下田港の一角《かく》にひるがえした。

八月二十四日、幕府はせんかたないとあきらめて、ハリスの駐在を正式に許可することに決した。

ハリスは支那、交趾《こうち》支那、インド等で貿易に従事した商人で、東洋の事情に詳しく、老功な外交官である。下田での交渉では、なかなか目的を達しられないとみて、

『日本国の重大事件を告げたいから、江戸へ行って将軍に直接面会したい。そして国書を提出したい。』

と言い出した。江戸へやっては大変と引とめて、いろいろ交渉を重ねたうえ、下田港で国書を受取ろうとまで折れて出たが、かれはがんとして応じない。そして、

『将軍に面会させなければ、京都へ行って直接帝《みかど》に申し上げる。』

と言い出して幕府を困らした。

幕府の意を受けた下田奉行以下役人は、ハリスのきげんをとるのに苦心惨憺であった。いろいろな手段をとった中に、お吉の悲しいロマンスもそのために生じたのである。

お吉は船大工市兵衛の二女でこの町に生れた。七歳の時、元河津城主向井将監《しょうげん》の側妾《そばめ》であった村山せんに望まれて養女にもらわれ、そこで女の道ひととおりを教えられ、十四歳で芸者になった。

天性の美貌に恵まれ、姿や振舞《ふるまい》の優美さに加えて、美声であった。新内の明烏《あけがらす》はとくに秀でて、新内のお吉、明烏のお吉と呼ばれ、十七歳のころには、下田で多くの美妓を圧倒して第一の人気者となった。

奉行はハリスとヒュースケンとに、若い侍妾を差し出すことになった。先ずヒュースケンには十六歳のお福が承知してきまった。ハリスの相手にはお吉に白羽の矢が立った。奉行からは仕度金二十五両、年手当百二十両という莫大の手当金の誘惑や、死をもっての威嚇や、さまざまな策はかの女に迫った。芸者はすれど、夫と定めた船大工の鶴松に操を立て通して応じなかったが、その鶴松は役人の手で遠ざけられ、これもみな、日本のお国のためにと因果をふくめられて、やむなくお吉は承諾してハリスのもとへ行くことになった。

米国総領事館の玉泉寺（ヒユースケン画）とお吉

恋人との仲はさかれ、当時極度に卑しみ、きらい、かつ恐れていた異人に、まったく人身御供《ひとみごくう》に上る思いで行かねばならなかったお吉の胸の中は、町の人々には分らなかった。

下田から柿崎の総領事館（玉泉寺）までに間戸《まど》が浜がある。お吉はときどき下田へ帰ったが、その往復は駕籠《かご》でその浜を通った。

行こか柿崎もどろか下田
　ここが思案の間戸が浜

とお吉小唄に歌われるとおり、わびしい悶々の思いをかこったのであった。

金のために汚らわしい異人に身を売ったと、嘲笑され、石を投げられ、「唐人お吉」の罵声でさげすまれるのをジッと歯を食いしばって、ハリスに誠意をもってよく仕え、ハリスも溺れるほどに愛した。しかしお吉は、やるせない胸の思いを酒によってまぎらしていた。その後ハリスは公使になり、江戸麻布の善福寺を公使館として引移った。通訳のヒュースケンは万延元年十二月五日暗殺され、ハリスは文久二年四月十三日米国へ去った。

ハリスと別れたお吉は、三島、江戸、下田と転々して左づまをとり、どこえ行っても人気はあったが、唐人お吉と侮辱する世をうらみ、相かわらず乱酒でうさをまぎらした。

明治元年ごろ、鶴松との旧情をもどして下田に同居し、あるいは安直楼《あんちょくろう》という料理屋を開いたり、髪結業を始めたりなどしたが、生来の勝気で、世にすね、大酒をあおって家計は整わず、ついに酒毒のために中風となり、同情した人々が救いの手をさし延べても、これを受けるような女ではなかった。ついにうらぶれた姿を稲生《いのう》沢《ざわ》川の門栗《かずぐり》の淵に投じた。明治二十三年三月二十七日のことである。かくして数奇の運命に弄《もてあ》そばれた斎藤きち五十年の生涯は終幕をつげたのであった。いまそこをお吉が淵といい、お吉地蔵が建立されている。

187 下田とお吉

著者は下田に松陰の遺跡とともに、外交とお吉のあとをたずねた。玉泉寺のことは前に記したが、了仙寺は日蓮宗で、ペリーが上陸した時に休息所にあてられ、またハリスと下田条約を締結したところである。お吉の乗用した駕籠《かご》その他遺品がある。またお寺には他に類のない性研究クラブがあって、いろいろの珍物が見られ、あるいは販売しているので有名である。

長楽寺は真言宗で、米使アダムスと日米条約の批准書《ひじゅんしょ》を交換し、また日露条約の調印および批准交換をしたところである。お吉観音や、お吉の用いた三味線、髪道具、ハリスから与えられた品などが陳列してある。

お吉が営んでいた料理屋安直楼は、いますし兼という。そこにもお吉の三味線や遺品がある。

宝福寺は真宗で、お吉の墓がある。参詣人の香煙が絶えない。ここにもお吉使用の三味線や、いろいろの遺品が陳列されている。近くの開国記念館には開港当時のいろいろの参考品がある。

大藩を動かさん

安政三年十月十七日、老中堀田正睦《よし》は、外国事務取扱となり、幕臣中の逸材を外国貿易取調掛に任じ、おいおい開国の方針に傾いていった。

世の中はますます騒然、暗雲低迷して、いつ国内に乱が起るか、外国の侵略を受けるか判らないという不安な状態に迫った。

雲浜は毎日同志と会して対策を講じ、また十津川の調兵には引続き力をそそいだ。

しかし十津川の郷士だけでは、とうてい勤王の大業は果たせない。ぜひとも大藩を動かして、勤王に参加させなければならないと、絶えず深慮をめぐらしていたが、攘夷を口にする藩は多くとも、勤王のためにたつ藩はまだ一藩もない。勤王を唱える藩士はあっても、藩主としては幕府を恐れて、かえってそれらの藩士を圧迫した。

これでは、ますます幕府が専横な行為をなし、国策を誤り、国家の大本をきずつけることになる。ぜひとも朝廷の威光を輝かし、幕府をおさえなければならない。

雲浜はついに中国地方の重鎮《じゅうちん》たる長州の毛利《もうり》氏に目を着けた。長州藩をおいて他に勤王にたつものはないと思った。

ただ火のごとき憂国の一念だけをもって、この大藩を動かし、勤王の実行に着手させようとするのである。有力な背景もなにもない。浪人儒者の身ただ一人、大胆にも安政三年十一月、京都を出発して西へ向った。留守には長州の高野甚平という実直な男をおいた。

その胸中いかなる秘策を蔵するのであろうか。

大阪まで十津川の深瀬繁理をともない、また頼三樹三郎も大阪まで見送って来て、左の一詩を詠じて贈った。

飄　然　去　上　千　里　舟。　（飄然《ひょうぜん》去《さ》って上《のぼ》る千里《り》の舟《ふね》）

不㆓是魯連東海遊㆒。（是《こ》れ魯《ろ》連《れん》東海《とうかい》の遊《ゆう》ならず）
鉄剣有㆑声鮫鰐伏。（鉄剣《てつけん》声《こえ》有《あ》り鮫鰐《こうがく》伏《ふく》す）
篷窓坐㆑雪下㆓長州㆒。（篷窓《ほうそう》雪《ゆき》に坐《ざ》して長州《ちょうしゅう》に下《くだ》る）

雲浜はただ一人大阪から船に乗り、瀬戸内海を経て、毛利の居城たる長門《ながと》の萩《はぎ》をさして長途の旅にのぼった。

長州には秋良《あきら》敦之助《あつのすけ》や、吉田松陰や、その他多くの知友がある。

中でも秋良は、毛利の家老浦靱負《うらゆきえ》の家来で、なかなか勢力のある人、四年前嘉永六年始めて会ってから、肝胆《かんたん》あい照《てら》す間柄である。

海防僧月性が『秋良敦之助は東洋第一流の人物である。』と感歎したほどの人である。

かれは勤王の志厚く、広く天下の志士と交わり、名ある志士で、かれの交わらぬ者はないというくらいである。

その秋良が、後に人に左のごとく語った。

『自分は多くの人物に会った。だれも恐るるものはないが、梅田雲浜だけには、自分もおよばないと思った。自分の交わった人の中で、あれほど人物の高いものはなかった。』

と、雲浜には大いに敬服していた。

秋良の邸は周防《すおう》の阿月《あつき》にある。雲浜はそこをたずねた。

邸内の道場では多くの若者が、さかんにけいこ中で、竹刀《しない》の音がする。

取次に出たのは稽古着《けいこぎ》の姿の青年で、秋良の息の貞臣《さだおみ》である。

秋良貞臣は、まだ梅田雲浜のことは聞いていなかった。しかしその風采を見るに、身なりこそりっぱではないが、容貌は気高く、態度に隙がなく、言語は荘重で、これは一かどの人物であるとの感がしたので、

『父はあいにく不在で、いつごろ帰りますかわかりかねますが、せっかくお出で下さいましたことですから、まずどうぞこちらえ。』

とて丁重に一室に通した。

雲浜は貞臣に向い、その父のことをいろいろくわしく話すので、父とよほどの親交があることが判り、かつますます容易ならぬ人物であると感じられたので、粗略にはせず、茶菓など出してもてなした。

なげしに大きなひょうたんがかけてある。雲浜はそれを見て、しきりに賞めるので、貞臣は、

『ひょうたんがお好きですか。』

『大好きです。ことにこんなみごとな品は珍らしいので、見とれているところです。』

『それほどお気に入りましたら、父の品ですが、お持ちになりませんか。』

と取り下した。

『それはまことにかたじけない。では遠慮なくちょうだいします。おついでに中の物があればなおさらけっこうですが、アッハッハヽ。』

『承知しました。ではそれにいっぱい詰めて置きましょう。』

雲浜はニコニコしている。貞臣は、

『御来訪《ごらいほう》の記念に、なにか一筆御揮毫《ごきごう》いただきたいものですが。』

『承知しました。では筆紙を拝借いたしたい。』

『失礼ながら、私のこのけいこ着《ぎ》に書いていただけませんか。』

『これはおもしろい。さすがは秋良氏の賢息。けっこうな思い付《つ》きでござる。』

その中に道場でけいこをしていた世良《せら》修蔵や、赤根《あかね》武人《たけと》がやって来て見ていた。

貞臣は墨をすった。そして失礼ながらとうしろ向きになって、けいこ着の背を向けた。

雲浜は筆をとって達筆に認めたのが、『勇士不レ忘レ喪二其元一』の七字。

『勇士は其の元《こうべ》を喪《うしな》うことを忘れず。――「孟子《もうし》」にある文句です。この気概をもってお国のためにお尽し下さるよう。お父上にはいずれまたお目にかかります。ではこれで失礼いたします。』

と、ひょうたんに酒が一ぱい満《み》たされて重くなったのをたずさえ、礼を述べて西へ去った。

後で世良修蔵や赤根武人が、

『なぜあんなえたいの知れない者に、父上秘蔵のひょうたんを与えたり、神聖なけいこ着を汚したりしたのか。父上が帰って来られたらきっと叱られるよ。』

と貞臣をさんざんに冷かしたので、貞臣もよい心持はしない。父の留守にかってなことをしてこれは失敗した。きっと叱られるに違いないと、内心だいぶ心配になって来た。

その夕方、父の敦之助が帰って来た。

『留守中なにか変ったことはなかったか。』

と問われて、貞臣は両手をついて、おそる〳〵、京都の梅田源次郎というあやしい浪人が来て自分が失策をしでかしたと、いっさいのことを物語ってあやまった。

『ナニ、梅田氏が、あの雲浜先生が来られたのか。』

と父は大いに驚いて、

『その人こそは、この父のもっとも尊敬する傑物じや。当代第一流の人物じゃ。してそのけいこ着を見せよ。』

とて、けいこ着の背の文字を見て、

『なるほど、梅田氏の筆蹟に相違ない。よく書いていただいた。お前はこれからこの一句を肝《きも》に銘《めい》じて忘れてはならないぞ。世良や赤根には雲浜先生の偉大さはまだ分るまい。』

と言ったので、赤根も世良も赤面してしまい、貞臣は鼻を高くした。

世良修蔵というのは天性豪邁《ごうまい》な男で、後に奥羽《おおう》鎮撫《ちんぶ》総督《そうとく》九条道孝《みちたか》の参謀となり、各地に転戦した。各藩で帰順の申し出でが多かったが、世良修蔵は大いに硬論を吐いて、なかなか許さなかったので、各藩の恨を買い、ついに仙台藩士のために襲われ、捕えられて斬られた。

赤根武人は雲浜に心服してその弟子となり、大いに国事に活躍した。かれの話はまだいろいろと後に出て来る。

秋良敦之助という人は、非常に気概のある人で、西洋人が蒸汽船《じょうきせん》で来るのなら、こちらもこれに代るものを発明しようと、後に人車船《じんしゃせん》というものを考案したり、また全部日本人の手で一隻の汽船を造ったりした。

雲浜が長州へ行った時、秋良《あきら》敦之助《あつのすけ》は、軍船《ぐんせん》製造について、金策《きんさく》方を雲浜に依頼し、雲浜は後に岳父村島内蔵之進《くらのしん》と相談したうえで、

『金は不用にて、軍船は幾百隻でも製造できる方法がある。』

という手紙を敦之助へ送っている。二人は坂本龍馬《りゅうま》の海援隊《かいえんたい》のような計画を、そのころに立て

ていたのである。

さて雲浜は秋良の家を辞し、田布施《たぶせ》を経て、戸田《へた》に到り、勤王の志士で国学者の山田靫負《ゆきえ》を訪い一泊した。

翌朝山口へ向って出発したが、山田の家には秋良の子息からもらった、みごとなひょうたんを置き忘れてあった。中はからであった。

長州で活躍

雲浜は山口を経て、毛利の本城のある萩《はぎ》の城下に入って来た。

そしてまず毛利藩の学校明倫館《めいりんかん》を訪れ、学頭小倉尚蔵《おぐらしょうぞう》に会った。

この明倫館では、来訪者に対し、学者、武芸者の区別により、それぞれその実力を調べて、勝れた人は引きとめて、藩の子弟の教導に当らすのが例であった。

雲浜は他に目的があるので、例の勤王論は少しも出さず、学者らしく温厚な態度で、単に学問の深いところを示したので、学頭小倉は大いに感服して、藩へ書面で左のとおりの文意で引きとめ方を申請した。

『若州小浜家中、当時京都浪人文学者梅田源次郎は山崎闇斎学専門にて、篤実《とくじつ》簡要の修業と相見え申候。当節は藩の少壮の者、慷慨気《こうがいき》節《せつ》と号し、豪侠《ごうきょう》の弊風相萠《あいきざ》し候やに相聞え候間、右学相を承り候はば、時宜中正に相かない……正月中ごろまで滞留するよう仰せ付けられ候様。』

吉田松陰が、僧月性ほか二名あてに差し出した手紙の中に、左のごとく認めてある。

『――事業に心なき人は、志士の苦心は知らず候。この行《こう》、梅田の苦心一方《ひとかた》ならずと僕は遙察仕り候。――また笑うべき一事あり。梅田の着実なる議論が、大いに学校（明倫館）の道徳先生を伏し、先生より梅田抑留《よくりゅう》の願に、慷慨《こうがい》気節を唱え候少年摧折《さいせつ》の一助とも相成るべく云々とありし由《よし》――。』

雲浜の苦心の、容易ならぬものであることは、松陰にはじゅうぶんに察することができる。また慷慨気節の本家である雲浜に、少年を説かせておさえようとすることを笑ったものである。

学頭の申請により藩が許したので、雲浜は多くの血気の青年に会った。胸に秘める計画を成就するまではと、ひかえ目にして過激な論は吐かなかったが、後に勤王に名を揚げた人々には、たいてい知合いになった。

秋良敦之助に会って、自分の計画を詳しく話すと、秋良は大賛成で、坪井《つぼい》九《く》右衛《え》門《もん》に会って見よと言った。そして、

ありし日の萩城天守閣　萩市役所寄贈

『坪井は、家老浦靫負《ゆきえ》の相談役で、手元役《てもとやく》を兼ね、また藩の右筆《ゆうひつ》をも兼ね、要路の役はこの人が握《にぎ》っていると言ってもよいくらいであるから、この人さえウンと言ったら、長州藩全体を動かすこともできる。しかし、中々むずかしい人物で、なんでも自分の功名にしたがる風がある。ことにかれに指図《さしず》がましいことを言うと、すぐことが破れるから、よほど御注意をなさい。』と教えられた。

天空をついて屹然とそびゆる天守閣をもつ宏荘な大城郭の重役と主公を動かして、不可能に近い目的を成就しなければならないのである。

雲浜は坪井に会って、まず時局を説き、朝廷の状態をなげき、聖旨を奉戴して国難に当るべきであることを述べたうえ、

『ぜひとも強藩が起って、朝廷を奉じなければなりませんが、列藩を見るに、貴藩より外にこの大任に当るものはありませぬ。他藩の模範となって、尊王攘夷の旗を揚げていただきたい。』

と言うと、坪井は、予期どおり無関心な態度で、

『いかにもごもっともでござるが、かかる国家の大事をなすには、藩によほどの実力と人物とがなくてはできませぬ。とうていわが藩はその任でござらぬ。それは、水戸藩が尊王攘夷の主唱者で、一番適当だと思われますがいかがでござろう。水戸には斉昭公がおられ、藤田東湖は死しても、その養成した有能な人物がだいぶそろっているであろうと思われますが。』

と藤田東湖と同じようなことを言う。

『いや拙者も、実は最初はそう思ったので、まっさきに水戸へ行って説いたのです。しかし予想ははずれました。まだまだ水戸は起ち上る気合は見えないので、失望いたしたのです。』

『では、肥前《ひぜん》に話されてはどうでしょう。肥前の鍋島閑叟《かんそう》公は有名な名君であり、臣下にもだいぶ傑物が多いと聞いておりますが。』

『鍋島公は、人物としてはなかなかりっぱでありましょうが、とうてい天下のことに起つ見こみはありませぬ。どうしても長州藩をおいて他に断じてありませぬ。そもそも貴藩は御先祖より勤王のお家柄であります。御系統《ごけいとう》は皇室から出でられ、朝廷とは浅からぬ御因縁があられる。こと

に藩祖元就《もとなり》公は、陶晴賢《すえはるかた》を討つの詔《みことのり》を請われて、大義名分を明らかにせられたお方、また正親《おおぎ》町《まち》天皇の御即位の時は、朝廷が御微力にて、御即位の大礼を挙げさせ給うことができないので、その費用を御献上になられました。かかる忠勤のお家柄なれば、この国家の非常時に当り、率先勤王に尽されるのは、祖先のお志を継がれることになるのです。関ガ原の一戦で不利となり、やむをえず二百年来、恥を忍びて徳川に膝を屈しておられますが、今こそ会稽《かいけい》の恥をそそぐ絶好の機会であることと、お考えになりませんか。』

『お説はごもっともな次第、しかしそんな大事は、わが藩ではとうていおぼつかないと思われます。』

といっこう張合いがない。雲浜は一段と力強く、

『勤王のおこころざしだけでも、長州藩にはないのでしょうか。』

坪井は、いささかムッとして顔色で、

『それは申すまでもないこと。勤王の志は、長州全藩有しておることはもちろんでござる。』

雲浜は、いよいよ胸にひめた本論に進んで来た。

『いや、そのお志だけあらばけっこうです。実はいま直ぐに勤王の旗をあげるということは、ご無理かも知れません。ゆえにまず勤王の端緒《たんちょ》をお開きになるのがよろしいかと存じます。この端

緒を開くには、京阪地方と長州との連絡《れんらく》をつける機関が必要かと思います。その機関を作るには、物産の交易《こうえき》を開始するのが一番です。幕府や他藩に聞えても、名義がよろしく、だれも怪しむものがない。長州藩でも交易により莫大な利益をえられます。京阪とその用務で公然往来ができますから、有志の士を入れて、常に形勢を視察することができます。さすれば一朝機会到来の節、ただちに起つことができましょう。またその際、各藩の勤王の軍や、難民に対して、兵糧その他の物資を供給することもできます。まず当分はその交易の道をお開きになってはいかがでしょうか。』

毛利藩も他の藩と同様に財政は決してらくではなかった。坪井は経済の方はよほど研究し、どうしたらわが藩の財政の困難を切りぬけることができようか、どうしたら藩内の産業を発達させることができようかと、絶えず頭を使っていた。今や天下騒然、藩内に勤王の機運が大いに動いて来たのも知っている。国家の大事突発の時、わが藩の起つべき時機を誤ってはならないと、さすが一藩権威《けんい》の地位にある人だけあって、相当憂慮していたおりもおり、雲浜から一挙両得の、耳よりの話を聞かされたので、

『ははあ、京阪地方との物産の交易、して、それはどういう方法でやろうというのですか、もっと詳《くわ》しくうけたまわりたい。』

201　長州で活躍

『長州には、紙、ろう、食塩などの産物が豊富です。これは大阪へ持って行って販売し、そして五畿《き》内《ない》の産物、たとえば、織物、茶、小間物、薬種、材木などの産物を買い入れて、藩内で販売いたすのです。ことに材木のごときは、大船、軍艦の建造のために、ぜひとも大量に必要かと存じますが、いかがお考えでしょうか。』

それより雲浜は、いつの間に調査研究を重ねていたのか、長州と上方との物産取引の経済上の計算から手段にわたり、微に入り細に及んで説いたのであった。

雲浜より坪井九右衛門（顔山）に与えた書

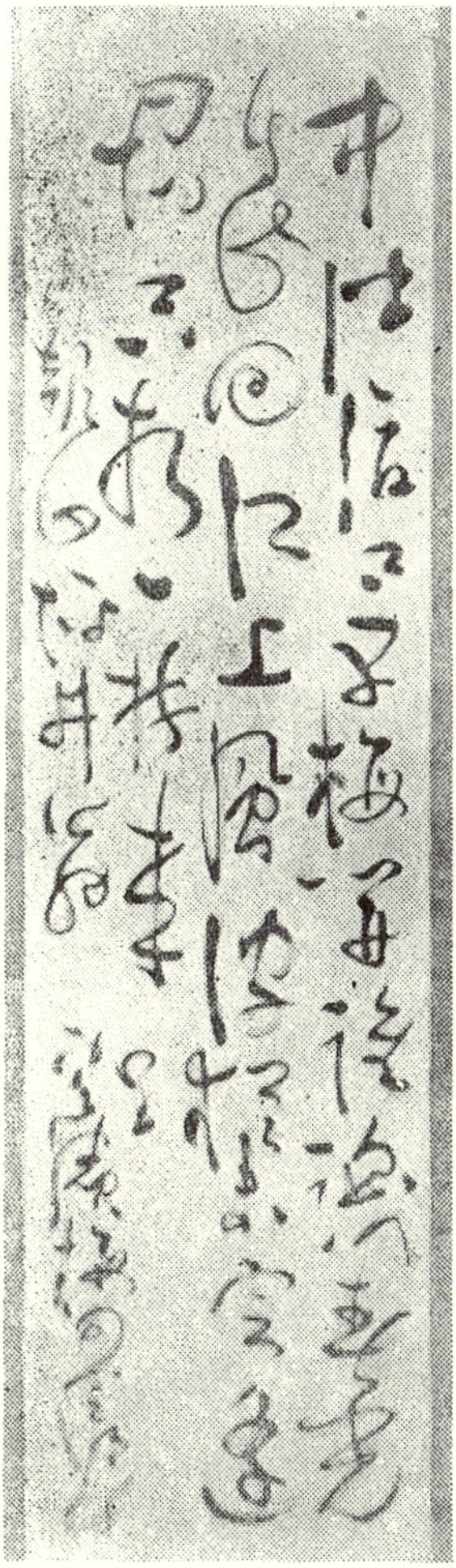

中津《なかつ》渡《と》口早梅開《こうそうばいひらく》。誰識《たれかしらん》春光自此回《これよりめぐるを》。江上風波猶未定《こうじょうのふうはなおいまださだまらず》。逢君只折一枝来《きみにおうてただいっしをおりきたる》。

顔山坪井翁　　雲浜梅田定明

坪井は、内心大いに動いたようであるが、軽々しくその様子は見せなかった。

雲浜は他の有力な人々をも説き、坪井とは幾回かの会見を経て、ついに乗気にさせた。

『お話のすじは、なかなかおもしろい。しかし物産取引を、上方の方で世話してくれるたしかな人物がござろうか。』

『それは拙者の親戚で、大和高田の豪商村島長兵衛という者があります。この者をお用いになってはいかがでしょう。大和の十津川には材木が多いのですが、この者の手ではこび出させることはすこぶる容易であります。』

『よろしい。委細相分りました。いずれ重役と談合してみることにいたしましょう。』

物産交易の件は、重役間に議論があったが、結局賛成となり、さらに藩主毛利《もうり》大膳太夫慶親《よしちか》(のち敬親《たかちか》)に言上したところ、藩主は大いに喜んで、ただちに着手せよと命じた。ここに三十六万九千石の大藩たる長州藩は、ついに雲浜の意見にしたがって動いた。驚くべき非凡の力である。

雲浜は萩に逗留《とうりゅう》中、吉田松陰を訪ねた。松陰は謹慎の身であったが、松下村塾《しょうかそんじゅく》で子弟を教授することを許されていた。

雲浜は、松陰に左の一詩を与えた。


壮遊曾是与二心胸一。(壮遊《そうゆうか》曾つて是《こ》れ心胸《しんきょう》を与《とも》にす)

荏土城中情意濃。（荏土《えど》城中情意《じょうい》濃《こまや》かなり）
豈料今宵風雪裡。（豈料《あにはから》んや今宵《こんしょう》風雪の裡《うち》）
相逢只覚夢中逢。（相逢《あいあ》うて只覚《おぼ》ゆ夢中に逢《あ》うと）

松陰が安政四年正月十六日附で、久保清太郎（のち断三）へ送った手紙には、

『去臘《きょろう》、京師の梅田源次郎来遊、正月中ごろまで逗留《とうりゅう》致し候。満城心服《しんぷく》の様子に相きこえ候。松下村塾の額面《がくめん》も頼み候て、出来申し候。』

とある。毛利の萩の全城内が、雲浜に心服の様子であるとは、いかに雲浜が当時長州藩に崇敬され信頼されたかが判るのである。短日の間にこれだけ重く視られることは、よほど非凡の人でなければできないことである。

なお、松下村塾の額面を書いてもらったと記してあるが、当時その場にい合わせた品川彌二郎（後の内務大臣子爵）は、その時の様子について、後日に次のとおり語った。

『その時自分は十四歳であった。松陰は雲浜の来たのを喜び、梅田兄は書が上手《じょうず》であるから、松下村塾の標札《ひょうさつ》を書いてもらいたいと頼み、自分に墨をすれと命ぜられたので、自分は墨すりをやると、雲浜は達筆に標札を書いた。』

雲浜は家老浦靱負《うらゆきえ》にも会って大いに語った。かれは国老国司《くにし》信濃《しなの》の第二子で浦家を継《つ》いだ。尊

吉田松陰肖像

萩市役所寄贈

松　下　村　塾（現　存）

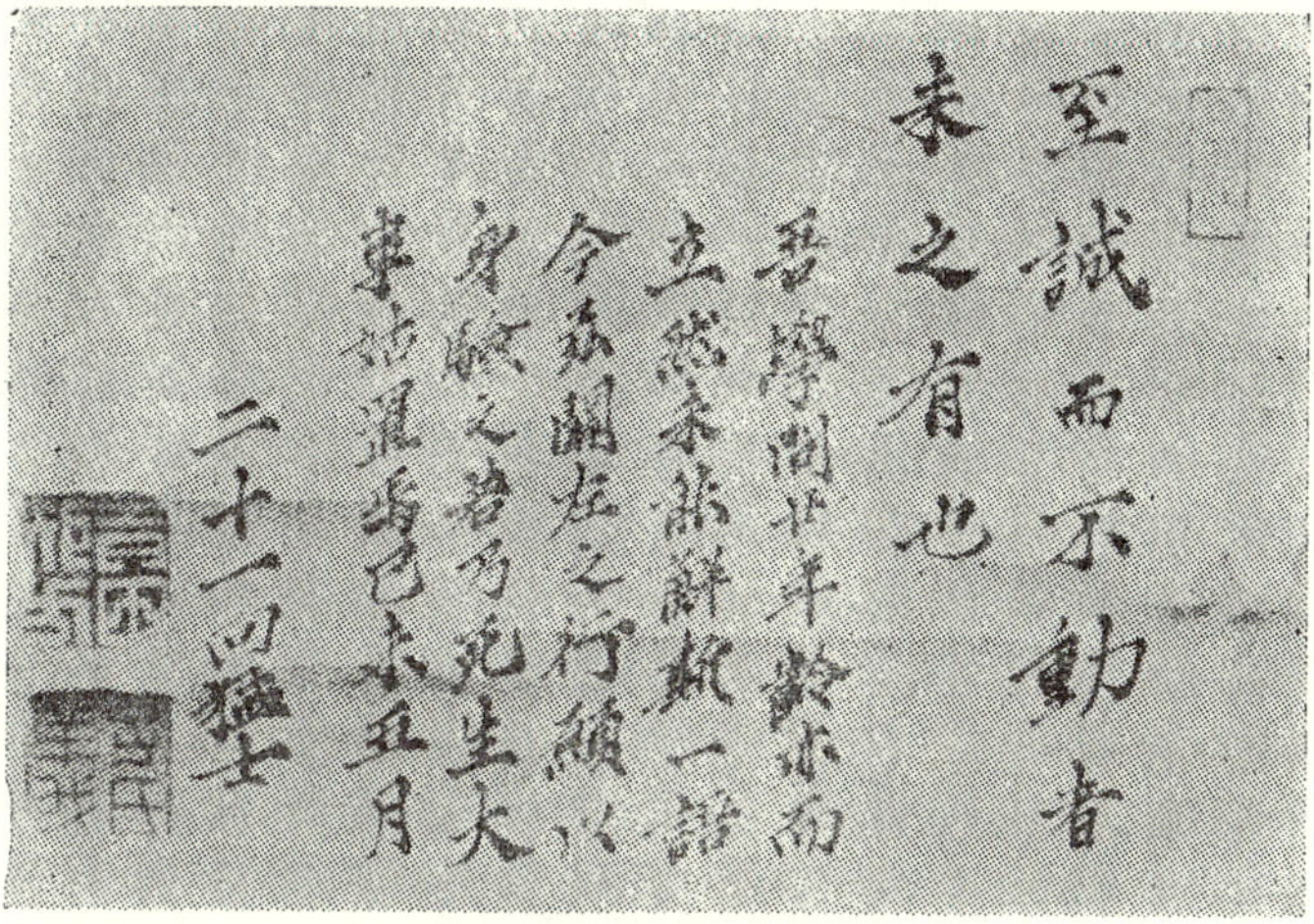

吉田松陰筆蹟

王家で、皇権回復のために努力した人。雲浜とは大いに意気投合した。

安政四年正月十四日、雲浜は、多くの人に見送られて萩を去り、馬関《ばかん》海峡《かいきょう》を渡って博多《はかた》へ行き、北条右門《ほうじょううもん》を訪うた。

北条もまた熱血の奇士、薩摩の藩士で本名を村山松根《まつね》という。藩政の改革《かいかく》を図り、捕えられて幽閉されたが、監房《かんぼう》を破り、のがれてここに来て、北条右門と変名していたのである。後に京都へ来て西郷南洲、雲浜らとともに大いに活躍した。

右門のところに数日間滞在している間に、博多の原田梅洞《ばいどう》、堀江貫之《つらゆき》らが、侠商《きょうしょう》高橋屋平右衛門、帯屋治平らと相談して、毎日のように歓待《かんたい》の宴を開いて、雲浜の説をきいた。平野二郎国臣《くにおみ》もその席に列した。平野はその時三十歳であった。平野が翌年京都へ上り、雲浜をたよって来たのも、この時の縁故《えんこ》によるものである。

帰途、かねて入門を希望していた赤根《あかね》武人《たけと》をともなって、備中浅口郡連島《つらしま》の三宅定太郎を訪うた。

三宅はすでに記したとおり、雲浜と義兄弟の約を結んだ間柄、この度の長州行の旅費は、かれが支出したのである。ここに二三日逗留して、わが家へ帰ったのは安政四年（一八五七年）二月上旬であった。

帰って来ると、待ちかねていた梁川星巌、僧月性、宍戸九郎兵衞、大楽源太郎、神代太郎らがさっそくやって来たとは登美子の話である。

月性を紀州藩へ

僧月性とは昨年会ってから、意気投合して、それ以来ますます交際が深くなるにつれて、月性の才識はじゅうぶん判ったので、ある日、雲浜は月性に向い、

「拙者のもっとも憂慮しているのは、京都の守護でござる。十津川の郷士を奮起させたのも、全

くその目的のためであるが、京都に近い紀州《きしゅう》沿海、ことに紀淡海峡《きたんかいきょう》の防備を完全にしなければならない。それには紀州藩を説いて実行させなければならないが、御承知のとおり、紀州藩は浪人者の入国は非常にやかましいから、拙者が参るわけにいかぬ。上人《しょうにん》はその点まことに都合がよいし、ことに海防のことは上人のお得意であるから、和歌山へ行って紀州藩を説いてもらいたいが、いかがでござろう。』

と相談すると、月性は大いに賛成して承知した。雲浜は、

『紀州の家老久野丹波守《くのたんばのかみ》は、まだ会ったことはないが、なかなか話せる人物だそうでござるから、この人を訪ねて行ったらよかろうと思う。』

と言って、策《さく》を授けて、月性を紀州へ行かせた。

安政四年四月十八日、月性は異様のいでたちに、鉄錫《てっしゃく》をひっさげて京都を発し、雲浜から渡された紀州海防上の要地友ガ島の地図を懐中にし、二十二日和歌山に到着した。

久野丹波守に面会し、雲浜の意向を伝えて、

『貴藩は沿海の地でありますから、もし外国から攻めて来た時には、これを防ぐ準備を厳重にしなければなりませぬ。貴藩は徳川将軍の別家であり、皇居にも近いのです。朝廷の御ために尽すのは貴藩の職分であろうと思う。なかなか安閑として居らるる場合ではありません。』

と得意の海防論を、得意の大熱弁を揮って説き、急速に海防の充実をすすめた。

これを聞いた久野丹波守は、大いに感嘆して、

『出家の御身すら、かくまでに国家を憂いておられる。われら肉食帯刀の者、大いに恥じ入る次第でござる。拙者の力のおよぶ限り尽すことにいたしましょう。』

と月性の説に賛同した。そして雲浜のことについていろいろとたずねた。月性はその他有力な人々にも会って海防論を説き、五月十一日和歌山を発し十五日帰京した。この詳細は、月性が漢文で書いた「南遊日記」にある。

その後のこと、ある日雲浜を訪うりっぱな武士があった。ていねいにあいさつをして、

『拙者は紀州藩の家臣藤堂《とうどう》深彌太《ふかやた》と申す者、先生の御高名を慕い、御高説を拝聴致したく参上致しました。』

とのことに、雲浜は座に通して、学問上のことから天下のことにおよび、さかんに尊王攘夷の論を説き、先般自分の代理として僧月性なる者を遣したが、紀州藩は大阪湾ののどのところにある関係上、海防の特に必要であることを大いに論じた。

その武士は謹聴していたが、深く感動して、

『実は拙者、わが藩主の命を受けて参ったものでござる。わが主君は先生の御高名を知って、ぜ

ひわが藩の師《し》としてお迎えして参れとの申し付けでござる。まげて御仕官《ごしかん》を願いたく、切《せつ》にお願い申し上げます。』

と両手をついて、いともねんごろのあいさつであった。御三家の紀州徳川家の招きとあっては、非常な名誉、だれしも飛び立つ思いで応ずるであろうが、雲浜は、

『せっかくの御厚意かたじけなうはござるが、二君に仕《つか》えずと固く決心いたせしもの。また天下のために微力ながら尽したい存念でおりますれば、ひらに御免をこうむります。』

と断ると、かの武士は非常に残念がって、

『しからば客分として、おりおり御出張になって御講学《こうがく》をお願いすることはかないませんか。』

『それもせっかくながらお断り申さねばなりませぬ。いまわが国はかいびゃく以来稀なる国難に直面しております。微力ながら拙者を要することが多くありますので、なにとぞこの儀悪しからず――。』

とて、かの武士のたっての懇望にもついに応じなかった。

長州藩との提携

長州藩では、雲浜の提案した物産取引に着手すべく、まず同年五月、藩の京都留守居役《るすいやく》たる宍戸《しし ど》九郎兵衛に、物産取組内用掛を命じて雲浜と交渉をさせ、さらに閏《うるう》五月には、坪井九右衛門に物産御用掛を命じ、京都へ行って雲浜と打合せの上、着々進行すべしと命じた。よって坪井は京都へやって来た。

それまでに雲浜は、いつでも開始できるよう、すでにじゅうぶんの準備を整えていた。すなわち妻の実家の本家で、大和高田の富豪村島長兵衛、妻の父村島内蔵進《くらのしん》、大和五条の乾《いぬい》十郎、下辻又七、十津川の重な郷士、京都在の門人で庄屋の山口薫《しげ》次郎、その親戚の小泉仁左衛門、懇意な商人松坂屋清兵衛、肥後の松田重助、備中の三宅定太郎らを参加させ、宍戸九郎兵衛とも打ち合せつつ、大いに努力したのであった。

この宍戸九郎兵衛(のち左馬之介《さまのすけ》)という人物は、身体肥大、温厚篤実な人で、小浜出身の学者伴《ばん》信友に学び、典故に通じ、和歌にひいでた。京都にいて皇室の衰微を排して勤王心を起し、雲浜と非常に親しくなって、つねにゆききした。

そこへ坪井九右衛門が来て、自身でも京都、大阪、大和方面を回って実地を検分し、雲浜の輩下の人々とも協議をとげた。

村島は大阪へ販売所を作った。大和の物産を出すについて、幕府の役人松永善之助へ、口上書を届け出でた。

また、長州の物産を大和へ持って来るには、大阪町奉行の許可を要するのであるが、その手続も運んだ。

かくして長州からは、米、塩、ろう、乾魚、半紙等を、上方からは呉服類、小間物、薬種、材木等をおくり、取引はさかんに開始された。

交通や通信機関等すべて文化の開けなかった時代に、ここまで運んだ雲浜の苦心は、まことに容易でなかった。

長州藩主毛利慶親《よしちか》は、深くその労を多とし、家老浦靫負《うらゆきえ》を使者として雲浜の宅へつかわし、釣《つり》台《だい》に長州の物産その他いろいろの品物を載せて贈った。

安政五年正月には、村島長兵衛と、その子長次郎の二人が、長州藩へあいさつのために萩へ行った。そして大和の産物を藩主へ献《けん》じた。藩主毛利侯父子は破格にも二人に謁見を許し、親しくその労を謝《しゃ》した。藩主がいかにこの事業に重きを置いていたかが知られる。

しかし雲浜はこんな事業が目的ではない。それは勤王のための手段に過ぎないのである。故に長州藩を朝廷へ結びつけることに努力した。

すなわち宍戸九郎兵衛を青蓮院宮に引き合わせ、また長州藩主の意向を親王へ取り次いで、朝廷へ通ずるようにした。

そのことは、安政五年三月二十二日付で、雲浜から門人赤根武人の養父赤根忠右衛門へ出した左の手紙でも知られる。

『毛利藩主の意向は内々粟田親王（青蓮院宮）へ言上仕り候。御世話申上候産物の儀は、拙者甚だ深慮あることにて、他日貴藩が天朝を御守護成され候基《もとい》と相成るべくと存じ奉り候。』

前年十二月、林大学頭、目付津田半三郎が、幕府の使者として、米国との通商条約交渉の経過につき、朝廷の諒解を求めるため、京都へ来たが、朝廷ではお許しにならない。よって老中首座堀田備中守正睦が自身京都へ上ることになった。にわかに問題はうごき出して来た。

長州藩ではこの間の形勢を偵察するために、安政五年正月、秋良敦之助はその友人白井《しらい》小《こ》助《すけ》を京都へつかわして、雲浜へ相談させた。

ついで秋良敦之助が、京都へ来て雲浜をたずね、梁川、頼らとも日夜対策を講じた。

吉田松陰もこのことを憂いて、門人久坂玄瑞《くさかげんずい》（義助、時に二十歳）を上京させたので、雲浜をたよって来た。

久坂玄瑞は松陰門下の奇傑で、松陰が、

『久坂玄瑞は防長《ぼうちょう》年少第一流の人物なり。固《もと》よりまた天下の英才なり。』

と言ったほどである。十八歳の時、松陰の妹の十六歳になるのを妻に迎えた。
かれが雲浜をたずねると、雲浜は一目で人物を見抜き、子ほど年の違う玄瑞をともなって林間に行き、酒を飲みつつ大いに語りあるいは歌った。玄瑞は美男子で、また美声で、詩吟《しぎん》が非常にじょうずであった。雲浜はその時のことを、

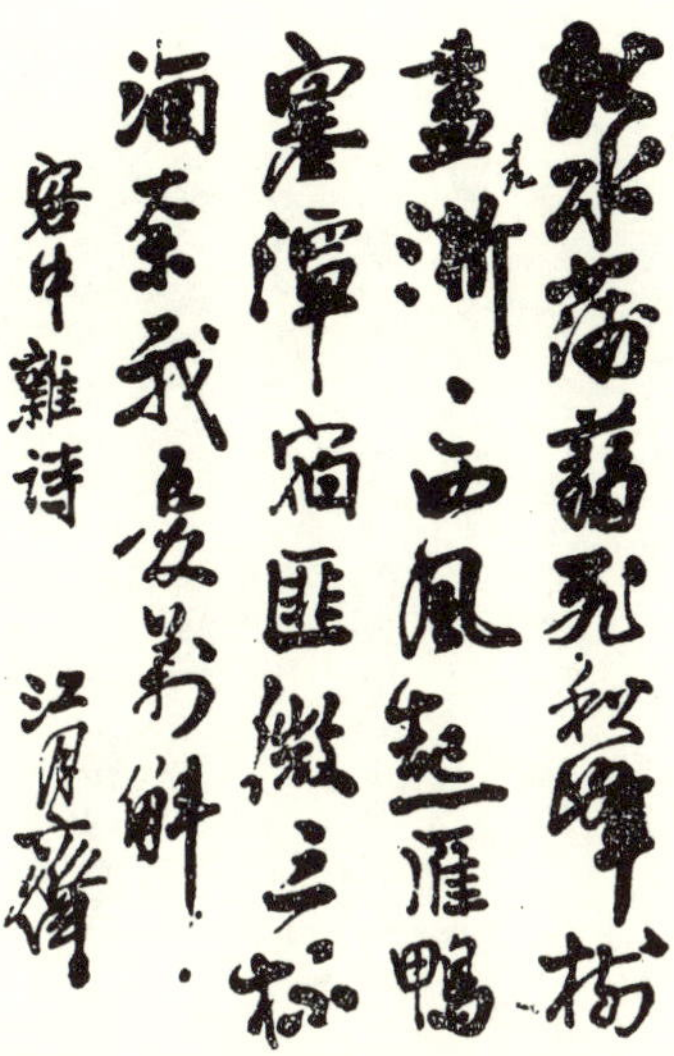

久坂玄瑞筆蹟

『酒たけなわにして玄瑞詩を唱《うた》う。その声しょう然として金石のごとく、樹木皆振《ふる》う。』と記している。

　玄瑞の詩吟は有名である。松下村塾で詩を吟ずれば、同輩はみな血涙をそそぎ、鴨川のほとりを歩みながら吟ずれば絃歌《げんか》はたちまち止み、歌姫は欄干《らんかん》に出て、こうこつとして聞きほれたといわれる。

　玄瑞が、後に、志をとげずして京都を去るときに、雲浜は大いにかれを慰め、

『皇威は必ず古《いにしえ》に復する。ついに地におつることはない。決して失望してはならない。』

と言い、かつこの意味を書き与えて激励した。

長州藩からは中村道太郎（後に九郎）を上京させたが、やはり雲浜のところへ来た。

安政五年四月十五日付で、雲浜が中村道太郎に与えた手紙に、

『尊藩の栄辱《えいじょく》、貴兄の此の行に帰し申し候。決然御任じ成さるべく候。再三の瀆言《とくげん》、如何に候へ共、再び申し陳《の》べ候。』

とあるごとく、再三激励を与えた。

中村に続いて、藩から山県小輔《こすけ》（後の首相公爵有朋《ありとも》）、伊藤俊輔《しゅんすけ》（後の首相公爵博文《ひろぶみ》）、杉山松助、岡仙吉、総楽悦之助、伊藤伝之助が京都へ上った。これらの人々も、たびたび雲浜に会って激励指導を受けた。

その年の秋、吉田松陰の門人中谷正亮が上京して、雲浜の家に止宿した。そして松陰へ送った手紙には左のとおり認めてあった。

『梅田の家に止り候。是は御承知のとおり宮様（青蓮院宮）え時々お招きにあずかり候由、その外は皆々相手に成りかね申候。源次郎よりは言路《げんろ》もよく開け居申候。朝に上り夕に雲上に達し申候由。』

以上のごとく、実に長州藩と梅田雲浜とは、切っても切れない深い縁故が結ばれ、長州の勤王には、雲浜の力があずかって大なるものがあった。

雲浜は、さらに他の計画があった。安政四年十月四日付下辻又七への手紙には、郷国若州から北陸一帯、蝦夷《えぞ》までも、大和《やまと》方面の菜種や木綿《もめん》の新市場を開く企てがあったことが知られる。

十津川に活躍

かくしてからだの休まる暇もない中に、十津川義兵の養成には、たえざる努力を続けた。初め森田節斎、乾十郎、下辻又七らをつかわしたが、ついで同志永鳥三平、門人山口薫《しげ》次郎と妻の父村島内蔵進らをつかわして尽力させた。

安政二年には熊本まで連絡を取った。十月九日付で、雲浜から熊本の笠隼太《りゅうはやた》、左一右衛門親子へ出した手紙に、

『恐れ乍ら幕府の御処分御威光相立たず、戎夷《じゅうい》ますますばっこの勢い、天変地妖《ちよう》しばしば至り、寒心に堪えず候。何時海内《かいだい》は論ぜず、意外の大変、京畿《けいき》の間に起り申すべきやも計り難く候。天朝の御警備御手《おて》薄《うす》の事に候へば、甚だ痛心仕り候。——何卒左一右衛門様には今一度御登京これあり候はゞ、大慶これに過ぎず候。』

と隼太の息子を招いている。

安政四年（一八五七年）十二月、酷寒をおかして雲浜は大和方面に行き、いっそう十津川の文武の奨励《しょうれい》、京都との連絡、物産の搬出などにつき、大いに尽力した。

十津川郷士で雲浜の門人前田正之《まさゆき》の記した「十津川沿革物語」に、

『志士相会し、または時に一村一人（五十九箇村）の総代集り、密《ひそか》に謀議し、武器を購《あがな》い、武技を演ぜり。安政四年京儒梅田源次郎来りて曰く、今や実に国家危急の秋《とき》なり。然るに幕府は因循《いんじゅん》姑息《こそく》、何等の策謀なし、政権を朝廷に回《かへ》し、国難に処せざる可らずと。我が十津川郷の由来を説き大いに激励するところあり。』

など、当時の活動の様子を詳しく記している。

翌五年雲浜は、連絡や指導に当らせるために、門弟行方《なめかた》千三郎正言《まさこと》を十津川へ派遣した。千三郎が出発するに際して、左の発句と和歌を与えた。

鶯《うぐいす》や初音《はつね》きづかふ雪と雨

さらぬだにさびしきものはかたらはむ人に別るゝ五月雨《さみだれ》の空《そら》

弟子を愛する真情が溢れている。行方はその後、たびたび十津川と京都の間を往来した。

雲浜は十津川の重立った人を招いたところ、四五人の者が上京して来た。雲浜はかれらを大いに激励し、さらに一同を引き連れて青蓮院宮家へ行き、執事の伊丹蔵人、武田伊勢守の両人に面会し、一郷こぞって朝廷につかえまつることを請願し、その旨親王へ言上された。

ついでまた数人が来て、伊丹蔵人の手を経て、十津川郷の由緒《ゆいしょ》書一通と、産物の椎茸《しいたけ》一箱を親王へ奉呈し、親王からおことばを賜わった。

かれら山奥の人々が、親王の御殿へ伺候するというは、当時としてはまことに破格のことで、この光栄に浴して、一同感きわまって泣いた。そしてこれはみな雲浜先生のお蔭であると、いよいよ崇敬した。そして前田正之、深瀬繁理、野崎民蔵らは京都に留まって雲浜の門人となった。

安政五年春のくれ、雲浜は十津川へ行き、野崎主計《かずえ》の家に滞在して、指導と激励に当った。十津川の全郷は、長州へ物産を送るので、さかんに事業が起り、すこぶる活気を呈して振興した。これもまた雲浜先生のお蔭であると喜んだ。

雲浜の在世中は、まだ時機至らずして、十津川郷士も立つ時はなく、ひたすら力を養っていたのであるが、その後の状況を次に略記することとする。

文久三年（一八六三年）四月、十津川の代表者数人が上京し、昔のとおり、朝廷直属で忠勤を尽したい旨の由緒復古《ゆいしょふくこ》の願を、中川宮（青蓮院宮）へ奉呈し、五月中川宮より、十津川郷士の誠忠を賞せられて、とくに金三百両を下賜された。

七月には、さきの願の由緒復古が朝廷から聴許され、禁裏御守衛の恩命を下され、玄米五千石を手当として下賜された。幕府の支配をはなれて往古のとおり朝廷の直臣となったのは、実に十津川が最初のことである。

禁裏御守衛はそれから五年間におよんだ。薩、長、土の藩兵と交代して勤めるのであるが、十津川の当番の時には、孝明天皇が、

『今晩は十津川の兵隊が門を守ってくれるから、安心して眠れる。』と仰せられたそうである。

八月大和に天誅組の義兵が起ったときは、十津川から野崎主計、深瀬繁理、田中主馬蔵、沖垣斉宮らが郷兵約一千人をひきいて参加し、王政維新のさきがけとして大いに天下を衝動した。

元治元年（一八六四年）四月二十日、孝明天皇は、宮中儒官中沼了三に、十津川に文武練磨の学校を設立せよとの内勅を下されたので、中沼は十津川へ来て、松雲寺を仮校舎として文武館を設け、翌年正月新築落成した。勅命による学校設立は稀なことである。

慶応三年（一八六七年）阪本龍馬、中岡慎太郎、田中顕助（のち宮内大臣伯爵光顕）らが兵を大和に挙げようとしたのも、十津川の応援があったのによる。

同年十二月、鷲尾侍従は勅を奉じて、紀州藩等の幕府方を牽制《けんせい》するため、兵を紀州の高野山に挙げるや、十津川からは、参謀に丸田監物、前田正之、軍監に藤井織之助、沖垣斉宮、佐古高郷、隊長に玉置正中ら四名が任ぜられ、八百余人をひきいて参加した。

十津川村大字折立

十津川村小井 田中文一氏寄贈

十津川

明治元年戊申《ぼしん》の役には、前田正之、藤井織之助、前田隆礼、殿井隆興、前倉武一らが第一親兵として二百余人北越に出征し、長岡城の攻撃を始め目覚しい働きをして、その功により玄米六千石を下賜された。

明治二年三月、十津川郷士へ毎年五千石を下賜さる。

朝廷では勤王の功を賞し、野崎主計ら十二名に対し、正五位または従五位を贈られた。いずれも直接間接に雲浜の指導を受けた人々である。

現在奈良県吉野郡十津川村は、部落五十五、人口一万二千二百人（昭和三〇・五月）、東西二十八キロ、南北六十キロに亘る大村で、いまでも全村梅田雲浜を崇敬している。

雲浜の横顔

ここに少しく雲浜の人となりについて記してみよう。

雲浜は中肉中背で、色は浅黒く、顔立ちはりっぱで、眉《まゆ》がひいで、目は涼しく、なかなかの好男子であった。そして火のごとき熱情家で、また非常に信念の強い人であったから、それが自然と容貌や態度に現われて、きっと引き締った男らしい男であった。一見して凡庸《ぼんよう》ならぬ人物であることがうかがわれて、人を服せしめる威容が備っていたという。

雲浜の後妻の実家は相当な金持ちであり、その本家はさらに富豪である。門人や崇拝者にも富豪がだいぶある。また長州物産取引の支配をしているのであるから、望めば金は思うがままにえられたであろうが、しかしかれは自家の生活のためには、全く金銭を望まなかった。もっとも以前から見ればだいぶの差があるが、勤王運動のために東奔西走《とうほんせいそう》し、あるいは困っている志士を助けなどして、いくら金があっても足りない。相変らず豊かならぬ生活を続けていた。

そのころの生活費の支払いは、一年に盆と暮の二回であった。その支払期になると、雲浜はあるだけの金を包んで、玄関の上敷《うわしき》ござの下に入れて置く。掛取が来ると、

『金は入口の上敷の下にある。その中から出してかってに持っていってくれ。』

掛取は言われるままに、包みを出して、その中からもらい分だけ持って行く。後に来た者が、

『お金はもうありませんが。』と言うと、

『そうか、ではまたこの次に来てくれ。』

こんな風で金銭や日常の生活には、全く無とんちゃくであった。

一酔陶然《いっすいとうぜん》として佳境に入れば、いつも声張り上げて謡《うた》ったのは浅見絅斎《けいさい》の作、「楠公父子訣別《けつべつ》」の謡曲《ようきょく》であった。また人にも書いて与えた。その全文は左のとおりである。

『其時正成はだのまもりをとり出し、是《これ》は一年《ひととせ》都ぜめの有りし時、下し給へる綸旨《りんし》なり、世は是《これ》迄《まで》と思ふにぞ、汝に是をゆづるなり、我ともかくもなるならば、尊氏《たかうじ》が世となりて、吉野の山の奥ふかく、叡慮《えいりよ》なやませ給わんは、鏡《かがみ》にかけてみるごとし、さはさりながら正行《まさつら》よ、しばしのなんをのがれんと、弓張月《ゆみはりづき》の影《かげ》くらく、家名をけがすことなかれ、父が子なればさすがにも、忠義の道は兼而《かねて》しる、うちもらされし郎党を、あわれみふち（扶持）し、かくれ家《が》の、吉野の川の水清く、ながれたへせぬ菊水の、旗をふたたびなびかして、敵を千里にしりぞけて、叡慮《えいりよ》をやすめ奉れ〳〵。』

雲浜ほどの学者であり識見ある人が、書物を著わすことをしなかった。これは現今の人も皆不思議とするところであるが、ある人が雲浜に向って、

『先生の学才をもって、なぜ書を著《あら》わし、世の人士子弟に教え、また後世に残さないのですか。』

と問うと、雲浜は笑って、

『世の著述のさかんなことは決してよいことではない、著述がさかんなればかえって道徳は衰えるもので、憂うべきである。君子儒《じゆ》はなかなかできないで、単にことを多く知って道徳が少しも修《おさ》まらない小人儒が多くなるのである。また五十にして四十九年の非を知ると、今良いと思って書いたことも、先へいって恥《は》じ入るようなことになってはならない。自分は先賢の教を守り、こ

れを実践《じっせん》すればよい。そして行いをもって人に教える主義である。かつこの身は国に捧《ささ》げた身、いくつからだがあっても足りない。どうして書物を書いているようなひまがあろうか。』と言った。雲浜はただ実践躬行《じっせんきゅうこう》をたっとんだ。身をもって範を示したのである。

吉田松陰は永年幽囚《ゆうしゅう》の身で、ひまがあったのにもよるが、さかんにいろいろの物を書いた。雲浜は松陰に向って、

『吉田君、あまり下らない物をたくさん書かない方がよい。それより君の性質には禅学《ぜんがく》でも修行した方が適当《てきとう》している。』と忠告した。

詩も和歌も作りはしたが、歌人でも詩人でもない。字句などには重きを置かず、その気概を現わすだけで満足した。そして言った。

『天下おのずから実用の学あり、心力をつくすもなおおよばず、なんの暇あってか詞芸《しげい》に区々たらんや。』

単なる詩人や儒者は眼中になく、したがって、詩歌や、字句にとらわれるような学問には重きを置かなかった。

書は非常に好み、またたくみであった。姉の藤井利貞《りて》が人に語ったところによると、若いころから紙をさがして、いくらでも書き散らすので、紙を見つからないところへ隠した。紙がないと

手でも腕でも構わず書いたという。

しかし、いつも、新らしい紙を粗末にしたのでないことは、一旦使用された反古《ほご》紙を裏返しにとじて、それへ和歌をたくさん書きつけたことでもわかる。

人にはなにか欠点のないものはないが、雲浜にはどんな欠点があったかというと、当時の一部の人からは、あまり態度が尊大であるとか、がんこ過ぎるとかいわれた。

態度尊大といっても、みだりに人を見下し軽蔑したならば、志士の首領として、あれほど多くの人から、尊敬され信頼されることはないはずである。また、がんこというのも、信念があまり強かったためであろう。そしてかるがるしく人を見ないことは、次の一事でも判るであろう。

それは福井藩の岡田淳介《じゅんすけ》が、京都へ来て春日《かすが》讃岐守《さぬきのかみ》（潜庵《せんあん》）に一二回会って、その批評をなにか悪く書いて雲浜へよこした。それに対し雲浜は、左の手紙を与えて岡田をたしなめた。

『貴兄聰明《そうめい》と雖も、一二見にて藻鑑《そうかん》（鑑定《かんてい》のこと）は覚束《おぼつか》なく候。一二応接して忽ちに人を評することは、御戒《いまし》めなさるべく候。別して政柄《せいへい》を執《と》り人を進退する者は、軽卒にては人を見損じ申し候。』

また秋良《あきら》敦《あつ》之助の話によると、雲浜は次のとおり語ったという。

『人間というものは、自分より下の人物はよく判《わか》るけれども、自分より上の人物は、どうしても判るものではない。判ったと思っているのは、誤解である。それだから英雄豪傑の士は、仕事をしない中は、よく人に誤解されるものである。』

これらを見ても、いたずらに尊大をよそおい、人を見下したのでなかったことが察しられる。

吉田松陰が長州の野山獄中から、安政二年二月十九日付で、江戸へおもむく久保清太郎に贈った手紙には、左のとおり雲浜の性格を記している。

『梅田源二郎は帰京せしや。これは靖献遺言《せいけんいげん》にて固めたる男、人物の鑑《かん》（鑑定）を好《この》み、切直《せっちょく》の言《げん》を好む。また事情にも通じたるところあり。但し酒徒（酒飲み）なり。江戸に滞在せば、御訪問なされて然るべき人物なり。』

雲浜は酒はよほど好きであった。客あれば必らず酒を出し、ともに飲みかつ論じた。もっとも当時の豪傑といわれる人には酒徒が多かった。雲浜は謹厳一ぺんではなく、金廻りがよくなってからは、祇園町等に志士を招き、大勢の芸者舞子をよんで豪華な宴をはることもあった。何人かの美形がかれに夢中になってうるさくされたことや、床鶴《ゆかづる》という全盛の名妓が、貧乏志士達に傲慢なのできらわれていたのを、雲浜は説いてやさしい女にした話などがある。

よく病気をした。何カ月にもわたる大病を何回かした。かぜはよくかかったらしい。たびたび病気をすれば気も弱くなるのが普通であるが、かれの強烈な精神力は、病気によっていささかも

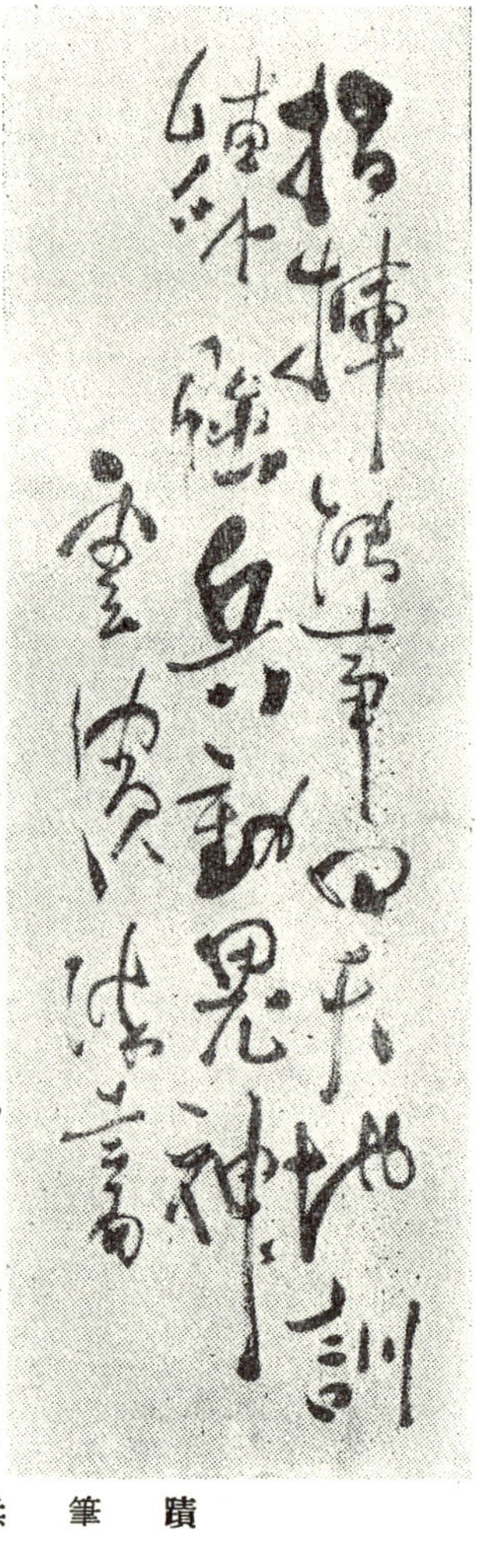

指揮能事回ニ天地一。訓練強兵動ニ鬼神一。 雲浜酔書

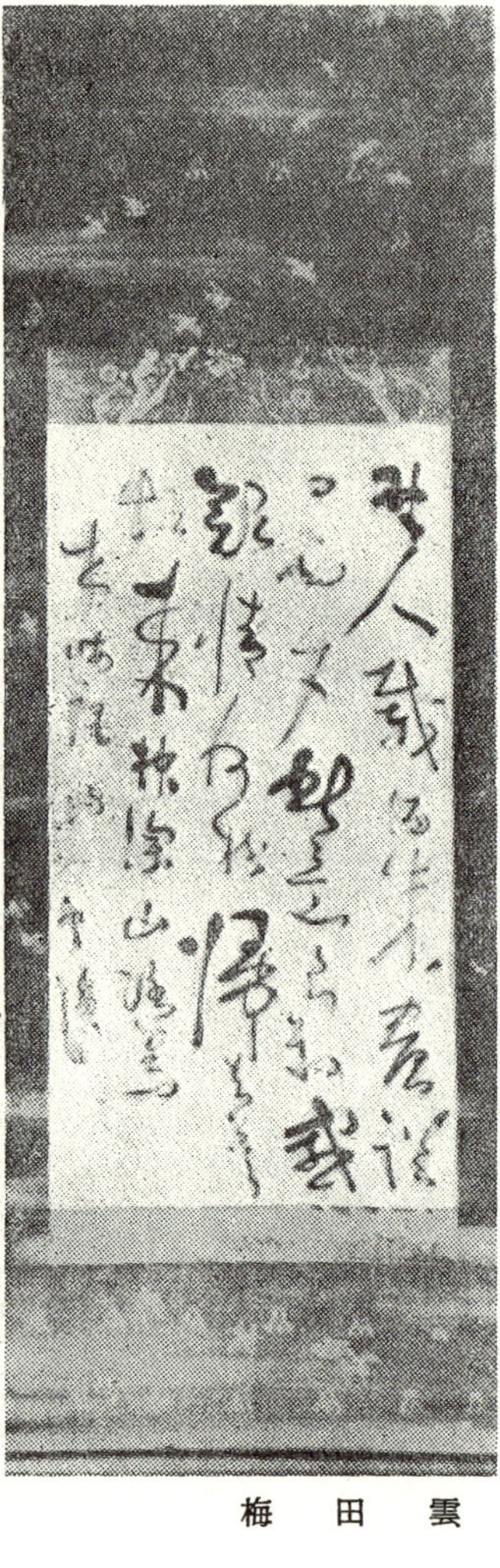

野人戴レ酒来。農談日西夕。此意良勤。感歎情何極。帰去莫ニ頻来一。林深山路黒。朱晦庵詩　雲浜

梅田雲浜筆蹟

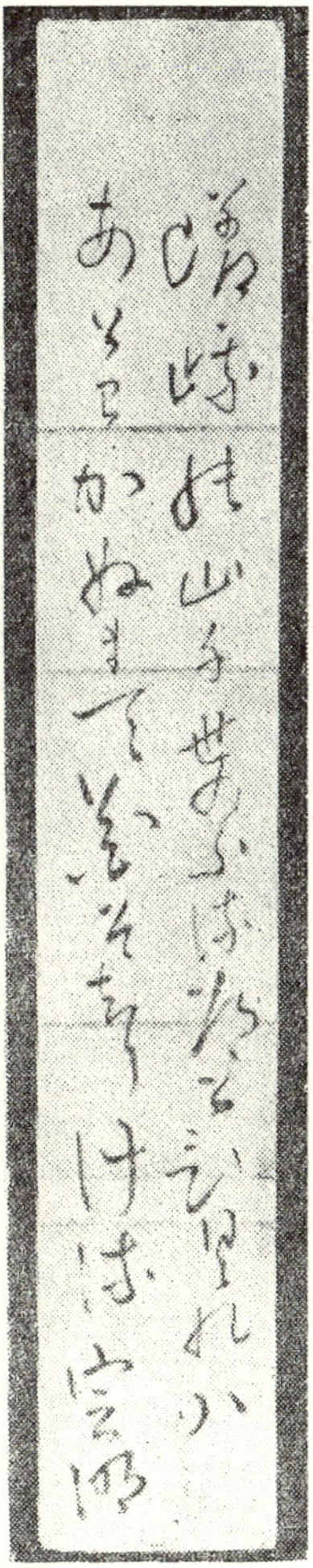

嵯峨の山千世のふる道とひくればあとわかぬまで花ぞちりける　定明

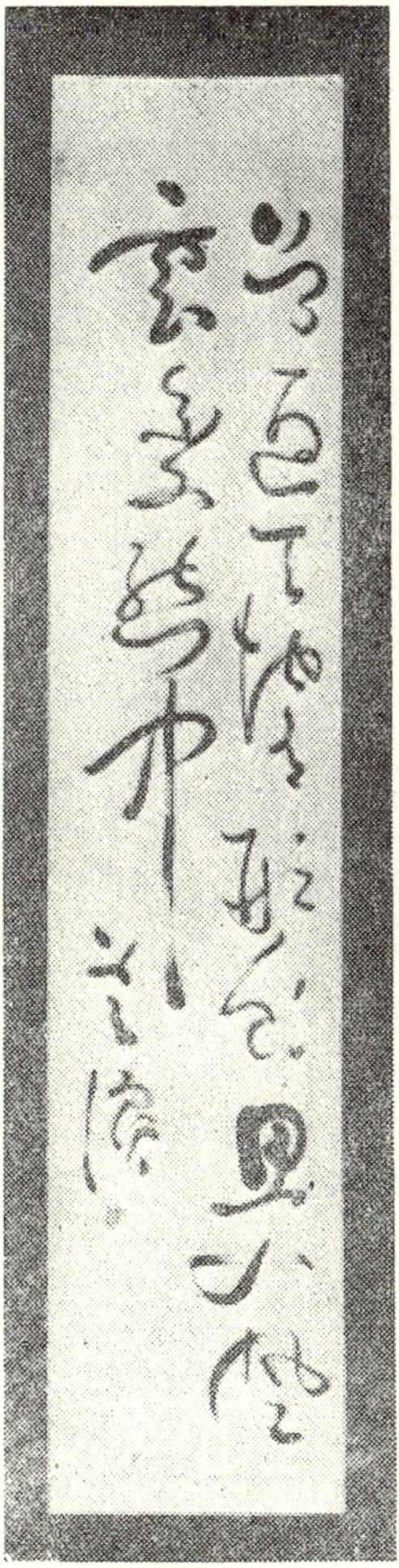

道通天地有形外。思入風雲変態中　雲浜

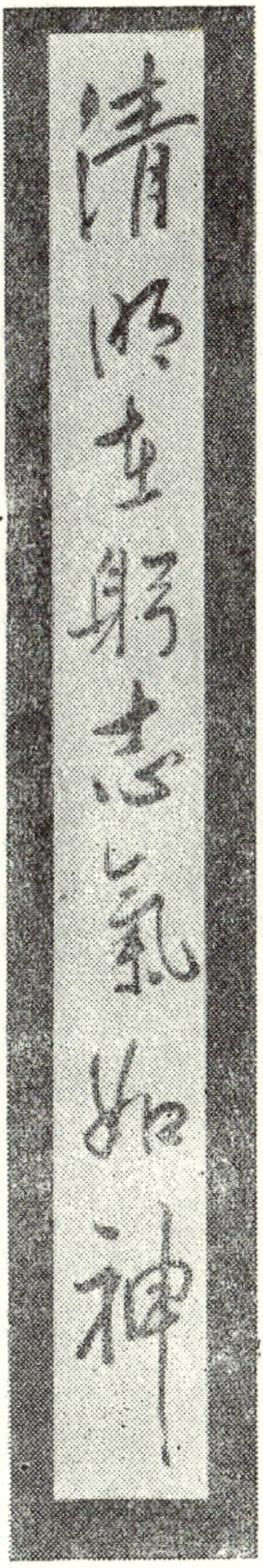

清明在レ躬　志気如レ神

梅田雲浜筆蹟

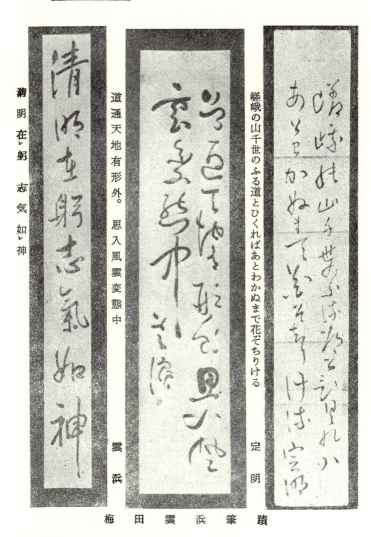

妨げられなかった。

雲浜は、ある攘夷論者に言った。

『異人の姿勢、態度は実にりっぱで、横目をせず堂々と濶歩《かっぽ》する。またいろいろのものが進歩している点から見ると、かの国は必らず綱紀《こうき》正しく、国はよく治っているであろう。異人を卑しみきらうのはもっての外である。』と。

条約と継嗣問題

堀田備中守が老中首座《しゅざ》となってから、しだいに開国の方針に傾いた。円満主義でたくみに政治をとってきた老中阿部伊勢守正弘は、安政四年六月十七日、三十九歳で死去した。

強硬論者の斉昭は、海防および軍制改革参与の役を辞して、全く幕府との関係が絶え、さきに斉昭によって退けられた上田侯松平忠固《ただもと》は、ふたたび老中となり、次席となった。

米国総領事ハリスは昨年七月下田に来てから、

『将軍に直接面会しなければ、大統領の国書を断じて渡さない。』

と、がんばっている。

安政四年（一八五七年）五月二十六日、ハリスの要求の一部を容《い》れて、長崎の開港、米国人の下田および箱館の居住権、副領事の箱館駐在などの条約を結んだ。これを下田条約と呼ぶ。しかしまだ第一の目的の通商貿易の問題が残っている。

将軍面会の要求を、昨年七月から拒絶しつづけてきたが、幕府はとうとうこれを許すことになった。ハリスはニヤリと得意の笑みを洩した。外国の使臣が、江戸に来て将軍に謁見することは二百年来絶えて無いことである。

十月七日、ハリスは馬に乗り、役人多数に護られて、一行三百五十人、星条旗を朝風にひるがえしつつ下田を発し、天城《あまぎ》の峠はかごで越え、東海道から江戸へ向い、十四日九段下の蕃書調所《ばんしょ》の仮館《かりやかた》に到着、二十一日には目的どおり江戸城に入り、将軍家定に謁して、大統領の国書を提出した。

二十六日ハリスは、堀田備中守を訪い、二時間余にわたって世界の大勢を論じ、やがてイギリス、フランスの来ることを報じて、公使の江戸駐在と、貿易開始の許しを乞うた。十二月二日、堀田はハリスの要求にだいたい応ずると述べた。

幕府は、林大学頭煒《あきら》、目付津田半三郎正路に上洛を命じ、朝廷へ日米交渉の経過を報告して、諒解を奏請せしめた。

そして年末の二十九日と大晦日《おおみそか》に、諸侯の登営を命じ、通商条約を結ぶことのやむをえない事情を説いて、意見を述べさせた。

反対者も相当にあったが、だいぶ開港説が多くなった。そして、

『かかる重大なることは、まず勅裁を仰ぐべきである。』

との意見が多かった。

林大学頭、津田半三郎は十二月二十六日京都に着し、わけもなく朝廷の諒解を得られることと思いの外、そのころの朝廷は形勢全く一変、林や津田などは、てんで相手にされず、翌年正月は空しく過ぎた。そこで手間取ってはことめんどうと、堀田備中守は自ら上京しようと決心した。

『閣老の首班《しゅはん》たる者が参朝するなどは、まったく今までに絶無のこと。自分さえ行けばわけもない。』

と、たかをくくり、福井藩主松平慶永《よしなが》に向っては、

『滞京十日ほどで使命を果たして帰る。』

と語り、川路聖謨《としあきら》、岩瀬忠震《なり》ら多くの随員を随えて、安政五年（一八五八年）正月二十一日江戸を発した。

このことが朝廷に知れたので、二月一日に林大学頭らに、随意江戸へ帰ってよいと申し渡された。林らの面目は丸つぶれとなった。

この時の落首《らくしゅ》（狂歌または落書き）に、

大学もさて中庸《ちゅうよう》となりにけり孟子《もうし》わけなく論語《ろんご》同断《どうだん》

東《あずま》から林たてられ登りつつ公卿《くげ》に蹴《け》られて恥を大がく

などがはりだされた。

孝明天皇には、外交について痛くお心を悩まされ、正月十七日左のごとき宸翰《しんかん》を関白九条尚忠《ひさただ》に賜うた。

『日本全国不服なるに、夷人の願いどおりになりては天下の一大事の上、朕《ちん》の代よりかようのことになりては、後々までの恥ならずや。先代の御方々に対し不孝、朕の一身の置処なきにいたる。』

と仰せられ、さらに二十六日に重ねて宸翰を賜い、

『幕府の奏請を斥《しりぞ》け、あまねく衆議を尽して、人心を帰服せしめることを主とし、決して幕府の要請に屈せず、言論をつくすよう。』とお諭しになられた。

そこへ堀田が二月五日に着京して、本能寺に宿し、九日参内《さんだい》、十一日に議奏、伝奏に通商条約

案を提出し、事情をのべて勅許を賜わるよう請うた。

しかし孝明天皇はもちろんのこと、内大臣三条実万《さねつむ》、左大臣近衛忠熙《ただひろ》もすこぶる強硬で、これに青蓮院宮が、特に勅命により、朝議に参加せられて拒絶論を唱えられた。

堀田備中守の上京については、米国との条約の勅許をうることと、もう一つ、重大の用件があった。

それは、将軍家定が病弱で、子がない上に、愚鈍で物の用に立たず、徳川の威望は大いに失墜して行く。そこで早く将軍の近親から後嗣の人を立てて、その補佐とし、この難局に当るようにしなければならなかった。

普通ならば将軍と血縁のもっとも近い人を推すべきである。さすれば紀伊の徳川慶福《よしとみ》が家定の従弟《いとこ》で、一番近親に当るのであるが、わずか十三歳で、この暗愚病弱の将軍の補佐にもならず、時局柄不適任である。

次に近親であり、年齢、才幹、徳望もっともすぐれたのは、水戸の徳川斉昭の第七子で、一橋《ひとつばし》家《け》を継いだ慶喜《よしのぶ》である。年も二十二で、将軍の補佐としてりっぱな人である。

ここで自然この二人をめぐって、猛烈な擁立《ようりつ》運動が起った。

一橋慶喜を立てようとする者は、福井侯松平慶永《よしなが》が第一で、安中《あんなか》侯板倉勝明《いたくらかつあき》、薩州侯島津斉《なり》

彬《あきら》、宇和島《うわじま》侯伊達《だて》宗城《むねなり》、土州侯山内豊信《とよのぶ》、阿波《あわ》侯蜂須賀《はちすか》斉裕《なりやす》の人々。

紀伊の慶福《よしとみ》を立てようとする者は、彦根侯井伊直弼《なおすけ》をはじめ、斉昭に反感を抱く者が全部と、譜代《ふだい》大名の多くである。そして紀州の家老で新宮三万五千石を領する水野土佐守忠央《ただなか》が、野心と才力をもって、幕府の要路に賄賂《わいろ》を贈り、また当時閣老でも一目置かなければならないほど勢力のあった大奥を動かした。

この大奥でもっとも勢力のあったのは、家定の乳母の歌橋《うたはし》であるが、これが斉昭の子慶喜に来られては、自分らのわがままができないからという、あさはかな女の感情で大反対に立ち、家定の生母本寿院《ほんじゅいん》を説いて、

『もし慶喜が後嗣《あととり》となって来るのならば、妾《わらわ》は自殺をします。』と言わせた。

両派はそれぞれ京都の公卿へ運動を開始した。島津斉彬は近衛忠熙、三条実万に説いてその賛同を得、慶喜を立てるよう内勅を降下されるところまで進んだ。松平慶永は橋本左内を江戸へ呼び、さらに京都へ上らせて公卿へ運動させた。

紀伊派では、井伊直弼が腹心長野《ながの》主膳《しゅぜん》を上京させて運動させたが、井伊家と姻戚《いんせき》の間柄である関白九条尚忠に取り入ってその賛成をえた。

青蓮院宮はじめ多くの朝臣は、一橋慶喜の方を支持《しじ》した。

堀田備中守も、内心は一橋慶喜の方に賛成し、この人に定まるよう内勅を賜りたい考えであった。

親王へ建白

二月のある日、門人の伊丹蔵人《いたみくらんど》が雲浜のところへ来て、

『先生、今日はまた殿下の御使者として参上いたしました。』

と言って一通の書面を取り出し、

『殿下には、これに対し、先生の御意見を聞きたいとの仰せでございます。そして幕府への勅答《ちょくとう》案《あん》として、忌憚《きたん》なく意見をしたためて差し出せよとのことでございました。』

雲浜はうやうやしく、その書を押戴いて一見すると、「江戸風説書《ようせつがき》」と記してある。初めの方を少し読んでみると、名は風説書であるが、内容はいまもっとも重大な条約の問題である。

雲浜は感激《かんげき》して、

『かしこき殿下の仰せ、雲浜謹んでおうけつかまつり、今日中にも愚見をしたためて奉呈いたしますと、よろしく殿下に御披露《ごひろう》をお願い申す。』

と言って、さらに、

『その後、条約問題に対して、朝廷の御様子はいかがでござろうか。』

『宮殿下には、その問題にてたびたび参内《さんだい》せられ、いろいろ御協議を遊ばされておられますが、もれうけたまわるに、陛下にはもっとも御強硬の御態度にて、断じて許容は相成らぬとのたまわせられ、諸卿も大方聖旨を奉戴して、勅許に反対していられますが、ただ前関白鷹司政通公、右大臣輔熙《すけひろ》公の御父子と、武家伝奏東坊城聰長《ひがしぼうじようとしなが》卿は軟論で、幕府方に傾いていられるため、満廷の非難を浴びていられるとのことでございます。』

と言うと、雲浜はうなずいて、

『鷹司父子の軟弱な態度もいましばらくじゃ。先日鷹司家の小林民部《こばやしみんぶ》（民部権大輔良典《ごんのたいふよしすけ》）と、三国大学にこんこんと説いたが、二人はわが党の士じゃ。誓ってわが主人に説いて動かすことにすると言っていた。明日にもさらに鷹司家へ行って、民部を説いて尽力させることにしよう。』

伊丹蔵人が去ると、雲浜は身を清め、かしこんで勅答案として意見を記した。その書は、この際こそ幕府をおさえて、朝廷の威光を輝かし、王政回復を計ろうとする精神から出たもので、その意気まさに天をつくものがある。文中に『言上』とあるのは、江戸風説書の中に記してある、老中堀田備中守の奏上案で、『御答』とあるのは、勅答案すなわち雲浜の意見である。原文は長文で、かつ読み難いから大意をかかげる。

『言上　先だつて仰せ出された勅諚《ちよくじよう》のおもむき、三家以下諸大名へ再応衆議にかけて、各々存じ寄りを申し出させたところ、方今万国の形勢一変のおりから、御処置の次第によっては、たちまち仇敵となり、各国が目前にさしあつまり、全国の大事におよんで、宸襟を安んじ奉るときもないように至るにつき、条約を取り結び、平穏の御取扱い方ありたいとのこと。諸侯が一同右のとおり定議いたした上は、条約の儀、すみやかに御許容あらせられたく存じ奉る。』

『御答　今般三家以下、諸大名衆議の趣、叡聞《えいぶん》に達す。一応は道理に聞ゆるも、せんだっても仰せ出されたとおり、条約の儀を御許容になっては、一日も御国威立ち難く、御国威立たざれば、皇祖御代々へ対させられておそれ多く、なおまたこのたび再応群議の上、叡慮を決せられ、神宮へ御伺い相成りしところ、条約の儀は、神慮《しんりよ》にかなわせられぬゆえ、衆議にかかわらず、御許容に相成らない。』

『言上　今般諸大名同意の上で、言上いたしたのに、お許しがなくては、たちまちに各国襲来して戦争となる。その節防禦の処置はいかが遊ばされまするや。』

『御答　普天《ふてん》の下《もと》、率《そつ》土《と》の浜《ひん》、皆これ王臣であるから、一応は諸侯へ勅命を下される。たとえ勅命に応じない諸侯があるとも、すでに御英断あらせられた上は、三公列卿百官、その外天下有志の者どもをもって、御親征遊ばさるべく、この旨早々帰府の上、大樹《だいじゅ》（将軍のこと）へ申し入るるよう仰せ出さる。』

『言上　天下の御政道は、年来将軍家へ御任せになっていることゆえ、天下の決断所で、諸侯評議の上、言上におよんだのに、お許しがなくては、恐れながら至当の御廟議《ごびょうぎ》とも存じませぬ。かつ万民の滅亡におよぶことは、いかが思召されまするや。』

『御答　幕府にては、東照宮以来の良法を守って、朝家を守護し、諸侯を統《す》べ、万民を安んじたるゆえ、年来政道をお任せになったものである。しかるに今般東照宮以来の良法を変革し、外夷と同盟することは、東照宮の神慮もいかがあろうか。諸侯にも不服の者があるおもむき、天下人心の向背にもかかわることゆえ、天朝へ相伺いたるに、深く叡慮を悩ませられ、再応御勘考遊ばされたるも、皇国の御威光相立たず、御国体をけがしては、すでに早や滅亡も同然のことである。よってこのたび、神宮の神慮を御伺いの上、御英断遊ばされたのである。万一安危の場合におよぶとも、万民とともに御存亡を同じうし遊ばさるべく、神宮に誓わせられて、叡慮を御変更にならない。この上は百応言上におよぶとも、お許しはないお気色である。この旨三家以下衆議の諸侯へも申し聞けべく、その方在留の義は勝手に仕るべきこと。』

と断乎たる信念を述べ、なおその意見書の末文に左のとおり記してある。

『江戸風説書お示し下されて、鄙説《ひせつ》をしたたむべきよう仰せ下されましたにつき、右風説の意に応じ相認め、ご覧に入れ申します。これら僣越《せんえつ》の文面、まことに恐懼《きょうく》のいたりに堪えませぬ。昨日又江戸より風説書申し参りましたのは、この節墨夷《ぼくい》（米国）使節は、役人と密談の上、下田を出帆して、ただちに広東《かんとん》へ赴き、英夷（英国）を促がして、浪華《なにわ》海へ乱入し、京師を脅《おびや》かす内存の由、これは実説であると申します。もし実説ならば、不日に無数の英船が突入することと思われます。毎々言上つかまつりましたとおり、天下一度は顚倒《てんとう》つかまつるほどの未曾有《みぞう》の大変におよぶことがあっても、少しもお驚き遊ばされないよう存じます。天下忠義の武士、草莽《そうもう》中の豪傑、一同に奮起して追掃い、皇国の御威光を海外へ輝かし、ふたたび永世安全の御世と相成ることは疑いありませぬ。』

とて親王をお慰め申した。以上の書は、宮家の旧臣並河家に保存されている。

公卿百官からは、条約に対する意見書を続々と提出した。その書を青蓮院宮から雲浜へ御内示になった。

雲浜は感激して拝見するに、公卿の意見は拒絶論に一致しているとはいえ、まだまだ手ぬるい点があるので、また左のような強烈な意見書を親王に提出した。

『公卿衆の御上書を、ひそかに拝見つかまつりました。夷賊の奸計と将軍家の柔弱な処置とをお

239 親王へ建白

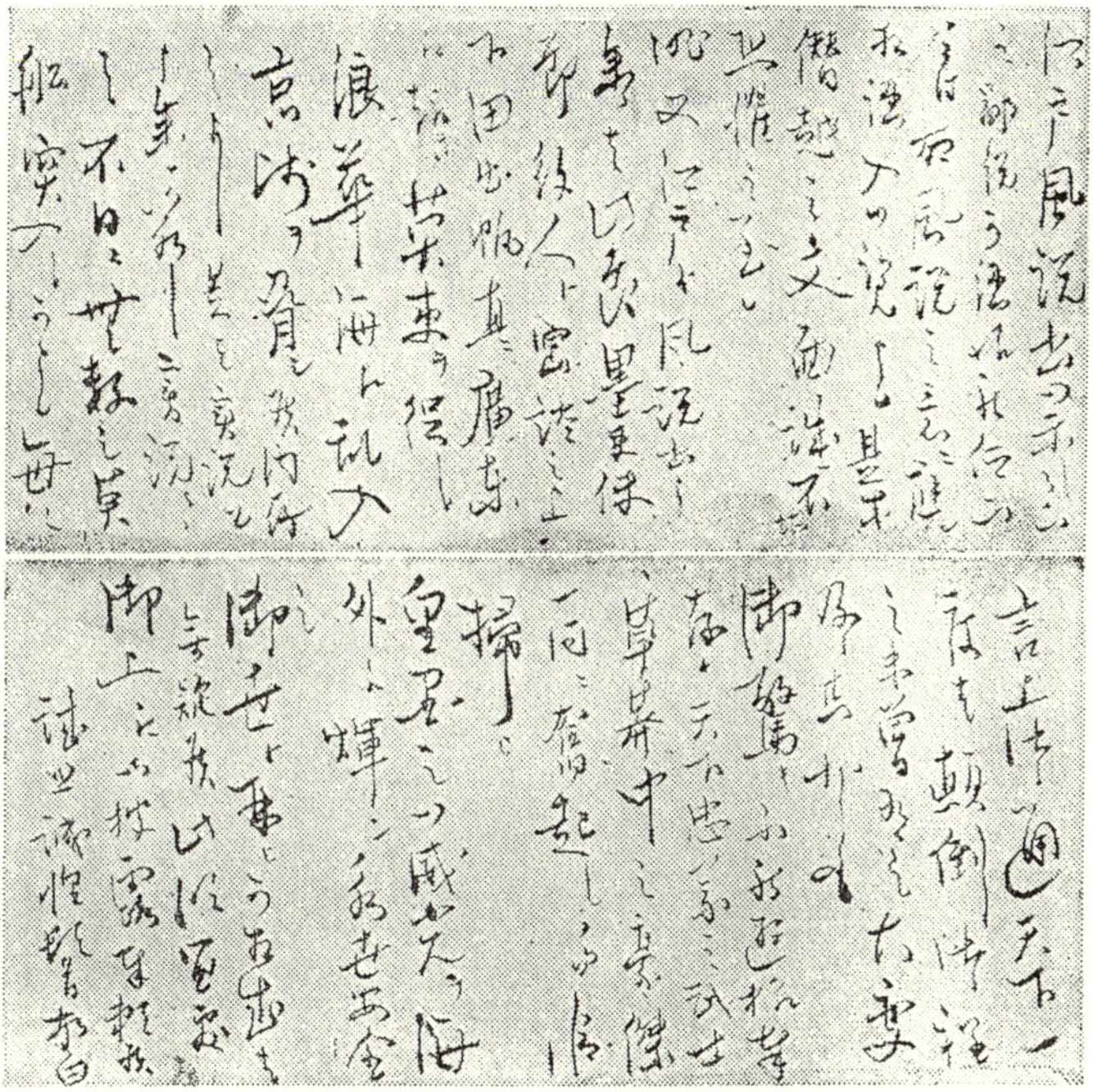

親王に奉呈せる雲浜の書

憤りなされ、天下列侯の振起を頼みになされる御趣意と思われます。一応ごもっとものようではありますが、御書中には、裁断《さいだん》の御処置は一言もありません。さすればこれもまた五十歩百歩の違いかと存じます。なにとぞ朝廷の御独断をもって、海内へ貫通つかまつるほどの御勅答をあらせられたく、すなわち外夷の申立てにしたがって、条約を結ぶことは御許容にならず、そのためにかれらの傲慢無礼がつのって、兵端を開かば、将軍家を始め、天下の列侯、一同心を合せすみやかに打掃うべし。場合によっては、天皇御自ら親征遊ばされる旨の、合命を下されたいと存じます。まず一番に朝廷より御英断あらせられずば、なにをもってか、天下の武士は振発《しんぱつ》いたしましょうや。また、たとえ、列侯決心のほどを、再応はさて置き、百応きこしめされるとも、当時の武家は衰弱し、各々互いに他を見合わせて、決定はいたさないと思われます。外夷のために、皇国の体面を汚し、凌辱をこうむり、指揮を受けるようでは、国家の滅亡と申すも同然のことであります。強弱は勢い、勢いは人によって変るものにて、朝廷の御決不決によって、天下立ちどころに興廃は定まります。いわゆる決は智の断と申します。」

とて、朝廷の断乎《だんこ》たる決意を望んだ。

強硬の勅答

二月二十三日、武家伝奏は本能寺に到り、堀田正睦に、左の勅答を宣示《せんじ》した。

「国家の重大事なるをもって、三家以下諸大名の赤心《せきしん》をきこしめされたく思召《おぼしめ》さる。今一応各々所存を認《したた》めて叡覧に入れらるべし。」

お許しが出ないで、再議せよとの意である。堀田はあまりの意外に驚いたが、なおも公卿に黄金をまいて、さかんに運動を試みた。

今まで正論家といわれた関白九条尚忠の態度が急に一変した。井伊直弼が、その家来長野主膳に運動させたのが、うまく成功したのである。そして九条関白は、

『外国事件は、幕府へお委せある方が、よろしかろうと存じます。』

と奏上するにいたった。

鷹司家の諸大夫小林民部と、侍講《じこう》三国大学は、雲浜の同志である。かわるがわる前関白鷹司政通に天下の大勢を説いて、

『かしこくも陛下には、勅許の奏請をしりぞけ給う思召しでございまするのに、これに反する御行動は恐れ多き次第でございます。ぜひとも陛下の股肱《ここう》としてお尽しあらせられるように。』

と熱心に諫めた。

それと、水戸家と姻戚の間柄であることなどから、鷹司父子はついに動いて、有力な勅許論者が一変して拒絶論者となった。雲浜の力がここにも強くおよんだのである。

勅許論者の武家伝奏東坊城聰長は、ごうごうたる非難に堪えられなくなって辞職し、幕府方は九条ただ一人となったが、関白の地位と幕府の勢力とをもって極力反対派をおさえようとした。

ついで中山忠能以下堂上八十八人、非蔵人《ひくろうど》五十余人、地下《じげ》官人九十七人も相ついで、みな連署して外交拒否の決意を示した。

三月二十日、堀田正睦、所司代《しょしだい》本多忠民を小御所《こごしょ》に召され、孝明天皇出御《しゅつぎょ》せられ、その席上で近衛忠煕《ひろ》から、第二回の勅答を授けられた。

『墨夷（米国）のことは、神州の大患《たいかん》、国家の安危に係り、まことに容易ならず。神宮を始め奉り、御代々へ対させられ恐れ多くおぼしめさる。東照宮以来の良法を変革の儀は、人心の帰向にも相かかわり、永世の安全はかり難く、深く叡慮を悩まさる。もっとも往年下田開港の条約（和親）も容易ならざる上に、今度仮条約（通商）のおもむきにては、御国威立ち難くおぼしめさる。かつ諸臣群議にも、今度の条約はことに御国体にかかわり、後患《こうかん》測《はか》り難きの由言上せり。なお三家已下《いか》諸大名へ台命を下し、再応衆議の上言上あるべく仰出さる。』

堀田は万策つきて失望落胆の極に達しているところえ、重ねて二十四日に、

『条約はとても御許容に相成らず。もし外夷より異変におよべば、これに応じて一戦を交えよ。なお永世安全に叡慮を安んずべき方策を議せよ。』との朝命が下った。

一方、将軍継嗣の問題はどうかというと、鷹司政通、近衛忠煕、三条実万らは、一橋慶喜こそ適任であるとて、その勅諚を堀田に下されることになった。そしてその文言に、年長、英明、与

望の三つの資格を記入されるはず、それにより慶喜を指すことが明白となるのであったが、反対派の九条関白は、自分かってにこの大切な文言をけずってしまった。ゆえにただ、

『国務多事のおりから、すみやかに養君を定め将軍を輔《たす》けしむべし。』

となってしまった。これでは幕府がだれでもかってにきめられることになる。

まったく打ちのめされた堀田老中は、意気消沈してすごすごと、四月五日に京都を出発して帰途についた。京都へ来たのが二月五日、実に二ヵ月を費してなんのうるところなく、さんざんな目に会って、閣老首席の権威も、永年朝廷をおさえて来た幕府の勢いもどこえやら、実に空前の見苦しい大失態であった。

以前ならば、幕府に反対する公卿を、江戸へ呼び寄せて処罰《しょばつ》したほどであるのに、徳川の世になって、これほど、朝廷から手厳しくおさえられたことはなかった。朝権の隆々として起って来たのと、幕府の凋落《ちょうらく》して行く姿が、だれにもハッキリと判るようになった。

そしてこの強硬な勅答の陰には、雲浜の力が大いにあずかっていることが知られる。

堀田正睦が木曾路を経て、江戸へ着いたのが四月二十日である。

ハリスが待っている。条約はすでに承諾してあるのだから、これを破ることはできない。ただ調印をなんとかして延期するだけである。

継嗣問題も早く決定しないと、やがて大変な騒ぎを引き起すであろう。

堀田正睦は温厚な妥協主義の政治家である。そしてつくづく考えた。

『時代はまったく変った。朝廷に反抗してこれをおさえようとすることは、もはや不可能である。またこの時局下、将軍の継嗣は、年長英明で、一般に人望のある一橋慶喜に決定しよう。一部の熱望しているとおり、福井藩主松平慶永を大老職にしてもよい。そして大いに庶政を革新し、やがて朝廷の御諒解をえて、円満にことを処理しよう。』

と、だいぶ時勢を悟って帰って来たのである。

しかるに、ここに思いがけなくも、堀田が江戸へ帰ってからわずかに三日目、突如として、彦根藩主（三十五万石）井伊掃部頭直弼《かもんのかみなおすけ》が大老に任ぜられたのである。

水戸へ献策

そのころ、雲浜は水戸藩の有力者に対して、外国と開戦した場合の策戦について密書を送っている。その文面から見ると、水戸との連絡が相当深く進んでいることが判る。この手紙は日付と名あてが不明であるが、家老武田耕雲斎が、自身で写し取って保存して置いたもので、たぶん安政四年冬から翌年春までの間に、水戸藩の金子孫二郎に与えたものであろうという。長文であるから、その要点だけを掲げる。

「一　外夷と手切れになったならば、品川海は申すまでもなく、浪花《なにわ》港に忽然と突入して来るのは必定《ひつじょう》である。京都、大阪の間は、いっこうに守りもないから、京都までも破竹の勢い、実に寒心のいたりである。御隠居様（斉昭）は気早の御大将なれば、定めて御床几廻《ごしょうぎまわ》り衆だけをお連れなされて、いっさんに御上洛のことと察し申すが、地歩を占めての御防戦が肝要である。伏見桃山は日本一の要害である。伏見奉行内藤豊後守《ぶんごのかみ》殿は、気概《きがい》の方《かた》であるゆえ、お手に属し申すであろう。次に京都奉行浅野中務《なかつかさ》殿も同様である。両処《りょうしょ》とも御隠居様の御徳を慕《した》いいる由、内々うけたまわりおよんでいる。

一　華頂山の新田義貞公が御陣取のあたり、これまた要害である。――粟田口殿（青蓮院宮）御境内である。宮様は御英明にて、緩急《かんきゅう》の節いつでも御境内をおかし下さるとのおぼしめし、内々仰せをうけたまわった。兵糧《ひょうろう》等のお手当までも調《ととの》っている。

一　手切れになったならば、まずもって壮士十四五人ばかり、急々お登し下されたい。

一　金千両ばかり、これも前もってかわせにてお登し下されたい。財なくしてはことの運び遅く、人心を結ぶことはできない。

一　拙者は長州産物一件で、怪しむ者は一人もないから、山城、大和、丹後あたりにて一万ばかりの人数はお受合いする。
一　尾州様とも別して御睦《むつ》みが肝要である。御側用人田宮彌太郎殿は器量人である。
一　越前様も御同様。
一　洛西川島村山口薫次郎は西山公（光圀）御母上御香典料の用を支配している者で、内々お取立にならば、大事の際きっとお役に立つ人物である。
一　外敵《がいてき》もし御府内（江戸）に突入したならば、将軍様は御病身であるから日光か甲府へすみやかにお立退きなされ、尾州様が御位望として御名代《ごみょうだい》をお勤めなされたい。水戸様御人数は、江戸からはるか遠方に立たせられ、いかにも動かざること山のごとく、その体林《てい》のごとくにて、機会をとくと御見きわめの上、雷霆《らいてい》のごとく御発戦なされたい。
一　御隠居様は御上京、すみやかに御参内《ごさんだい》をとげさせられ、その上地歩を占めさせられ、古の両六波羅《はら》、関東管領のごとき体、御権柄《ごけんぺい》を執られて、勅命を奉じ、五畿内《ごきない》ならびに近国、西国まても、諸侯に防禦守護の命をお下しなされたい。
　このままでは、いったんは勝利をうるとも、ついに居負《いま》けに成るであろう。たとえ日本に大軍、艦数多くできるとも、天下一同に目のさめるほどのことがなくては役には立たない。

海外までもこちらから追討逆寄《ついとうさかよ》せするほどの気力がなくては、万世安全の策というわけにはいかない。たとえ東国西国の内にて、いったんは外夷に取られるところがあっても、根本から振い立って、天下の形勢を一変いたしたならば、わが国の力と、その威が、外国までも振い申すこと、なんの難きことかあらん。』

と熱烈な憂国の書、当時これだけの思い切った覚悟をもって国難に当り、堂々たる意見を吐いた者はないであろう。武田耕雲斎が写し取って大切に保存して置いたのを見ても、すこぶる重要な参考と認めたからであろう。

さらにまた、年号は記してないが、九月十八日付で水戸の彰考館《しょうこう》総裁豊田天功の息、豊田小太郎へ贈った手紙がある。これもやはり武田耕雲斎が写して保存したものである。ずいぶん過激の論であるが、信念の貫徹にはこれくらいの決心が必要であろう。

『――永く皇国の汚辱覆滅《おじょくふくめつ》にいたり、ふたたび挽回《ばんかい》することは成り難い。今この時、この方からことを破り打払う方が上策である。この責に任ずる人は、御隠居（斉昭）お一人と存ずる。しかしただちにかれに取りかかり、打ち払うことはなり難い。なんとなれば今日の時勢、姑息《こそく》の沙汰《さた》に成り行きしことは、みな旗本奉行役人衆のわざである。この者どもがある間は、眼前の利害や、外国の富強を申し立てて閣老方をおどろかし、ことを誤ることゆえ、御隠居様のおぼしめしは行われない。

昔天智天皇、鎌足《かまたり》公と謀り、蘇我《そが》大臣を誅し給いし時、御座を汚し申した。されどもわが国中興の聖君賢相《せいくんけんしょう》と千載《せんざい》に仰がれている。漢土では周公旦《しゅうこうたん》が、管蔡の二叔（管叔、蔡叔）を誅した。その時成王は、周公を謀叛人かと疑がったが、聖人といい伝えられるに至った。まず一番にこの者共を御誅伐ありたい。これはなんの造作《ぞうさ》もないことである。もっとも府内一騒動は起るであろうが、すぐ鎮まってしまうであろう。なんとなれば方今の閣老衆は、定見特操《ていけんとくそう》の方はなく、みな俗吏衆に制せられているのであるから、御誅伐あったならば、閣老衆は御隠居様の御指揮を受けることは必定である。今この時、ことを破られる潮合《しおあい》かと思う。古今にない大変があれば、これに応じて古今になき大権をもって、古今を貫く大忠節は相立つものである。武田大夫（耕雲斎）は、かつて拝謁しているゆえ、この段密々御披露願いたい。」

梅田の媛《ひめ》

姪《めい》の登美子は十四の秋、雲浜が小浜から引き取って、

「今日からわしを父と思え。わしは兄上、すなわちお前の父への恩義に報いるの道は、お前をり

っぱに教育して、しかるべき武士に嫁《とう》がすことである。」

と言って、真のわが娘のようにして養育した。当時ひどい貧乏と、不幸続きであったから、登美子もずいぶんつらい目を見たであろうが、ひまひまには、雲浜は、古今東西の賢婦人の話などを聞かせ、心をこめて導いた。その中でも明智光秀の娘で、細川忠興《ただおき》の妻となった婦人は後の世のかがみである。武家の女はだれもかくありたいと言った。

また登美子に習字を学ばせた時に、

「頼三樹三郎の書は実にみごとだが、女の手にはふさわしくない。幸に巽《たつみ》太郎の書いた唐詩選《とうしせん》の手本がここにある。これがちょうどお前には適している。これを怠らず習うがよい。」

また一冊の和歌の書を取り出して、

「これは新葉和歌集である。藤原長親が勅を奉じて、もっぱら南朝君臣の和歌を集めたものである。わしは常にこれを讃読しているが、お前も暇あるごとに繰り返し読むがよい。この歌集は、ことごとく忠義の血を君国に捧げた南朝君臣の詠まれたものであるから、ゆめ忘れても疊に下すことはならぬ。」と言った。

雲浜がそば離さずに、常に大切にしているふくさ包みの小箱があるので、登美子は好奇心で、後妻の千代子を誘い、ひそかに開けて見ようとした時、雲浜が入って来て、

『それはお前たちの見るものではない。』

と止めた。その中には、先妻信子の位牌《いはい》が入っているのであった。

安政四年には登美子は十六歳になった。天のなせる麗質は、まだつぼみの中から勝れていた。毎日諸藩の人々が頻繁に出入するので、登美子はその接待《せったい》に多忙をきわめた。

また雲浜は登美子を伴うて、有力な人々をたずねることもあった。ある時は長州屋敷の稲荷祭《いなりまつり》の参詣を名として、宍戸《ししど》九郎兵衛に招かれたので、登美子をつれて行った。またある時は江戸の藤森弘庵《ふじもりこうあん》が来たので、雲浜は登美子もいっしよにともなって、本願寺の別院翠紅館《すいこうかん》に止宿している月性《げっしょう》をとうた。そして西本願寺の門跡《もんぜき》に会い、大きな菓子折をもらった。門跡に会うのは容易のことではないが、雲浜も弘庵も有名な人であるし、月性のとりなしもあったからによる。

安政五年登美子は十七歳の春を迎えた。いよいよ美しさを増して、人々から『梅田の媛《ひめ》』と呼ばれるようになった。集まる多くの人々は、いずれも憂国慷慨の豪傑ばかり、国事に命を惜まぬ連中で、すこぶる殺風景《さっぷうけい》の中に、応接の役を勤める登美子の紅一点の姿は、優にやさしく、人々の心をなごやかにした。

登美子の後日の話では、

『そのころ（安政四、五年）多くの人が出入したが、特に頻繁に出入したのでよく記憶しているのは梁川星巌、頼三樹三郎、僧月性、因幡《いなば》の足立清一郎、水戸の豊田小太郎、青蓮院宮家の山田勘解由《かげゆ》、備前の花房巌雄《いつお》、備中の三宅定太郎、長州の宍戸九郎兵衛、福原与曾兵衛、大楽源太郎、久坂玄瑞《くさかげんずい》、目付役《めつけやく》神代《かみしろ》太郎らであった。池内大学も来た。また安政五年三月には播州《ばんしゅう》の大高又次郎が脱藩して来て二階にいた。』

と。この話の中の大高又次郎重秋は雲浜の門人となり、勤王志士となった。播州林田村の人で、皮《かわ》よろいの製造に熟達し、また武田流の兵法と砲術に長じていた。

又次郎の弟子大高忠兵衛は、同地の郷士常城広介の二男で、又次郎につき甲冑職と武術を学んだ。嘉永元年正月に雲浜が招いて上京させ、諸藩邸へ甲冑商として出入しつつ、形勢を探り、また勤王志士の消息を通報し、又次郎とともに雲浜の輩下として勤王に尽した。

著者へ、忠兵衛の生家常城新之助氏と、河本好良校長の回答によると、大高又次郎は但馬《たじま》出石《いずし》の浪人で、播州林田に来て武術と甲冑製法を教え、忠兵衛はその門人であるが、大高姓となったのはその子の代からであるという。当時から何か故あって大高忠兵衛と称したのであろうか。

なお古高俊《ふるたかしゅん》太郎正順という門人がいた。近江栗太郡古高の旧家で、京都山科の毘沙門《びしゃもん》堂の寺侍である。熱烈な勤王志士で、大高両人とともに池田屋事変で維新史に名を残すに至った。

春が来て、花はいつものように咲いたが、世はいよいよ浪風荒く、憂わしきありさまになって行くのをながめた雲浜は、いつとも知れぬ身の危険を感じ、わが妻子はどうなるともしかたがないが、登美子の身を過らせては、亡き兄に対して申しわけがないと心を悩ましていた。

ある日、所司代付の与力《よりき》で、かねてからの友人の大野応之助が遊びに来た。雲浜は深く心に思うところがあるらしく、お茶を持って出た登美子を指して、

『大野氏《うじ》、姪の登美子もやっと年ごろになったが、ふつつかな上に、いっこう世《よ》なれないので困り申す。本人の修業のため、しかるべき方へ行儀見習にやりたいと存じていたが、なんと、貴殿のお家でめんどうを見てやってはもらえまいかのう。』

と頼むと、大野は快諾して、

『承知いたした。およばずながらおあずかりしよう。いずれ二三日中に迎いをよこすから。』

と言って去った。雲浜は登美子に対し、

『大野は幕府方の人であるが、頼もしき男であるし、あの男の家に世話になっていたら、お前の一身は安全だから、後々のためになるであろう。なにごともみな修業じゃ。大野夫妻の言いつけをよく守ってりっぱな女になれ。そして特に言い置くことは、わしの承諾をえないでは、決してわが家へ来ることはならぬぞ。』

こうして登美子を幕府方の人に托して、その安全を計ったのであった。

大野からは数日後に迎いの者をよこしたので、登美子はいとまを告げて去ろうとしたが、虫が知らせてか悲しさ淋しさはいいようがなく、雲浜夫妻もまたなごりを惜しまれた。これが永久の別れとなったのである。

そのころから、おりおり素姓《すじょう》の知れない男が来て、入門を乞うたり、あるいは揮毫《きごう》を依頼したりした。そしてなんとなく不きみな目をして、家の中をジロジロ見回わしたり、来客を盗み見するその様子は、すこぶる怪しかった。

井伊大老

大老の職は平時には置かれない。国家の重大な状勢のときにかぎり置いたもので、十万石以上の譜代《ふだい》大名にかぎられていた。

彦根藩主井伊家は大老になりうる家柄で、いままでにすでに数人が大老になっている。しかし掃部頭直弼《かもんのかみなおすけ》は大老に適任であるとは、おそらくだれも思わなかった。直弼は直中の妾腹で十四男である。三百石の捨扶持で、住居を埋木舎《うもれぎのや》と称し、わびしい生活の中に、書や、画や、茶や、能や、国学に親しんでいた。兄の大老直亮の跡をついで城主となったが、「チヤカポン」の殿様といわれたほどで、茶と歌と能（ポン）に熱心で、風流な、ごく平凡な人と思われていた。

　老中で大老任命の尽力をしたのは、幕府擁護の急先鋒である松平伊賀守忠固《もと》である。かれは直弼を表面に立てて、自分が権勢を振いたい野心があったので、大奥女中の紀州派の人々と策謀して将軍を説いた。

井伊直弼肖像（直安筆）

　また大奥では、斉昭、慶喜の父子を排斥するために、井伊に頼ろうとした。

　かくして突然、井伊が大老に任ぜられたのである。

　五月一日に大老および老中は、将軍家定に召され、

『将軍の後嗣《あとつぎ》は紀州の慶福《よしとみ》とすることにきめたぞ。みな左様心得よ。』

と申し渡された。ばかでも将軍の命、これで決定してしまった。実は井伊が言わせたのである。もっとも将軍の正式決定は朝廷からの宣下《せんげ》によるのである。

　米国軍艦が、二回下田に来て、ハリスに左のとおり報じた。

『支那と英仏両国との戦争は、支那の大敗に帰して、太沽《たあく》砲台や天津《てんしん》は占領せられ、北京の攻撃となり、支那はついに屈服して、欧米諸国のなすがままに、半殖民地化するに至る状態になった。今に英仏両国が、この戦の勢いに乗じて、両国艦隊三十隻が日本に来り、条約締結を要求するであろう。』

と。そこでハリスは、こりゃ猶予してはいられないと、堀田正睦に至急調印を迫った。

英仏艦隊三十隻来るの説には幕府も大いに驚き、その前に米国の要求を容れる外はないと、応接委員の井上清直、岩瀬忠震は勅許をまたずして調印する方が得策であるとすすめた。元来井伊直弼は、積極的な開国論者ではなく、条約は勅許説を主張していたのであるが、ここに至って止むを得ないと思い勅命に違反して、安政五年（一八五八年）六月十九日、応接委員をしてついに日米修好通商条約十四ヵ条、貿易章程《ぼうえきしょうてい》七則に調印させたのである。

しかしその条約は米国の利益を本位とした屈辱的のもので、関税に自主権がないこと、治外法権を承認させられたこと等、独立国の体面や利益を無視したものであった。

そののち各国との条約は、みなこれが標準となって次々と締結された。

明治政府になって、どの内閣でも、この不平等条約の改正が中心問題となり、各外務大臣が失敗し、大隈重信は爆弾を投じられて片足を失った。内閣総辞職や、議会の解散や、弾圧や、いろいろの事件があって、ようやく明治二十七年に改正条約が各国との間に成立し、三十二年実施にいたるまで、四十余年の間は、この不利の条約下にあったのである。

ヘリスは足掛け三年越し忍耐して、根気よく交渉を続け、ついに目的を達したのである。

調印を終えたとき、米国軍艦は二十一発の祝砲を放った。

大老は勅命にそむいたのみでなく、このことを奏上するために、特使を上京させるのが当然であるのに、普通の郵便、すなわち宿継飛脚《しゅくつぎひきゃく》にして、

『止むをえない事情により調印せり。』と届けばなしにしたのである。

孝明天皇は、さきに堀田正睦の退去後、深く宸襟を悩まされ、いっそう宮中の諸費を節約し、高野山《こうやさん》および賀茂《かも》、石清水《いわしみず》両社へ勅使を遣わしていのらせられ、ことに六月十七日徳大寺大納言《だいなごん》公純《きんいと》を勅使として伊勢神宮に遣わされ、その日からお食事を廃されること七昼夜、斎戒沐浴《さいかいもくよく》せられ、清涼殿の庭に出でて遙拝あらせられた。

井伊大老は、さらに六月二十三日、老中の堀田正睦、松平忠固を罷免《ひめん》した。堀田は一橋派《ひとつばしは》に傾いたのと、条約調印の責任をかれに負わせたのであり、松平は井伊と権勢を争うようになったのと、また諸侯を軽んずる風があるから、井伊に嫌われたのであるという。

そして前掛川藩主太田道醇、鯖江藩主間部詮勝《まなべあきかつ》、西尾藩主松平乗全《のりまさ》を老中に任じた。三人とも

前に老中を勤めたことがあるが、いずれも井伊の自由になる人物ばかりである。

二十三日一橋慶喜は、三卿の一人田安慶頼を誘《さそ》って登営《とうえい》し、憤然として直弼に対し違勅の罪と、宿継奉書をもって奏上した不法を面責《めんせき》し、宇和島侯伊達《だて》宗城《むねなり》、福井侯松平慶永《よしなが》も直弼の不都合を責め、二十四日には徳川斉昭・慶篤の父子、尾州侯慶恕《よしくみ》、松平慶永《よしなが》が直弼の罪を責めた。

翌二十五日井伊は諸侯に登城を命じ、将軍継嗣に紀州の徳川慶福が決定したことを公表した。時に慶福はわずかに十三歳、これが十四代将軍家茂《いえもち》である。

翌二十六日、小浜藩主酒井若狭守忠義《ただあき》はふたたび所司代を命ぜられた。井伊の腹心《ふくしん》であるからである。しかし実際に江戸を発して京都へ向ったのは、翌々月の八月十六日であった。

その翌二十七日に、幕府の差し出した宿継奉書が武家伝奏に到着したので、天皇にこれを奏上したのであった。

257 井伊大老

天皇は、幕府の処置の横暴専断で、朝廷を無視することのはなはだしいのを怒られ、重立った朝臣を召されて、御前会議を開かれたうえ、譲位の内勅を下された。その御主旨は左のとおりである。（原文候文）
「朕《ちん》つらつら考うるに、元来帝位をふむは容易の事にあらず。唐土《とうど》においては子孫に限らず、下民たりといえども、賢才を択んで継がしむ。堯帝《ぎょうてい》は舜《しゅん》をもって帝王とせり。しかるに日本においては、かたじけなくも子孫相続正流にして他流を用いず。神武帝より皇統連綿《こうとうれんめん》のこと、まことに他国に例なく、日本に限ることは偏《ひと》えに天照大神の仁慮、言語に尽し難く、尊崇尽くる期なし。

朕においてもその血脈違わざるをもって、かしこみ〳〵天日嗣《あまつひつぎ》を継ぐこと恐縮少なからず、精力を尽して精勤し、神宮御始め皇祖に対し奉り、聖跡をけがさず、国を治めたき存意なるも、去る嘉永七年（安政元年）に皇居炎上後、諸国に変事数度起り、万民不安の事、これみな朕が薄徳のしからしむるところと、悲痛限りなし。

しかるところ異船毎々渡来、あまつさへ米国使節来りて和親通商を乞い、表には親睦の情を述ぶるも、実は後年併呑《へいどん》の志顕《あら》われたり。閣老より申し聞けの条約の旨、実に容易ならざることにつき、さきごろ所存をしたため回覧せしめ、その後も昼夜勘考するに、条約の義は神州の瑕瑾《かきん》（きず）、天下危亡の基なるゆえ、いかように申すとも許し難し。もしこれを許さざるにおいては戦争におよぶべく、また当時政務は関東に委任《いにん》のことにて、強いて申しても公武（朝廷と幕府）の間柄の円満を欠き、これまた容易ならざることとなり。

しかるに昨日幕府の書状を披見《ひけん》するに、まことにもって存外の次第、実に悲痛など申しおるくらいのことにあらず、言語に尽し難し。前文の次第なる上、かくのごとき至大至重のこと、追々増長のおりから、朕なまじいに帝位にありて世を治むること、所詮《しょせん》微力におよばず。またこのまま帝位にありて、聖跡《せいせき》をけがすも実に恐懼《きょうく》の至り、まことにもって歎かわしきことながら、英明の親王に帝位を譲らんと欲す。
差当り祐宮《さちのみや》（明治天皇）あるも、天下の安危に関《かか》わる重大の時節に、幼年の者に譲るは本意なきこと、よって伏見《ふしみ》、有栖《ありす》川《がわ》三親王の中へ譲位したし。朕かくのごとき時節に安逸の望みにては決してこれなく、とても帝位におり、万機の政務をきき、国を治むること力におよばず。その上、外夷一件の儀を申すままに聞きては、天神地祇《ちぎ》皇祖に対し奉りて申しわけなく、かつ存念を申し立つるとも右の次第にて、実もって進退ここにきわまり、手足置くところを知らざるの至り、よってぜひ帝位を譲りたき決心なり。この旨早々関東へ通達せよ。』

との仰せである。

伏見、有栖川三親王とあるのは、伏見宮貞教親王、有栖川宮幟仁《たかひと》親王、熾仁《たるひと》親王である。

朝臣一同大いに恐懼して、いろいろ協議の結果、

『三家または大老の中の一人を召喚して、事情を尋問することにいたしたく、それまでなにぶんの御猶予を――。』と願い出でた。

かくて二十九日、朝廷から幕府に対し、左の召命が発せられた。

『老中奉書をもって言上の儀に付、三家大老の中早々上京せらるべし。』

七月五日、井伊大老は、一昨三日から重態の床にある将軍の命であるとて、徳川斉昭に駒込《こまごめ》屋敷に慎《つつし》みを命じ、尾州侯徳川慶恕《よしくみ》、福井侯松平慶永《よしなが》に隠居慎み、一橋慶喜《ひとつばしよしのぶ》、水戸侯徳川慶篤《よしあつ》に登城を停止《ていし》した。こうして井伊は徳川の重な一門に弾圧を加えて敵となった。

翌六日夕刻に将軍家定は死去した。時に三十五歳である。喪《も》を秘して、これを発表したのは八月八日であった。

六日朝廷からの召命が到着した。しかるに井伊は八日に、

『三家の中、尾張侯、水戸父子は不都合ありて謹慎《きんしん》、その外は若輩《じゃくはい》にて上京は困難、大老は魯、米、英三国の船入港、なお英、仏の軍艦数十隻近々渡来のおもむきにて多忙に付、暫時《ざんじ》御猶予願いたく、老中間部下総守詮勝《まなべしもふさのかみあきかつ》が上京し、委細の事情言上致すべく、また酒井若狭守忠義も急に上京さすはず、委細の儀間部下総守に御《ご》垂問《すいもん》遊ばされたし。』

と言上した。しかし井伊は、その間部下総守になかなか上京を命ぜず、七月も八月もそのままに過し、江戸を出発させたのは、ようやく九月三日であった。

所司代を諫止

雲浜がわざわざ大和十津川へ行って、勤王運動と、長州行物産のことに奔走して帰って来ると、朝廷と幕府との間はだいぶ悪化して、大問題が起ろうとする時も時、旧藩主酒井忠義がふたたび所司代《しょしだい》に任ぜられるという。いま井伊大老の手先となって働くことは、見す〳〵朝敵となるおそれがある。実に小浜藩の安危に関する場合であると雲浜はふかく憂いて、放逐になった身でありながら、旧藩主を思うのあまり、七月十七日、一書を殿の近臣で武術の旧師坪内孫兵衛に送って、所司代を辞退せられるよう、重臣一同の注意と覚悟を促がした。

一方門人の行方《なめかた》千三郎を急ぎ小浜へ帰して、老臣らに対し切迫せる朝幕間の事情を説き、藩主がぜひとも、病と称して所司代を辞するように、極力尽力せしめた。千三郎の記録には、

『我が君侯を病に託して其職を辞し国に就《つ》かしめんにはと、かつ泣きかつ論ず。座に在る者皆驚く。執政等も之を聴き、頗る憂を懐《いだ》くと雖も、自ら進んで諫諍《かんそう》せんとする者なし。』とある。

坪内孫兵衛への雲浜の手紙は左のとおりである。

『太守様、所司代を御再勤の仰せをこうむらせられたるにつき申し上げ候は、この度のお役は、まことにもってお大切と存じ候。関東にては勅諚《ちょくじょう》の旨に背きなされ候て、すでに先月二十一日墨夷《ぼくい》（米国）の願のとおり条約調印相すみ候よし、主上には御逆鱗《おんげきりん》と申すさたに候。ほどなく上使として間部侯御上京。彦根侯はもっぱら交易説に候故、勅諚に背《そむ》き、一橋公を押のけ、紀公（慶《よし》

福《とみ》）を押し立て、ついに尾州公（慶恕《よしくみ》）を御隠居、御再勤の太田侯、久世侯、和泉《いずみ》侯も、当七日また御退役、そのほか押込め切腹、思いのままの御振舞い、家老庵原主税助《いおばらちからのすけ》、岡本半介らは極諫いたし候えども、お用いこれなく候。お国の殿様が、彦根侯に御同意なされては、朝敵と申すものにて、万世逆臣の罪名を蒙りなさるべく、御家中の者も相すみ申さず候。これらのことは「靖《せい》献遺言《けんいいげん》」にて御覚悟これあるべくと存じ候。岸本省吾は公用人（幕府の役人）になられ候よし、いかが心得られ候や。酒井豊後殿は御大任と存じ候。この儀はなにとぞ大森十右衛門殿（家老）へ御相談なされて、総て御評議をお立てなさるべく候。

京都のこの節の情実の委細《いさい》は御存じあるまじく、もし御承知なされたく候はば、拙者懇意の者にて、頼山陽の男三樹三郎と申す学者を、いつにてもお国へ差し出し申すべく候間、御相談の上、急々御返答を下さるべく候。——お国の安危はこの時にあることゆえ、恐懼を顧みずただちに申し述べ候。」

なお、別紙に左のとおり認めてある。

『主上と御同意の正論家は、粟田王、近衛左府公、中山大納言、もっとも力あり。久我大納言《くがだいなごん》、万里小路《までのこうじ》大納言、徳大寺大納言、野宮宰相、八条三位、大原三位も次に名高し。三条内府公これも同断なり。

九条関白殿下、これは彦根侯へ内通なり。鷹司右府公これもずいぶんよろし。御上使お登りに相成り候はば、また大もめと存じ候。殿様はいかなる御心得にてお登りに候や。御家来衆、殿様を皇国の罪人になされ候ては相すみ申さず。いっとう腹を切りなされ候御覚悟よりほかにはこれなく候。』

この書に接した重役らは、雲浜のいうとおり、こんどこそは全く腹を切らなければすまぬことになるかも知れないと、眉をひそめ、顔を曇らせて相談し合った。

しかしわが藩の前途は心配しながらも、だれも進んで藩主を諫める者はなかった。そのため藩主は後に非常な苦境に陥り、また幾度も一命をねらわれたりした。そして家老酒井豊後は、責《せめ》を負うてついに切腹するに至ったのである。

雲浜はさらにまた八月八日附で、坪内孫兵衛に書面を送って旧主の身を案じ、家老以下の決心を切望した。その手紙は後に掲げる。

雲浜と隆盛

そのころ西郷隆盛は、たびたび雲浜のところへ来た。西郷は時に三十二歳である。

かれは鹿児島藩の低い家柄に生れ、十八歳で郡方書役、二十八歳江戸に上り、主君島津斉彬《なりあきら》に見込まれた。江戸に止まること三年、昨年四月斉彬にしたがっていったん帰国したが、十一月から斉彬の命を受けてふたたび江戸に来て、一橋慶喜の擁立《ようりつ》に奔走した。

将軍家定の三人目の夫人は、斉彬の一門島津忠剛の娘であるが、これを斉彬が養女とし家定の夫人としたのである。すなわち将軍の御台所《みだいどころ》から将軍に説いて、継嗣《けいし》を一橋慶喜に決めさせようとして、西郷は、同じ目的で来ている橋本左内とともに、いろいろと奥向方面へ運動したが、ついに効を奏しなかったのであった。

そこで安政五年五月江戸を発し、いったん鹿児島へ帰り、主君斉彬からいっそう重大な任務を命ぜられて、七月にはさらに京都へ上って運動を続けたが、雲浜には常に援助と指導を受けた。蓋世《がいせい》の英雄、維新の元勲も、そのころはまだ勢力もなかったから、京都の事情に精通している雲浜を力と頼んだものである。

ここに雲浜が西郷らのために尽力したことを証拠《しょうこ》だてる手紙がある。それは年月は書いてないが、安政五年の七月と思われる二十九日付のもので、西郷と伊地知（正治）の両名あてで、その文は、

『晴雨一ならず候。いよいよ御清適賀し奉り候。陳者《のぶれば》日々御周旋《ごしゅうせん》と察し奉り候。陽明家《ようめいけ》（近衛家

のこと）へお手を廻《まわ》され候や。かの御家中は大夫《たいふ》始めみな愚物《ぐぶつ》のよし。老女に村岡と申す婆々これあり、この人物、慾ははなはだ深く候へども、理非の能く分り候器量者《きりょうもの》にて女大丈なり。陽明家の清少納言《せいしょうなごん》と申し候。この者の申すことをば、左府公（左大臣忠熙）よく御聞き遊ばされ候てお従ひのよし。是れえ何とか御手を廻され候はば、貴意能く通り申すべく候。粟田家より承《うけたまわ》り候間、この段御通じ申上げ候。

下拙も今に平臥罷《へいがまか》り在り候。お序《ついで》に御入来下され候はば大慶、外にも御内話申したき事有之候。二白、本文極々密事に候。』

とある。村岡というのは、津崎矩子《つざきのりこ》という名で、女ながらも後に朝廷より従四位を贈《おく》られた。

伊地知正治は後に伯爵となり、宮中顧問官となった。

西郷隆盛はたびたび雲浜に会って話すうちに、雲浜の人物の非凡《ひぼん》なことを認《みと》め、後に左のごとく言った。

『梅田雲浜は、たとえば吉武の刀のようだ。吉武の刀は外形は不《ぶ》かっこうだが、その切味《きれあじ》に至っては干将莫邪《かんしょうばくや》の剣もおよばぬ。僕のごときはかれに比《くら》べようもござらぬ。雲浜が今に生きながらえていたならば、われわれは執鞭《しっべん》の徒《と》に過ぎないであろう。』

と。西郷ほどの英雄も、心から敬服《けいふく》したらしい。

暗中の飛躍

その年の夏のある夜、雲浜はあたりを警戒《けいかい》しつつ、京都の水戸藩邸の門をくぐった。留守居役鵜飼《うがい》吉左衛門知信《とものぶ》から招かれたからである。

水戸と朝廷の関係は特に密接であって、留守居役はよほどのきけ者《もの》を選ばれるのであった。鵜飼は勤王心厚く、河内《かわち》、和泉《いずみ》地方を巡歴して、楠公の遺跡を探り、また御陵を調査した。息子の幸吉知明とともに、宮家や公卿に出入して大いに奔走をしていた。幸吉は砲術に長じていた。

雲浜はかねて懇意な間柄であるから、遠慮もなく奥へ通ると、座には鵜飼父子のほかに、頼三樹三郎、日下部《くさかべ》伊三次、僧月照の三人もいた。

『いやア、これはおそろいで――。』

『梅田先生、ようこそ、さあどうぞ。お待ち申していた。』

と一同が言った。それから声は急に小さくなり、だれも近づけず、なにかしきりに密談にふけった。

日下部の家は代々鹿児島の藩士であるが、父が常陸《ひたち》へ来ている時に伊三次は生れた。そしてかれは水戸藩の太田学館の幹事となり、次に川路聖謨の家来となって、長崎や下田の談判に随行し、安政二年島津斉彬の臣となった。

月照は号で、名は忍向《にんこう》である。家は代々医者であったが、忍向は十五歳の時、僧となった。安政元年に京都清水の成就院《じょうじゅいん》の住職を弟の信海に譲り、諸方を巡遊して志士と交わった。近衛忠煕の和歌の門人で、深く忠煕に愛され、そのころさかんに国事に奔走していた。

かれらの計画は、条約調印は違勅として詰問すること、あくまで一橋慶喜を将軍継嗣とすること、それが困難なれば慶喜を将軍の後見役とし、松平慶永を補佐とすること、井伊大老を退任せしめること、斉昭父子、慶恕、慶永らの謹慎《きんしん》を解《と》くことなどで、それには勅諚の降下を仰がなければ不可能である。

そして、その勅諚は、幕府へ降っても、井伊大老はこれにしたがう誠意のないことは明らかである。この上は、未だ全く例のないことであるが、天下の雄藩へ降下されなければならない。それには副将軍と自他ともに許す水戸藩へ、直接降下を仰いで目的を達しようとするのであった。それで先般から、青蓮院宮を始め、近衛、鷹司、三条等の有力筋に、必死の奔走を続けているのであった。

その運動は四月ころから行われていたことは、頼三樹三郎から、梁川星巌へ送っ手紙に、近衛公に勅諚降下の承諾をえたことを報じているのでも判る。しかしその時は中止になった。

日下部伊三次が上京してから、三条実万《さねつむ》に対し大いに運動していたが、西郷隆盛が来て、近日薩州藩主島津斉彬《なりあきら》が上京して、幕政改革の勅諚《ちょくじょう》を請うて、大いに尽力すると言ったので、それを心待ちに待っていたが、斉彬が死去したので一同失望した。

三条実万《さねつむ》を勅使として江戸へ遣わし、勅命を幕府へ下される策にもかれら一派は尽力したが、これはあまり効がなかろうとて中止した。

今夜の会合もその協議のためであった。雲浜は言った。

『やはり、朝廷から水戸家へ勅諚を降され、斉昭老公に幕府を改革していただくのがよろしかろうと思う。しかし水戸藩がこれをお受けして実行するだけの実力があるかどうか、拙者はその点が不安でござるが――。』

雲浜は水戸老公を力と頼む中にも、はたして水戸藩が勅命を奉じて起つかどうかは、以前から水戸の実情を知っているだけに心もとなかった。

しかし鵜飼は、

『それはだいじょうぶでござる。勅諚の降下があらば必ず藩主始め全藩一致、これを奉戴して実行するはもちろんでござる。拙者は水戸藩の者でござるからそれはよく判っている。』

日下部《くさかべ》も口を添えて、

『拙者も永年水戸にあって、水戸の士風はじゅうぶん承知いたしている。だいじょうぶでござる。』

と断言《だんげん》した。

それではというので、一同また必死になって運動を開始することになった。

なおこの運動には以上の人々のほか、梁川星巌、池内大学、西郷隆盛、小林民部、宇喜多一蕙、近衛家の老女村岡らも加わっていた。

当時の運動で、雲浜から鵜飼吉左衛門へ与えた手紙がある。その詳細は省略するが、その終りの方に、

『今少時《しばらく》の処はお互い非常に苦労致し候へ共、一旦《いったん》事成るの日に臨み候へば、却《かへ》って気楽なるものに御座候。よしまた事成らずして倒るるも、その志は長く世に伝はり、勤王の魁《さきがけ》と相成候へば、又是れ男子の大幸ならずや。』と記してある。

雲浜はまた各地へ出張して、奔走を続けたが、梁川星巌へ出した一通の手紙を見ると、播州《ばんしゅう》方面へ行って活躍《かつやく》したことがわかる。年月は記してないが、そのころのことであることは間違いない。その文面は左のとおりである。

『――二日大阪に下り、伊勢吉へ宿泊、同夜十津川人四、五名来訪、時事打ち合せのため、翌一日滞留仕り、その翌日は未明に起き出で、山越しに播州へおもむき、龍野にて二泊仕り、昨夜深更に及んで帰宅仕り候。さて出旅中の結果は、すべて好都合にて、中にもかねて御配慮に相成り候蓄米の儀は、龍野脇坂氏が周旋いたしくれ申すはずにて取きめ候間、先ずもって一安心下さるべく候。また伊勢吉と申すは素町人に候へども、中々義胆ある亭主にて、ずいぶんわれわれのため奔走いたしくれ候。よって、よそ事にたくし、内々同人の意中をさぐり候ところ、これまで沢山なる浪士を庇保し、または金銭、衣類等をも与えて世事に奔走せしめ候よし、実もって感心の至りに候。これらは後日の機械とも相成り候者ゆえ、あつく礼し、後事を相たのみ候――。』

水戸へ勅諚降下

勅命に背いて、かってに条約を締結して調印し、かつこれを宿継奉書《しゅくつぎほうしょ》で奏上したことは、孝明天皇の非常な逆鱗に触れたにもかかわらず、さらに勅許を経ずして、オランダ、ロシヤ、イギリスとも通商条約を結んで調印をおわり、これをまたまた宿継奉書で奏上した。

幕府の専横《せんおう》至極の行為に、天皇はますますお怒りになり、八月五日関白、議奏、伝奏を召して

ふたたび譲位の宸翰《しんかん》を降された。その大要は、

『条約調印の義は国家の大患なるゆえ、再応衆議を徴するように答えたるに、去る六月二十一日まで一事の往返《おうへん》もなく、ただただ拠《よんどこ》ろなき次第にて、条約調印をすませたる由、届け棄て同様に申し越せしはいかがの処置なるや、厳重に申せば違勅《いちょく》なり。実意にて申すも不信の至りにあらずや。しかも右の事情を尋問したく、三家または大老上京すべき旨申し遣《つかわ》したるに、三家は押し込めて上京いたさせず、大老も差支え申し立て、しかのみならず朝廷が不同意なることを承知しながら、七月七日ロシヤと条約取りきめ、同十四日イギリスも同断、おいおいフランスも同断の旨、届け棄てに申し越せり。右の次第を捨置きては朝威相立たず、いかに当時は政務を関東に委任の時といえども、天下国家の危亡にかかわる大患を、関東の横道に委せ、何事も聞きすみてはかえっていかがあらん。よって一応この儀を申し遣わしたし。また前記のとおりの関東の処置にて、国家万民のために命じたることの一事も相立たざるは、まったく朕が薄徳《はくとく》の故《ゆえ》なり。ゆえに再三申すことなれども親王へ譲位したし。右の両条を関東へ通達せよ。』との御諚である。

八月七日、諸卿参内《さんだい》、御前会議が開かれた。九条関白だけが欠席した。

近衛忠煕、三条実万らには、かねて鵜飼、日下部、雲浜ら一派から、水戸へ勅諚《ちょくじょう》降下あるよう熱心に説かれていたので、近衛忠煕はその席上で、天皇にまず御譲位をお止め申したうえに、

『勅諚を水戸藩と幕府とに賜うて、幕府の不都合を詰責《きっせき》し、幕政を改革させ、外国の侮《あなどり》を防ぐ策を講ぜしめるよう。かつその他の大藩にも勅を降し給うて斉昭を補佐させたならば、聖旨の御貫徹は難くはなかろうかと存じ奉ります。』

と述べた、三条実万らもこれに賛成した。

天皇はこれを嘉納《かのう》せられ、ここに朝議は一決して、いよいよ水戸藩と幕府とに勅諚を降されることとなった。もちろん水戸の方が主である。朝廷から直接に藩へ勅諚を賜わることは、実に空前のことで、それがすでに大事件である。

勅諚の大意は左のとおりで、日付はその翌日の八月八日である。

『墨夷《ぼくい》(米国)仮条約調印に関し、先達て勅答により、諸大名の衆議をきこしめされたく仰せ出されし詮《せん》もなく、まことに皇国重大の儀を、調印の後に言上し、勅答の御次第に相背《そむ》き、軽卒《けいそつ》の取計いなり。右様の次第にては、蛮夷《ばんい》の儀はしばらくさし置き、方今御国の治乱《ちらん》いかんと、さらに深く叡慮《えいりょ》を悩まされ、公武実情を尽し、御合体永久安全の様にと偏《ひとえ》に思召さる。三家あるいは大老上京すべき旨仰せ出されしに、水戸、尾張両家その余の宗室も慎《つつし》み中のおもむき、右はなんらの罪状によるや計られざるも、当今外夷追々来り、容易ならざる時節に、人心の帰向にもかかわることと御心を悩まさる。外患のみならず内憂ありては、ともに国家の大事なるゆえ、大老、閣老、その他三家、三卿、家門、列藩、外様《とざま》、譜代《ふだい》とも一同群議評定し、誠忠の心をもってとくと相正し、内を整《ととの》え外夷の侮《あなど》りを受けざる様にとおぼしめさる。早々商議いたすべき勅諚の事。』

なお水戸藩へは、右の外に特別に左の副書《ふくしょ》を付けられた。

『御別紙勅諚のおもむき仰せ出さる。右は国家の御大事なるはもちろん、徳川家を御扶助の思召なるゆえ会議の上、御安全の様勘考《かんこう》あるべき旨、出格のおぼしめしをもって仰出されしにつき、同列の方々、三卿家門の衆以上は隠居に至るまで、列藩一同へも御趣意を相心得るよう伝達せよ。』

水戸へ特別に下されたのであるから、別勅または密勅《みっちょく》といった。

右朝議一決するや、翌八日武家伝奏《でんそうま》万里小路《でのこうじ》正房は、水戸藩の京都留守居役《るすいやく》鵜飼吉左衛門を招いて、この勅諚を授け、大切に水戸藩主に伝達《でんたつ》せよと命じた。

吉左衛門は、かねて同志とともに運動したことが貫徹したので、喜びにたえず、急ぎわが家に帰るや、自分は六十一歳の老体でかつ病中ゆえ、三十一歳の血気のわが子幸吉に、その旨をつたえて江戸へ急行を命じた。そこでわざと

『八月九日鵜飼幸吉は勅書を奉じ、中仙道《なかせんどう》より江戸に下る。』

と公表しておいて、八日の夜半に、鵜飼幸吉は勅書を身に奉持し、ともにこの目的に尽力した

日下部《くさかべ》伊三次を下僕にしたてて二人で出発した。大阪蔵屋敷《くらやしき》の下役が江戸へ下るのであると言って、名も変え苦心を重ねて、東海道をひたむきに急ぎ、九日目、すなわち十六日の真夜中に、江戸の水戸邸に到着し、重臣安島帯刀《あじまたてわき》に伝達して、無事大任を果したのであった。

勅諚を拝受した藩主徳川慶篤はただちに父斉昭に報告し、老臣とも協議の上、十八日に御請書《うけしょ》を認めた。幸吉はこれをたずさえて、また急ぎ京都へ向い、二十七日に帰って来た。

幕府への勅諚は遅れて十九日に着した。

なお近衛忠熙《ただひろ》、三条実万《さねつむ》は、勅諚の写本を縁故《えんこ》の深い雄藩十三藩にも下したのである。

水戸藩主慶篤は、勅諚の写を、尾張、紀伊、田安、一橋の四家に伝達し、幕府に対しては勅命に違背してはならないことを説いた。しかし井伊大老はこれに応ぜず、かつ勅諚を他へ伝達することを差し止めた。

せっかくの勅諚降下も、水戸では斉昭はもはや昔の勢力はなく、慶篤《よしあつ》は気概《きがい》に乏しく、幕府から圧迫されて、藩内も動揺し、残念ながら朝廷の期待に副うだけのことをなしえなかった。

またも旧主へ忠言

勅諚降下の朝議が、決定したその翌朝、青蓮院宮は、伊丹蔵人を使者として、急ぎ雲浜へ知らせよとて詳しく内報があった。かかる重大秘事も、親王からただちに雲浜に御沙汰になるのが例であった。

これをうけたまわると、雲浜はすぐ心配になったのは藩主の身の上であった。かくまでに朝廷が強硬であるところへ、藩主が所司代として上京して来たなら、とうていことは穏かにはすまない。わが生れた国、旧恩ある藩主の浮沈に関する一大事と、さっそくその日の中に筆を取って、小浜藩の坪内孫兵衛へ、勅諚降下について詳しく情況を報知して、重役の覚悟を促がし、所司代を辞退させようとしたのである。同日すなわち八月八日付坪内あての手紙の要点は左のとおりである。

『――昨七日主上《しゅじょう》勅書をもって列卿《れっきょう》を召され候――。諸卿残らず御参内のところ、主上出御にて叡慮《えいりょ》の趣仰せ出され候ところ、いずれも御敬服にて廟議《びょうぎ》は一決仕り候。九条公はかねて彦根侯と御同意にて、関東へ御内通のところ、昨日廟堂にて一言もお出しなさることも出来申さず、とくに御畏縮なされ候よし。よって勅命宣旨《せんじ》の御使い、今八日早打にて出発に候。御使は江戸御老中方の手をはなれ、尾張侯、水戸侯へ宣旨を下され候。

○此の度何の仔細《しさい》にて、尾張侯、水戸侯、越前侯を押し込め候や、言上仕るべしとの事。

○勅命に違《たが》い、条約調印取結び、天下を誤り候姦邪《かんじゃ》の役人どもを、尾張前中納言、当摂津守、水戸前中納言、当中納言、その外同志の連枝、有志の諸侯へ、勅命を伝え、すみやかに右の者を相除くべしとの事。

○尾、水両家より、天下有志の諸侯存じ寄りを、すみやかに朝廷へ言上すべき旨、尾、水御両家の御父子より申し伝うべしとの事。

右三ヵ条に候。実に古今独歩の御英断、恐喜し奉り候。右相違これなく候。今朝粟田様より伊丹蔵人をお使いにて、源二郎へ急に知らせよとの御沙汰にて、有りがたく存じ奉り候。五六日の間に江戸はもちろん、天下不日に大震動いたすべく候。

当月三四日に、尾張より二千余人、二手に分かれ出発にて、中納言様(江戸で慎みの徳川慶恕)をお国へ迎え帰り候覚悟のよし、御帰国になり候へば、ただちに御上京と申す沙汰に候。国(尾張)より当処へ、先日より大道寺(泰安、雲浜の同志)を始め、歴々三四人、二百人ばかりにて参り居り候。

お国太守公(酒井忠義)は、かねて彦根侯とは無二の御合体に候えば、いかにもはなはだ御危きことと恐察じ奉り候。なにとぞ早々深栖《ふかす》大夫君(典膳、家老)を御始め、御一同に御覚悟をお立てなされ候様存じ奉り候。下拙放逐の身として、申し上ぐべきことにてはこれなく候えども、胡馬《こば》北風《ほくふう》にいななくの情やむ能わず、この段貴公様まで、御心得のため申し上げ候。』

親王からの御内報を、伊丹蔵人の語ったままに認めたもので、勅諚の文面とは多少の相違はあるが、朝廷の強硬なる状況は事実このとおりであった。

この手紙は、全く雲浜が旧主を思うの熱誠から出たものである。しかしこの至誠もついに旧主を動かすことができなかったばかりでなく、この手紙の内容一さいを、人もあろうに井伊大老の腹心の長野主膳に通報したのである。

これにより梅田雲浜が朝廷に対して、もっとも有力な連絡《れんらく》と大いなる実力を有し、朝廷を動かしたことの証拠物《しょうこぶつ》となって、井伊側では非常に恐れを抱くに至り、それだけ雲浜の身は危険に陥ったのである。

雲浜としては、井伊大老の無二の味方である酒井忠義の近臣に、かような手紙を出したことの危険を、その事情に通じている身だけに、気のつかぬはずはない。しかし旧主のためを思えば、一身の不利などは考えている暇はなかったのである。孝明天皇のかくまでに強硬であらせられることを、旧主や家老が知ったなら、朝敵の立場となるおそれのある所司代を辞して、安全な道につくことにもなろうかという真心から出たのであった。

伊藤・山県らを激励

長州から京都へ上る人は、いずれも雲浜を力と頼んだが、これらの人々が、雲浜先生を招待《しょうたい》して時局に関し説を聞こうではないかというので、一夕宴席を設け雲浜を招いた。

集った人々は山県小輔《こすけ》、伊藤俊輔《しゅんすけ》、中村道太郎、その弟佐久間佐兵衛、久坂玄瑞、杉山松助、岡仙吉、総楽悦之助、伊藤伝之助らであった。

その時伊藤俊輔は十八歳、久坂玄瑞が二十歳、山県小輔と杉山松助が二十一歳、佐久間佐兵衛は二十六歳、中村道太郎は三十一歳であった。若い人々が命をまとに、そのころから国事に活躍していたのである。

このうち伊藤俊輔と山県小輔は、維新後の新日本建設に偉大な功績を建て、国家の元老として尊仰されたが、他の多くは若くして斃れた。

伊藤俊輔は、のちに博文と称した。文久二年井上馨（のち外・内・蔵相侯爵）ら四人と密航を企てた。横浜のイギリス商館は国法に反するとて拒絶したが、あまり熱心なので許し、イギリスのロンドンに行くことができた。長州藩が攘夷によって外国と戦さを始めたことを聞いて、井上ともに急いで帰国し、外国との和睦に尽力した。明治三年米国へ、翌年欧米へ派遣され、明治十一年五月十四日に内務卿大久保利通が暗殺されるやその後任となり、総理大臣、枢密院議長、貴族院議長は、いずれも第一代をつとめ、総理大臣は四回に及び、公爵となり、六十九歳で朝鮮人に殺された。

山県小輔は狂介となり有朋となった。高杉晋作とともに大いに幕軍を打破り、明治二年西郷従道(隆盛の弟海軍大将侯爵)とともに欧州へ派遣されて兵制を視察し、陸軍卿、内務大臣を経て、総理大臣二回、枢密院議長、陸軍大将、元帥、公爵となり、八十五歳で死去した。

雲浜は一同に対して朝廷の衰微を歎き、幕府の横暴と違勅の罪を痛撃したうえに、

『いま外夷に対して強硬に出れば、あるいは攻撃されるかも知れない。しかしそのために国民はことごとく一大決心を固めて、奮起し団結する。莫邪《ばくや》の剣《けん》も持手《もちて》からで、内に屈服する心があれば、たとえ防備を厳にしても、備えがないものとひとしい。——かれらとて遠い本国から大軍と、弾薬と糧食を運ぶことは不可能である。また、かれらはたがいに自国の利益のみを計っているのであるから、数カ国が一致連合することのできないことは明らかである。幕府が臆病風を吹かしているのは、全く笑うに堪えたることである。かくして外夷の侮《あなど》りを防いで国威を輝かした上に、われから相手国を選んで、対等の地位で通商貿易を計るべきであって、開国は断じてかれら

から強制されるべきものではない。もしその上にも敵対する国あらば、軍備を整えた上、わが日本から攻め寄せるくらいの覚悟がなくてはならない。

天は今、諸君のごとき熱血義血に富む士を要望している。起て！　鉄剣は正に諸君の腰にあり。国家のため、憤然起って内外の妖魔《ようま》をはらわねばならない。』

と、声涙ともに下り、断乎として大義につくべきを説いた。

一同思わず感奮の拳《こぶし》を握り、剣のつかを叩いて奮起を誓ったのであった。

長州藩の若い志士たちは、その後もたびたび雲浜を訪問し、あるいは招待して、その説を聞いてますます発奮したのであった。

山県有朋が当時の思い出を「懐旧記事《かいきゅう》」に述べて、

『梅田雲浜は京師にあって大いに国事に周旋《しゅうせん》し、しばしば予輩《よはい》と往来して時勢を論ず。この慷慨《こうがい》激烈《げきれつ》にして弁論の爽快《そうかい》なる、儕輩《せいはい》をして覚えず奮発感激せしめたり。』とある。

実に長州藩と雲浜とは、切っても切れない深い因縁《いんねん》となった。後に禁裏《きんり》守護《しゅご》兵《へい》が設けられ、その表面の主唱者は宍戸《ししど》九郎兵衛ということになっているが、実は雲浜がすすめてさせたことである。そして長州と薩州《さっしゅう》の二藩が禁裏守護の名義で兵を京都に置いてから、諸藩が争ってこれにならい、文久、元治のころには、皇室に忠勤を表したものは八十藩の多きにおよんだ。それらの基《き》礎《そ》は、実に雲浜が開いたといってもよいのである。

志士の首領

その年の春ころから、各藩から有志の士がぞくぞく京都へ上って来た。将軍継嗣に一橋慶喜を推す運動、謹慎を命ぜられた藩主の赦免《しゃめん》の運動、井伊大老を退任せしめる運動、攘夷《じょうい》の勅諚降下の運動等々のためであった。これらの目的を達するには、ぜひとも朝廷の威光に頼る外がなかったからである。

当時京都で勤王家として、実際運動に奔走《ほんそう》した多くの人々の中で、もっとも有名なのは、梁川星巌、梅田雲浜、頼三樹三郎、池内大学らであった。

梁川星巌は有名な詩人で、風格が高く、勤王論者として大いに尊敬されていたが、なにぶん七十歳の高齢であるから、実際の活動はできなかった。

頼三樹三郎は、有名な頼山陽の息子であるし、学才もあり、熱血の活動家であるが、とかく軽卒で乱暴なことがあった。雲浜に対しては常に先生〱と言って敬服し、その意見を尊重していた。

池内大学は陶所《とうしょ》と号し、著名の学者で、青蓮院宮、九条、鷹司、三条、中山諸家へ出入して学問を講じて信用があり、勤王にも功があったが、その活動は他の三人にはおよばない。

雲浜は朝廷にもっとも勢力のある青蓮院宮の信任を得、諸士の尊敬を受け、年齢も活動ざかりであった。京都へ来る多くの運動家は、きまったように雲浜をたずねて、その力を借りないものはほとんどなかった。毎日あまり多くの士が訪問するので、雲浜はもちろん、家族も門人も多忙をきわめた。

薩州の有馬新七、西郷隆盛が来る。

雲浜と縁故の深い長州藩からは、来訪する人が特に多く、福原越後《えちご》、浦靱負《ゆきえ》の両家老、京都留守居役の宍戸九郎兵衛、入江九一、久坂玄瑞、大楽源太郎、佐世八十郎（前原一誠）、入江九一の弟野村和作（後の内務大臣子爵野村靖）らは常に出入する。赤根武人は門人で雲浜の家にいたが、後に江戸へ行った。

肥後藩もなかなか関係が深かったので、多くの人が来る。すなわち宮部鼎蔵《ていぞう》、永鳥三平、轟《とどろき》武兵衛、松田重助らが絶えず出入した。ことに永鳥や轟や松田などは、雲浜の家にとまり込んでいたこともあった。

江戸で有名な藤森弘庵がやって来て、東西呼応《こおう》して大いにやろうという。

大和《やまと》の乾十郎、小浜の行方千三郎、播州の大高又次郎、大高忠兵衛、紀州の伊沢宜庵《ぎあん》、京都の山口薫《しげ》次郎らは雲浜の門人や輩下であるから常に出入し、あるいは迫り込んでいる。

水戸藩とも関係が深かったので、京都留守居役鵜飼吉左衛門、その子幸吉、桜任蔵《さくらじんぞう》、菊池為三郎、豊田小太郎らが出入した。

出羽《でわ》の清河八郎、江戸の安積《あさか》五郎も上京して訪問する。筑前《ちくぜん》の平野二郎、因州の安達清一郎、姫路の河合総兵衛、秋元正一郎、備前の藤本鉄石も来る。

名古屋の大道寺泰安、阿波の竹沢勘三郎、五条の森田節斎、十津川の深瀬繁理、野崎主計、乾丘右ヱ門、田中主馬造、丸田監物、藤井織之助、上平主税らも来る。

勤王の志の厚い京都の裃《かみしも》問屋《どんや》松坂屋清兵衛、書店北村屋太助(後の西川耕蔵)、大和五条の木綿問屋下辻又七らも雲浜に心服して、その意を受けて活動した。

宇喜多一蕙《けい》、僧月照、その弟信海も常に往来する。

朝臣の権力者とも同志として親しく結んだ人が多かった。禁裏《きんり》御《お》倉舎人《くらとねり》の山科出雲守《やましないずものかみ》、有栖川《ありすがわ》宮家の豊島太宰少弐《だざいしょうに》、鷹司家諸大夫小林民部権大輔、鷹司家家来高橋兵部権大輔、若松木工頭、三条家家来森寺因幡守《いなばのかみ》、その子若狭守、三条家家来丹羽《には》豊前守《ぶぜんのかみ》、中山家家来田中河内介、有栖川宮候人飯田左馬(野史二百九十一巻の著者)、鷹司家侍講三国大学らであった。

青蓮院宮の家来伊丹蔵人、山田勘解由はすでに記したとおり雲浜の門人として、常に宮家との連絡を取った。

水戸の安島帯刀、そのほか日下部伊三次、飯泉喜内らは、江戸から雲浜と連絡《れんらく》を取っていた。

以上掲げた人々は、いずれもそうそうたる勤王の傑士である。そのころの雲浜の家は、策謀の総本山となっていた。

雲浜のそのころの住所は烏丸通り御池上るであった。今そこには京都市教育会からたてられた「梅田雲浜邸址《ていし》」の標柱がある。

当時近所にいた劉石舟《りゅうせきしゅう》という有名な詩人の話では、

京都市梅田定臣氏寄贈
「梅田雲浜邸址」の碑

「雲浜の家には訪問客が常に絶えず、ある時は、やり、なぎなた、大鳥毛などを持たせた供人を多く随えて来た大身の客もあった。生活ははでの方で、余ほどの収入があるらしかった。その費用は長州藩から送り届けるのであるというわさであった。」

内田周平氏の説のごとく、嘉永、安政の間、王政復古の大舞台に臨み、その枢軸《すうじく》を握って、これを運転したものは、吉田松陰でもなく、橋本左内でもなく、また佐久間象山や横井小楠でもない。全く一箇の浪人儒者梅田雲浜であったのである。

また田中惣五郎氏の説のごく、安政五年の当時は、青蓮院宮と梅田雲浜の思想と行動が、代表的であったのである。

関白を弾劾

九条尚忠《ひさただ》は、安政三年に鷹司政通の後をうけて、関白および内覧《ないらん》の要職についたのであった。関白とは一さいの政務をつかさどる最高の官で、内覧とは、朝廷のいっさいの文書をまず閲覧《えつらん》し、これを処理する権限を有する役で、たいてい関白が兼ねるのであるが、その他の人が任ずることもある。

この最高の地位にある人が、幕府方となっているので、朝廷では手違いとなることが多い。九条家と井伊家とは、元来関係の深い間柄である。その上に、井伊の股肱《ここう》の寵臣《ちょうしん》長野主膳が、九条家の島田左近と相謀って、関白をあやつっているのである。

この長野主膳義言《よしとき》というのは、だれの子か、どこの出生かさえ分らない。全く素姓《すじょう》の知れない人間である。天保十三年に初めて井伊直弼に会い、大いに和歌の道を語って認められた。丈高く顔は蒼白《そうはく》、眼光鋭く油断のできない風貌であるが、上品であり、才智すぐれ、策略に富んでいるところから、大いに直弼の気に入って家来としたのである。直弼はこの男を京へ上らせて、九条家の島田左近に説かせた。

この島田左近龍章も、長野主膳にまさるとも劣らない怪物で、生れは美濃の山伏のせがれともいい、石州の農家の子ともいわれる。初め京都の商人の手代となり、九条家の臣島田へ入婿《いりむこ》となってから、竦腕《らつわん》をふるっておいおいと勢力を得、今では九条家を切りまわすほどの地位に上ったのである。

したたか者同志の二人、たちまち親密になって、幕府方のためにすごい腕を揮い、勤王方および一橋側の朝臣や浪士らの行動を密偵し、大げさに直弼に報告していたのである。

井伊大老が専横を揮ってはばからなかったのも、全く九条関白という最高官の人が味方であったからである。孝明天皇も九条の内通をお知りになって、非常にお怒りになっていられる。まず九条に関白をやめさせなければ、朝廷の計画がすべて破れてしまうのである。

そこで雲浜は同志とともに、九条関白弾劾《だんがい》の運動に着手した。宮中の有力な近衛、鷹司、中山らの諸卿の家臣から、九条関白排斥の進言をさせ、また青蓮院宮へはたびたび意見を言上して貫徹を期した。その意見書の一通を左に掲げる。

「今春江戸役人ども（堀田正睦らをいう）上京の節、御勅答一たび出で候て、上は列侯より、下は草野の匹夫に至るまで、感激勇躍つかまつり候。皇朝の御神威一朝に海内へ光り輝き申し候。これにより役人ども深くかしこみ、深くつつしみ、東帰仕り候。しかるにこの節、勅命に違背しほしいままに嗣君《しくん》を立て、あまつさえ外夷へ条約を差し免し、調印までつかまつり候こと、天下万民切歯《せっし》憤歎つかまつり候。また近日、表には守護と号し、多人数上京つかまつり候よし。内々はこれ兵勢をもって皇威をくじき、威勢を張り候て、公卿その外有志者を脅嚇《きょうかく》し、その姦計をなすこと現然に候。

しかるに道路にてうけたまわり候は、実は朝廷台位の方に、御内通の御人これあり、御直書《ごじきしょ》まで遣わされ候との風聞つかまつり候。かの者ども上京してその台命を奉じ候えば、いか様の事をつかまつり候とも、防ぎかたこれなく候。そのうえ、朝廷の御密謀も、ことごとくその手よりもれ候えば、何ごとも東方の計策《けいさく》は前手にまわり、朝議は後手《ごて》に相成り申し候。定めて朝廷には深遠の御思慮《ごしりよ》あらせらるべく候えども、万一東方の志願どおりに近日成り候えば、海内へ輝き候皇朝の神威も、たちまち地におち、千歳を経候とも、ふたたび振うの時節はあるべからず。公卿御有志の方も、一朝に万人のあざけりと相成り候こと、中々かなしむべきも愚かなり。古人言う、豺狼路《さいろうみち》に当《あた》る、なんぞ狐狸《こり》を問わんと。当節の急務は、路に当るの豺狼《さいろう》を御除き成され候御密策肝要《かんよう》と存じ奉り候――。』

と申し上げた。路に当るの豺狼とは、いうまでもなく九条関白を指したものである。この書面は宮の家臣であった並河家に保存されている。

雲浜のこの関白排斥《はいせき》運動は、早くも長野主膳の知るところとなり、井伊大老へ報告された。井伊の側用人宇津木六之丞が九月一日付で老中間部詮勝に申し出た書面中に左の通りある。

『――殿下（九条関白）を落し申すべくと、必至《ひっし》と相働き候者の内に、梅田源次郎、安藤石見介《いわみのすけ》、入江伊織、梁川星巌、奥村春平と申す者、もっとも相働き居り候おもむきに付、御上洛《ごじょうらく》の上、品に寄り御召捕に相成申さず候ては治《おさま》り申すまじくや――。』

と雲浜を筆頭に記しているのを見ても、雲浜が関白排斥運動に大いに活躍して、その主なる人物と見られたことが判る。右の内奥村春平は、後に変節して幕府側に同志の関係を密告した。

公卿の中でも、九条関白の行為を大いに憤慨する者が多くなった。鷹司輔熙《たかつかさすけひろ》のごときは、進んで九条関白に辞職を迫った。

九条が朝廷で攻撃の的となって、近く辞職するであろうとの風説を聞いて驚いた井伊大老は、関白が退いては一大事と、上京中の途中にある所司代酒井若狭守を、急使をもって追わせ、

『いかにもして、間部下総守が着京するまで、関白の退職を止めるようにせよ。』と命じた。

九条尚忠の、幕府へ内通の数々が追々と暴露し、最早その罪は動かすことができなくなったので、孝明天皇のお怒りははなはだしく、九月二日二条斉敬《なりゆき》は、天皇の内旨《ないし》を奉じて関白を訪い、辞職を勧告した。関白もついにやむをえず病気といって、関白および内覧の職を辞した。

暴風前の京都

幕府と水戸への勅諚降下《ちょくじょうこうか》により、朝幕の間はいよいよ急迫した。井伊直弼は水戸の徳川斉昭とは最初から炭と氷のごとく相容れない間柄で、ことごとに衝突し斉昭を敵視した。このたびの勅諚も朝廷の硬化も、斉昭の京都への策動によるものに相違ない。かつ幕府開始以来これほど朝廷から干渉されたことはない。昔の通りの強大な威力を示さなければ、自己も幕府も破滅しなければならないと考え、ついに水戸と京都側に対して一大弾圧《だんあつ》を加うることを決意したのである。

酒井若狭守忠義は、すでに六月二十六日に所司代に任ぜられたまま、なかなか出発しなかったが、いよいよ八月十六日に江戸を発して京都へ向った。

委細《いさい》を奏上すべき老中間部下総守詮勝《あきかつ》も、さらにおくれて九月三日に江戸を発した。しかもこれは、朝廷が三家大老の中の一人をお召になったのに対し、その代理として上京するのではなく、実は井伊大老の策を胸に秘めて、朝廷および志士に対する大弾圧のために上ったのである。

孝明天皇がもっとも力と頼まれた水戸藩も、藩主の決心がにぶく、そのため藩が幾派にも分れて、雲浜と同志の武田耕雲斎、高橋多一郎、金子孫二郎らの主張するところも容れられずして、朝廷のお力にはならない。また井伊大老は江戸の水戸邸を厳重な監視の下に置いて、全く手出しのできないようにした。

孝明天皇が力と頼ませられたのは、徳川斉昭に次いでは、薩州藩主島津斉彬《なりあきら》であろう。斉彬は当時すぐれた藩主で、深く時局を憂いていたが、西郷隆盛に対し、

『余自ら多数の兵をしたがえて、京都に上り、朝廷から幕政改革の勅諚を乞い、公武一体、内外の国是《こくぜ》を定むるつもりである。』

と言ったくらいで、非常に大きな考えを持っていた。そして八月に上京する考えで着々と準備を進めた。西郷は一足さきに京都へ行って、公卿はじめ雲浜ら多くの有志にこのことを告げたので、一同大いに喜び、首を長くして待っていたが、惜しいことに、七月十六日五十歳で死去した。有志一同はどれだけ失望したか知れない。

天皇は斉彬の逝去後も、薩州藩がその志をついで、難局に尽すものと思われた。水戸へ内勅降

下ののち三日、近衛左大臣は天皇のおぼしめしを奉じ、僧月照を使いとして、京都にいる薩摩藩の家老鎌田《かまた》正純《まさずみ》に対し、朝廷非常の場合の警衛方を頼み入られた。鎌田は武門の冥加《みょうが》有りがたき仕合せと、大いに喜んでお受けいたし、急ぎ帰国の途についたが、途中で病にかかり、帰国後ついに死去した。そしてそのまま薩州藩は引っ込んでしまった。

もっとも力とせられた水戸も薩摩もともにこの始末で、今や朝廷を守る勢力のある藩はなかった。ただ勤王の志ある諸藩士と浪士らに過ぎないのである。しかし個人々々では微力で、とうてい幕府の弾圧に対抗することはできない。井伊大老の思うがままにならなければならなかった。

孝明天皇がもっとも強硬で、毅然として幕府の威力に対抗せられるのに対し、井伊は承久《しょうきゅう》の悪例にならい、天皇を廃するとのうわさが飛んで、いたく天皇を悩ました。

しかしこれは単なるうわさではなく、実際に、その後上京した間部詮勝が老中太田道醇へ出した手紙に、

『先達で仰せこされし廃帝の二字、万一京都へひびきし時は以ての外の事となるゆえ、掃部頭殿より家来の者等へも、決して仰《おお》せこされなきよう――。』とあるのを見てもわかる。

また天皇を、井伊の居城《きょじょう》彦根へお移しするといううわさもさかんに伝わり、それを天皇はお聞きになって、九条関白に対し、

『井伊大老上京して、遷座《せんざ》のことを申すやもはかりがたい。しかし桓武《かんむ》天皇より以来鎮護《ちんご》のこの平安城を、いま故なくして退くことは、あくまで拒《こば》む考えである。』と仰せられた。

志士のすべてから、もっとも憎まれたのは、井伊の謀臣長野主膳と、九条家の島田左近である。かれら二人の陰険な行為の数々を記して、有力な公卿へ投書した者がある。その書に大日本有志と記してあったが、長野主膳はこの投書は雲浜がしたものだと思った。

長野は島田左近とともに、絶えず暗中飛躍をして、町奉行の手の者や、彦根藩の手を使って探《たん》偵《てい》を続け、目明し文吉などはもっとも雲浜の身辺の密偵に活躍した。

ある日西郷隆盛が雲浜のところへ来て、

『先生、ずいぶん危険でごわすぞ。先生の評判があまりに高うなりもしたので、幕府の目がだいぶ光ってきもした。今くる途中でも怪しい奴が何人かうろついておりもした。一時お姿を隠された方がよかごわすぞ。』と忠告した。

『ハハヽヽヽ、どこへ隠れても捕えられる時は同じでござる。それよりも貴殿もだいぶ危いですぞ。御要心なされよ。』と注意した。

間部詮勝が途中から井伊へ出した手紙の中に次の意味が記されてある。

『この度は天下分目の御奉公と存じ、一命にかける心得である。江戸表において水戸家の者の召《めし》捕方《とり》お手抜《てぬか》りなきよう。水戸斉昭は切腹申し上げてもしかるべく、一橋慶喜は水戸または紀州へ押し込めてしかるべく、京地は敵を残らず取調べ処置する。これは酒井若狭守へ申し談じ、また九条殿の御意見をうけたまわった上取計い申す。悪謀の者ども、一呑《ひとのみ》につかまつるべくと勇気じゅうぶんである。』

大した意気込《いきごみ》であった。

そのころ、雲浜の苦心は一方ならぬものがあった。幕府はますます横暴をふるい、公卿には幕府へ買収せられる者もあり、また自分の勤王の志が容易に達し難いのを悲んで、

あし田鶴《たづ》の芦間《あしま》がくれに身をかくし雲におもひの音《ね》をのみぞなく

仇しのの醜《しこ》の草原わけかねて露と消え行く身を如何にせん

と詠じた。しかしまたわが真心は微動だもせぬことを現わして、

たとへ身はいづくの里にくらすとも赤きこころはいかでおとらむ

とよんだ。またある人に、大いに時勢を歎いて左の詩を送った。

丹心憂レ国不レ知レ迂。(丹心国《たんしんくに》を憂《うれ》いて迂《う》なるを知らず)

溝壑窮餓豈愛レ軀。(溝壑窮餓豈軀《こうがくきゅうがあにく》を愛《おし》まんや)

体勢感レ情時忘レ食。(体勢情《たいせいじょう》に感じ時に食を忘れ)

機会触レ眼忽昂レ鬚。(機《き》会《かい》眼《め》に触《ふ》れ忽《たちま》ち鬚《ひげ》を昂《あ》ぐ)
干城勇士多二児戯一。(干城《かんじょう》の勇士児戯《じぎ》多く)
経世重臣乏二老図一。(経世《けいせい》の重臣老図《ろうと》乏《とぼ》し)
歎息即今天下事。(歎息《たんそく》す即今天下《そくこんてんか》の事)
何年鏖尽醜蛮奴。(何《い》れの年か鏖尽《おうじん》せん醜蛮奴《しゅうばんど》)

旧主を直諫

雲浜の旧主、京都所司代の酒井若狭守忠義は、道を急いで京都へ向い、八月二十七日伊勢の桑名に着いた。

そこへ長野主膳が出迎えに来ていた。酒井忠義は十万三千五百石の徳川譜代《ふだい》の大名、長野は井伊の一家来に過ぎないが、主君の大老を笠に着てきびしい態度で忠義に面会し、現下の京都の状勢を詳細に報告した上、一きわ声をはげまし、

『この上は御入京と同時に、悪謀《あくぼう》の張本《ちょうほん》をただちにお召捕りになるのが肝要と存じます。その張本として、京都側諸士の首領《しゅりょう》たるは、梁川星巌と、殿の旧臣梅田雲浜でございます。しかし梁川

はなにぶん老年のことゆえ、急がなくとも大して心配はありませんが、雲浜は禁裡《きんり》へもっとも力があり、また同志はみなかれの言により動いておりますから、まずかれを召捕ってその活動を止め、かつ同志の姓名を吐かせるようにしなければ相なりませぬ。事態は実に容易ならぬ瀬戸際《せとぎわ》に迫《せま》っております。』

と説いた。酒井忠義は、しばし黙《もく》してためらっているようであった。

長野はことばするどく、

『所司代殿にはなにかお考えでも……。』

『いや、雲浜は青蓮院宮を始め、近衛、鷹司、三条等の諸卿にもっとも御信用をえていると聞き申した。もしかれを召捕ったならば、京都側の反抗《はんこう》がますますはなはだしくなりはせぬかと存ずるが……。』

『これはしたり、所司代殿の仰せとも心得ませぬ。今これを召捕らなければ、いよいよ増長して陰謀をたくましうするに相違ありませぬ。召捕ってしまえば、みな驚いて畏伏するは必定、もはや一刻も猶予すべき場合ではございません。』

と熱心に雲浜捕縛《ほばく》の必要を説いた。

『いずれは召し捕るとしても、間部老中が上洛《らく》になった上ではいかがであろう。とにかく一両日熟考《じゅくこう》した上にいたしたい。」

と決しかねた風であった。

酒井は雲浜の捕縛はやすいが、朝廷に対して非常な衝動《しょうどう》となり、また多くの志士を激昂《げきこう》させることを、内心非常に恐れたのである。かれは京都の事情によく通じていた。井伊の信任を受けて来たのではあったが、朝廷に対してのはばかりを考えない訳にはいかなかった。雲浜がたびたび自分を諫《いさ》めたが、もっとものことと思う。しかし徳川家多年の恩を忘れることはできない。幕府への忠勤は決して人後に落ちてはならない。さりとて朝廷に抗する意志は毛頭《もうとう》ない。万一にも、朝敵の立場に陥るようなことになっては大変であると、とつおいつ心中はかなりに動揺していたのである。

されば長野主膳のはげしい進言に対しても、態度はにえ切らない様子が見えたのである。長野は大いに不満であった。

酒井の駕籠は進む。長野もその後を追って上京した。

九月三日の午後、酒井の行列は京都の三条蹴上《けあげ》に差しかかった。

そこには旅宿があって、行列は一時休息することになっている。

さきほどから行列の到着するのを待ちかねていた一人の浪人儒者風の男があった。身には梅鉢の定紋のついた折目も正しいかみしもを着し、小刀を腰に、端然として路傍にたたずんでいた。

京都における幕府の役人も多数出迎えている。酒井若狭守は、かごを出て出迎えの人々にえしゃくしつつ、本陣の旅宿に入った。かの男は、つかつかと玄関へ進んで、

『お願いでござる。梅田源次郎、火急に殿に申し上げたいことがござる。なにとぞお取次をお願い申す。』

と声高くよばわったので、警衛の武士ども、驚いてこちらをながめた。雲浜の知合いもだいぶいる。しかし殿の勘気をこうむった雲浜に対して、好意を示すことは大きな罪のように考えて、皆うろたえた。

『殿の御身の一大事について申し上げとうござる。お取次のほどぜひにお願い申したい。』

いつまでも捨ておくわけにはいかないので、そのことを恐る恐る若狭守に取りついだ。今京都で隠然問題の中心人物となっている梅田雲浜、どんな重大事件を告げるのか判らない。なんとなく気にかかるので、

『目通りゆるす。通してみよ。』

若狭守は四十六歳、さすが所司代の要職につくだけあって、りっぱな風采と態度であった。

雲浜は殿の御前に進み出て平伏し、

『殿、お久しうございました、麗《うる》わしき尊顔を拝し、源次郎、この上の喜びはございませぬ。』
『おゝ、源次郎か、しばらくであった。そちも達者でめでたいのう。して身に関《かか》わる一大事とは何ごとであるか。』

雲浜は面《おもて》を上げて、しげしげと旧主の顔を見《み》つめた。なつかしげなその目からは、熱い涙がハラハラとこぼれた。

『殿には天資英明の才にわたらせられながら、なんとお心得あって所司代のお役におつき遊ばされましたか。かしこくも聖上陛下には、あまりにもはなはだしき幕府の専横を、ことのほか御憤り遊ばされ、朝臣諸卿、天下の志ある者、ことごとく大御心を拝察して、宸襟《しんきん》を安んじ奉らんとつとめております。今や幕府は朝敵とも申すべき立場に立つに至りました。この場合に所司代という御役は、朝廷に対し奉り、もっとも恐れ多き次第、殿が朝敵の悪名をこうむり給い、天下のそしりを受けさせられるは必定《ひつじょう》。さすれば御一門、御一藩の御運命に関わる重大事にて、まことに憂慮に堪えませぬ。すでにたびたび不遜《ふそん》を顧《かえり》みず、書面にて近臣の方まで、御諫言がましきことを申し上げましたが、事態はいよいよ切迫《せっぱく》いたしてまいりました。本来ならばこの際断然御心をひるがえし給いて、朝廷へお付き遊ばし、御忠勤をおはげみ遊ばされるのが当然でございますが、せめては、このまま京都へは入らせられず、ただちに道をかえて小浜へ御帰城遊ばし、御病気と称せられてお役を御辞退《ごじたい》遊ばしまするよう、切にお願い申し上げ奉ります。』

『一大事というのは、そのことか。』

『殿の御身に取って、これ以上の重大事がございましょうや。国の御ため、ひいて御一藩の御ためでございます。わが国の尊い歴史をおかえりみ遊ばされて、なにとぞ、所司代のお役はおとどまり遊ばしまするよう、お願い申し上げまする。殿の侍講《じこう》山口菅山が、殿に対し何とお教え申し上げましたか、大義名分はすでに明らかでございます。申すまでもなく、殿の御先祖御代々が、徳川家にお受けなされた深い御恩を、お忘れになることができないのはごもっともと存じます。しかしながら天皇の一臣子に過ぎない徳川家の御恩は、取るに足らぬ小さなものでございます。徳川家の今日まで栄えたのも、全く朝廷の御恩によるものでございます。区々たる徳川家の小恩を忘れかねて、広大無辺の皇恩をお忘れになることがありましては、天人ともに許さざる大罪人とならなければなりませぬ。また真に徳川家の御恩に報いる道は、大君の御ために、忠節をお尽し遊ばされることかと心得ます。断じて徳川家をして、道を誤まらせてはならないはずでございます。』と泣いて説いた。

酒井忠義はだまって、沈痛な面持《おももち》で聞き入っていたが、やがて蒼白《そうはく》になった顔を上げて、

『そちの言うことはよく判った。――しかし余の今の立場として、なんともいたしがたい。余は

幕府の命にしたがうも、朝廷に対してそむく意は毛頭《もうとう》ない——。』

『恐れ入り奉ります。そのお志あらば、なにとぞ、今一歩お進めあって、断然御決心のほどを——。』

若狭守は大喝《だいかつ》一声、

『無礼者、下れ！』と叱咤《しった》した。

『御上意でござる、お下り召され。』

と二三人の武士は雲浜の手を取った。雲浜はそれを振り払って、なおも前へにじり出ようとしたが、左右から引き立てられた。

やがて、かごは出発した。あとを見送った雲浜の目からは涙が止まらなかった。

われに冷淡な旧主に対し、父祖代々の恩を忘れず、たびたびの書面ばかりか、放逐の身をもってわざわざここまで来て、面《おもて》をおかして直諫《ちょくかん》したことは、感激すべき劇的の場面であった。

魔の手襲う

九月四五日ころ、義兄弟のちぎりを結んだ三宅定太郎が来た。

その時、雲浜はかぜ気味で、さかやきも延びていた。三宅に向って、

『拙者についてかれこれと風聞があるそうで、伊丹蔵人も非常に心配して、何か店でも出して、勤王運動をやめたように見せた方が安全であろうと、忠告してくれたが、しかし自分はとてものがれがたい気がする。もし自分に異変あらば、貴公が拙者の志をついで、天朝のおんために尽し長州物産交易のことにも尽力し、また金を才覚《さいかく》して、貧乏の志士を助成してくれるようお願い申したい。』

と言ったので、三宅は、

『まさかそんなこともございますまいが、兄上のお身に万一のことがあらば、不肖《ふしょう》なれどもこの身の力限りを尽して、きっと朝廷の御ために尽しましょう。児島高徳についての御教訓は、定太郎決して忘れはいたしませせぬ。』と力強く答えた。

雲浜は本箱から書物を出してきて、

『三宅君、これは非常に大切な本である。貴公にあずかってもらいたい。』

と言って渡した。それは詩経《しきょう》と四書であって、山崎闇斎の講義を、浅見絅斎《けいさい》が書き入れたものであった。この書はいまも三宅家に保存されているそうであるが、かほどたいせつな書を預けた雲浜の心中がおしはかられる。

そして雲浜はいつまである命か判らぬと言って、二人で大盃をあげて大いに飲んだ。雲浜は例の楠公父子の別れの謡《うたい》をうたった。

三宅は雲浜と義兄弟を結んだだけあって、その後大いに活躍した。

そのころ雲浜が平野二郎に与えた手紙にも、

『野生も一旦国事へ身を投じ候上からは、今日有って明日無き身の上、何卒貴兄に於ても、必死国の為御奔走御願い申し候。』

とある。すでに覚悟は定めていたのである。

長野主膳から宇津木六之丞に宛てた九月五日付の手紙には、

『梅田は正邪分明の大本にて、第一関東（幕府）を朝敵とし、御大老も同様、これに組なされ候ては朝敵と申すものと、正しく手紙にも認めこれあり――。』

とあり、なおその書面中に、『――五日朝町奉行岡部土佐守豊常が、酒井所司代を訪うて、志士を召捕り、朝廷側の気を立てては、いかなる大変になるやも計られないから、梅田のお召捕はお見合わせ相なりたいと言った。』と記されてある。

酒井忠義の態度をはがゆく思った長野主膳は、九月五日付で左の書面を、忠義の用人三浦七兵衛に送った。

『梅田源二郎事は、第一大切の御召捕《おめしとり》ものにて候へば、少しも遅々相成り、万一取り逃がし候ては、奸悪《かんあく》の逆徒《ぎゃくと》を相ただすべき大本を失い候様に相成るべく、かれが関東を朝敵と申しふらし候次第等、このたび江戸表より仰せ越されし事これあり候間、万一太守様（酒井）にてお召捕に差し支え等これあり候はば、公辺《こうへん》へお召捕りはもちろんのこと、急速の義は彦根へ召捕相成り候はばしかるべき旨、留守居の者うけたまわり、今日彦根を出立仕り、明六日京着のはずに御座候。右梅田の口あがり候はば、梁川星巌を初め、右の徒四五人ばかりお召捕り、御吟味《おんぎんみ》相成り候はば悪謀逆徒《あくぼうぎゃくと》の根元相分るべく存じ奉り候。左候へば、およそこの期に及び、国乱の基本をあらかじめお治《おさ》め遊ばされ候術は、この他にこれあるまじくか――。』と記してある。

右の文に梁川星巌のことが記してあるが、星巌はすでに九月二日病死したのである。時に七十歳。長野はまだそのことを知らなかったのである。

梁川星巌は老中間部詮勝の詩の先生であるから、間部の来るのを大津へ出て待ち受けて、懇々と朝旨を告げて、反省をうながす考へでいたのであるが、その前に死んでしまった。

長野の手紙を見た酒井忠義は、ついに決心をしないわけには行かなくなった。自分がちゅうちょしたために、幕府の手、または彦根の手で雲浜を捕縛《ほばく》されては、自分の面目丸つぶれとなる。また九条関白弾劾の張本人たる雲浜を捕えなければ、自分の失態となり、大老のとがめを受けなければならないと、ついに意を決して、伏見奉行兼御所取締内藤豊後守正縄《まさつな》（岩村田藩主）に雲浜の捕縛を命じたのである。

内藤豊後守は、重要なる捕ものを、万一にも取り逃しては一大事と、九月七日与《よ》力同心《りきどうしん》以下二百人の同勢を率《ひき》いて出動し、夜もふけわたる子《ね》の刻《こく》ごろ、雲浜の宅を中心に二丁四方の辻々を固めて、蟻《あり》のはい出るすきもないように厳重に包囲し、そして三十人ばかりを自ら引き具《ぐ》して雲浜の家を襲った。

雲浜のかぜはまだなおらず、その夜は早くから床に入っていた。

ドン〳〵、ドン〳〵と入口の戸をはげしくたたく音がして、

「もし〳〵。」

と呼ぶ声がする。

女中の外に門人が二人泊《とま》っていた。赤根《あかね》武人《たけと》と、十津川の野崎主計《かずえ》の弟の民蔵である。

赤根武人は、江戸に行っていたが、七月廿二三日ごろ帰って来て、八月廿二三日ごろ帰国するといって、一旦梅田方を出発したが、七日にまた来て止宿したと、京都長州邸の留守《るす》居《い》役《やく》福原与曽兵衛が本藩へ報告している。

だれかが返事をした。すると、

『私どもは町内の役人ですが、今先生の御門弟が二三人、そこの町で抜刀してけんかをしております。私どもがいくら止めても、どうもなりませんから、先生にすぐお出になって取《と》り鎮《しず》めてもらいたいのですが。』

と言う。門人が驚いて雲浜に告げようとすると、雲浜はすでに起き上っていて、

『いよいよやって来たか。赤根、野崎、かねて言いつけてあるとおり書類の始末《しまつ》を頼む。』

ハッと二人はまつさおになったが、野崎が大急ぎで手紙類を持ち出して来る。赤根が火をつける。火鉢はたちまち炎を上げた。

家には妻千代子卅五歳、長女竹子十三歳、忠次郎三歳、ぬい子一歳がいた。妻は中々の気丈者であるが、さすがに夫の大事と驚き騒ぐを、

『しずかに、しずかに、——着物を出してくれ。』

どんな場合でも、取乱した姿は武士の恥辱、妻に床を上げさせ、着物を着かえて、小刀を腰にさした。妻はうしろへ廻って、髪《かみ》をなでつけた。

外の人はますます、ドン〳〵と叩き、

『ちょっとここを明けて下さい。早く先生にお願いします。』

と言っていたが、やがて戸をこじあけて、五六人ドッとちん入して来た。そして朱房《しゅぶさ》の十手

を振りかざし、

『御用！　御用！』

といっせいに叫んで取り巻いた。

妻は、懐剣《かいけん》の柄《つか》を握って身構えた。雲浜はそれを軽く制しながら、捕手の役人をにらんで、

『無礼者、控えろ。拙者はなにも貴様らに踏み込まれる覚えはない。』

『言うな、胸に問えば判るであろう。とくに伏見奉行殿御自身の御出張であるぞ。神妙《しんみょう》にお縄をちょうだいいたせ。』

と呼ばわる中にも、雲浜はしずかに机に向って、すずりの墨をすりながら、

『まあ待て、縄などかけずとも、拙者は逃げも隠《かく》れもしない。』

と言うのを、いきなり一人が飛び込んで手を捉《とら》えた。

『エエ、待てというに。』

グイと払うと、

『手向いするか。』

と、二三人飛びかかろうとするとき、内藤豊後守ずいと入って来て、捕手を眼で制し、

『梅田源次郎、所司代殿の御上意じゃ。御苦労だが同道してもらいたい。』

『これはお奉行内藤殿でござるか、御苦労に存じます。少々御猶予《ごゆうよ》を願いたい。』

豊後守は、落着き払った雲浜の姿をじっと見守っていた。かれは志士の首領《しゅりょう》に対する礼を失わなかった。

雲浜は短冊《たんざく》をとり上げ、筆をとって、

契《ちぎ》りにしそのあらましも今はただおもひ絶《た》えよと秋風ぞ吹く

君が代を思ふ心の一すぢにわが身ありとも思はざりけり

と二首認め終り、

『お待たせいたした。いざ。』

泰然《たいぜん》として縄を受けて外へ出た。かごが待っていてそれに乗った。その態度は一糸乱れず実にりっぱであったと門人は語った。

みな泣いた。野崎民蔵は大地にベッタリ坐《すわ》って、引かれ行く雲浜の後ろ影を見送りつつ、子どものようにワーッと泣いた。

『妻は病牀に臥し』の詩は、雲浜がこの時に壁またはふすまに記したと世に言い伝えられているが、それは誤りである。

一家はその夜から監視がついて、いっさい他との交通を禁ぜられた。しかし赤根武人はその日来て泊ったばかりであるからまず釈放《しゃくほう》され、その他女中や野崎もみな去ることができて、家族だけが永い間、監禁《かんきん》の憂目《うきめ》を見たのである。

雲浜はかくして、まっさきに捕われた。これが実に安政大獄の発端《ほったん》である。

二日前の五日に、水戸の手先の山本貞一郎（八月末日コレラで死）の実兄近藤茂左衛門を捕え、家宅捜索をして密書を押収したが、大獄の最初は雲浜に始まっている。

長野主膳から宇津木六之丞へ、九月八日付で出した手紙には、次のとおり記してあった。

『梅田一件、ようよう落着、今日内藤豊後守殿、俄《にわ》かに御出京相成、同夜滞《とどこお》りなくお召捕り相成安心仕り候、君上（井伊大老）を大悪人とし、若州（酒井若狭守）へも彦根侯と御同意なされ候ては、朝敵と申すもの也といい、その悪業《あくごう》身に報い、忽ち天罰を蒙り候儀と存じ奉り候。是よりおいおい糸口開け申すべくと悦び存候。同人事は伏見奉行へ引渡し、彼の方にて吟味の筈に相成、扨々此の一条は心配やら、いまいましいやら、大迷惑仕り候。』

雲浜捕縛の日は、五日、七日、八日、九日等の説があるが、七日夜半が正しいのである。

同志続々捕わる

雲浜捕縛の翌日、町奉行の役人が家宅捜索《そうさく》をした。人からはでな生活と見られ、よほどの収入があるように思われたが、妻や娘の衣類もなく、なに一つ家財《かざい》らしいものもなかった。近江《おうみ》の人で雲浜の門人東一郎が、奉書紬《ほうしょつむぎ》と金巾《かなきん》で、二組の紋付の着物を贈り、大高忠兵衛が羽織をおくったのが、一番上等の衣類であった。長州と上方の物産事業を支配し、門人も非常に多くなっているから、相当の収入はあったのであろうが、ことごとく国事に費して、自己のためには何も残さないのであった。

また秘密書類は何一つなく、ただ書物は「新葉和歌集」一冊と、「左伝」五六冊だけであった。役人の一人が、

「梅田は大学者だと言うに、書物のないのはどうも不思議じゃ。」

と言うと、他の一人は、

「えらい学者は、腹の中にすべてたたみ込んであるから、書物はいらないのだろう。」

と言って笑っていた。

老中越前鯖江藩主（五万石）間部下総守詮勝は非常な勢いで京都に向った。

長野主膳は途中美濃《みの》の醒《さめ》ガ井《い》まで出迎いに行って会った。そして、

「酒井所司代殿は、とかく手ぬるくていけませぬ。急速に御上京の上、ただちに断乎たる御処置

を願います。」

と言って、ともに大津に来て、出迎えの京都町奉行小笠原長門守長常と会い、志士捕縛の打合せをして、十七日京都へ入り、妙満寺に宿った。

京都へ着しても、朝廷へ事情を奏上する誠意などはもちろんなく、病と称して出ないで、翌十八日に、水戸藩の京都留守居役鵜飼吉左衛門と、その子幸吉を町奉行所へ呼び出して拘置したのを手始めに、続々と捕縛した。江戸では九月十七日飯泉喜内を捕えたのが最初である。

しかし大言を吐いて来た間部も、孝明天皇の叡明にして強硬な御態度と、みなぎっている勤王の風潮にいたく驚いて、最初の勢いはだいぶ抜けてしまった。

それを長野主膳が執拗《しつよう》にすすめ、あるいは大老から厳命して、多くの人々を捕えた。

捕われの身となった人々は、左のとおりである。

頼三樹三郎、藤森弘庵、梁川星巌の妻紅蘭《こうらん》、青蓮院宮家の伊丹《いたみ》蔵人《くらんど》、山田勘解由《かげゆ》、有栖川宮家の豊《と》島元太宰少貳《しまもとだざいのしょうに》、飯田左馬、鷹司家の小林民部権大輔《ごんのたいふ》、高橋兵部権大輔、兼田伊織、三国大學、近衛家の老女村岡、一条家の入江雅楽《うたの》頭《かみ》、若松木工頭、三条家の森寺因幡守《いなばのかみ》、その子若狭守、富田織部《おりべ》、丹羽豊前守《ぶぜんのかみ》、久我家の春日讃岐守《さぬきのかみ》、西園寺家の藤井但馬守《たじまのかみ》、富小路《とみのこうじ》家の山本縫殿。

その他禁中蔵人《きんちゅうくろうど》村井修理《しゅり》、非《ひ》蔵人《くろうど》松尾但馬、禁中御《お》蔵舎人《くらとねり》山科出雲守《やましないずものかみ》、禁中西院寄人《よりうど》宇喜《き》多《だ》一憲《けい》、その子松庵《しょうあん》、大覚寺門跡《もんぜき》病療院《びょうりょういん》別当《べっとう》六物空満《もつくうまん》、成就院《じょうじゅいん》住職信海《しんかい》、清水寺坊官近藤正愼。

幕臣では、与力藤田忠蔵、同中井数馬、下田奉行手付出役大沼又三郎。

諸藩の家来では、水戸藩の安島帯刀《あじまたてわき》、茅根《ちのね》伊予之介《いよのすけ》、鮎沢伊太夫、福井藩の橋本左内、薩州藩の日下部伊三次、その子裕之進、高松藩の長谷川宗右衛門、その子速水《はやみ》、土浦藩の大久保要、土州藩の小南五郎右衛門らで、七十余人に上った。

その中女子は八名あった。

雲浜の就縛《しゅうばく》後、西郷隆盛、僧月照、有村俊斎、有馬新七、池内大学、世古《せこ》格《かく》太郎、山県半蔵、大楽源太郎、入江九一、野村和作、平野二郎、近藤了介、桜任蔵らは他へ走って捕縛を逃れた。池内大学は後に自首して出た。

森田節斎は一旦備後にかくれ、さらに紀州にのがれ、髪を剃って愚庵と号し、明治元年死去した。

雲浜は伏見奉行の牢屋に収容されたが、さらに京都六角の牢に移された。雲浜の牢は特に厳重に二重の囲《かこい》をして残らず釘《くぎ》づけにした。

ある日向う側の牢から、不意に雲浜に呼びかけた者がある。

「おおッ、先生！」

見るまでもなく、その声で門人の山田勘解由《かげゆ》であることはすぐ知れた。

「ヤァ、君もはいったのか。ハ、、、。」

と雲浜は笑った。山田もつり込まれてさびしく笑った。そこでおりおり両方から声をかける
「先生いかがですか。」

「いやもう、酒はなし、退屈《たいくつ》だから寝てばかりいる。君はどうだ。」

と、さすが首領たる大物だけあって、泰然たるものである。

牢には番人がいて、話をすると、とがめるのであるが、むずかしい漢語や漢詩で話すと、番人には全く判らないので少しもとがめなかった。これは山田勘解由の話であるが、そんなことは寛大《かんだい》であったらしい。雲浜は、

「幕府の役人どもは、わしを非常な腕力家と思ったと見え、恐しくがんじょうな牢へ入れたものだ。こんなやせた弱い男に、りっぱな牢をこしらえたものだ。」

と笑っていた。

ある日雲浜も山田勘解由も白洲へ呼び出されたが、便所で会ったので、例の難解《なんかい》の漢語で、

「君は今日どんな調べがあったか。」

「はい、宇喜多一蕙のことを尋ねられました。」

と山田が答えると、雲浜は、

『何もいうな。わしはだいぶ目指されているから、命はないものと覚悟している。しかし、わしの首が落ちさえすれば、世は朝廷のものになる。君はまだ若いから、どんな苛責《かしゃく》を受けても、あほうになって免れるようにせよ。ふたたびことを挙げることが肝要じゃ。』

と言ったので、山田もその気になって罪を免れることにつとめた。

白洲に大義を説く

雲浜はたびたび法廷へ呼び出されて、奉行からその計画と一味について取り調べを受けた。ところがどちらが裁判をするのか分らないありさまであった。

堂々と大義名分と、幕府の処置の当を得ないことを、真に国を思う至誠からほとばしる雄弁をもって説くので、奉行も心中ひそかに敬服し、また恐れをなすようになった。

山田勘解由の談によると、

『奉行は取調べ中、雲浜の堂々たる正論に説き伏せられてしまって、しばらく控えておれ、と言って一たん奥へ入り、ふたたび出てくると、また説き伏せられて閉口した。』とのことである。

当時平野二郎国臣が、筑前の同志に、囚《とら》われた人々の状況を報知した書面に、

『なかんずく梅田は元気の由にて、役人方も理の当然に屈服したりし由。』とある。

初め町奉行の取調べは一般にかなり寛大であったので、長野主膳は大いにそれを非難した。それより雲浜に対してもたびたびきびしい拷問《ごうもん》が行われた。

肉はさけ、血はほどばしり、気息も絶えんばかりの責苦にあっても、

『拙者はなにも知らぬぞ。知っていることは、ただ尊王の二字だけだ。』

と叫んで、少しも屈しなかった。

雲浜が捕えられたのを、大いに憤慨した門人の赤根武人《たけと》と、三宅定太郎の長沼流軍学の師たる平島后太郎の子息平島武太郎は、備中の三宅の所へ行って、なんとかして雲浜先生を奪い返えそうと、その手段を相談した。しかし三宅は、自分も同感であるが、それは容易のことでないから、時機を待てと言ってさとした。

赤根武人はさらに長州に帰り、吉田松陰に雲浜らの救出策を相談した。すると松陰は、

『この上は非常手段をとれ。六角の牢に放火するのだ。さすれば一時囚人は放たれるだろう。そして梅田雲浜が、苦心して養成した十津川の兵と合体して事を謀れ。』

と言ったので、赤根はまた京都へ上って、その手段を執ろうと苦心したが、ついに成功しなか

った。

九条尚忠は、すでに記したとおり、天皇の御内命により、関白および内覧を辞したので、近衛忠煕に内覧を命ぜられ、関白も近衛に変更する御内慮であるが、幕府の同意を要するので、その旨を幕府へ通達せよと、朝廷から酒井所司代に沙汰があった。

酒井は極力九条関白を擁護する策を講じ、十月二日になって始めて参内し、ついで間部とともに強硬に九条関白の辞職をとどめるよう奏請したので、天皇の御意志はついに通らずして、関白の辞職は立消えとなり、内覧もふたたび九条に仰せ付かった。

間部も上京してから一月余も参内せず、志士を捕縛するとともに、青蓮院宮、近衛、三条、その他有力な公卿へ警告を発して、恐喝威圧を加えた。

孝明天皇は深く憂慮なされて、

『姦賊《かんぞく》を斥《しりぞ》ける方法はなきものか。』と仰せになったほどである。

また間部らは、新将軍となるべき家茂《いえもち》へ、すみやかに将軍の宣下《せんげ》を賜わるよう奏請したので、十月二十五日家茂に内大臣征夷大将軍の宣下があった。それまで一橋慶喜を将軍に推すために、盛んに運動を続けて来た者も、かくなってはもはやせんかたもなく、失望して四散した。

間部はじゅうぶんの弾圧と威嚇を加えて、もうだいじょぶだろうと、十月二十四日にはじめて参内した。そして井伊大老の意見に従って、事情を奏上したが、それは左のごとく、でたらめであった。

『陰謀の張本は徳川斉昭《なりあき》であります。井伊大老はたとえ幾万の敵艦押し寄せ来るとも、勅許を得なければ調印しない決心でありましたのに、斉昭は井伊大老を違勅の罪に陥れようとして、大老の病中に、堀田、松平両人に調印させたものであります。かつまたわが子慶喜《よしのぶ》を将軍にして、陰謀をしとげんとし、現将軍家茂がまだ紀州にいたころに、斉昭のために危うい場合が両三度もありました。』

など、うそで固めたことを述べ立てて勅許を得ようとした。天皇はその不誠意を怒られ、

『全く水府《すいふ》にかぶせる企《くわだ》てである。』と仰せられて応じられなかった。

間部は三回にわたつて、条約調印、兵庫開港の勅許を仰いだが、天皇は厳然として動かれない。

間部は、こんどは手をかえて、

『幕府は政務御委任の責を負うて調印いたせしものであります。やがて武備が充実せば、必らず元のとおり鎖国の制度に復することにいたします。条約に御許容なきは、まつたく海外の事情を知らずして、妄説《もうせつ》をもつて天聴を汚したてまつる輩のなすこと故、断然検挙して糺明《きゅうめい》いたさなけ

ればなりませぬ。」

と威嚇し、公卿をも江戸へ召喚して罰する勢いを示したので、朝臣の恐怖動揺ますますはなはだしく、天皇もついに十二月二十日、条約調印の儀御了解の旨の勅書を賜い、攘夷は武備が充実するまで猶予《ゆうよ》せらるることとなつた。

雲浜は幾度かの取調べがあった後、さらに江戸の評定所《ひょうじょうしょ》の裁判に移さるることになった。時は旧暦十二月二十五日であるから極寒の候で、寒さ骨にしむ中を、他の三人とともに京都を発した。三人とは有栖川宮家の飯田左馬忠彦、西園寺《さいおんじ》家の藤井但馬守尚弼《ひさすけ》、三条家の森寺若狭守常邦《つねくに》である。

この三人は、宮家または公卿の家来で身分も高いから、扱いも多少丁重で網乗物で送られたが、雲浜は浪人であるから軍鶏籠《とうまるかご》に厳重に縛られて乗せられた。警固は驚くばかり厳重をきわめた。抜身《ぬきみ》の槍《やり》、切火《きりひ》縄《なわ》の鉄砲二百余人をもって、前後左右を囲まれた。同志が奪取に襲い来ることを恐れたからである。

護送の列は三条大橋にさしかかった。見物人はたくさんあった。

その中に交って見送りに来ていた女は、山田仁兵衛の妻千代であった。常という娘を伴っていた。

千代は雲浜の十五歳の時から、母のように何くれとなく世話をして来た。いままで深い親密の間柄であって、このたび捕われて江戸へ下ると聞き、最早二度とこの世で会えることはないだろうと、悲しさやる方なく、心ばかりの別れに来たのであった。

娘の常も雲浜が好きであった。いつも往き来して、雲浜に深く愛されていた。小さい胸に哀愁の情をたたえて、見送りに来たかれんの姿であった。

千代が軍鶏籠を指さして、

『あれが、梅田の小父《おじ》さんよ。』

と教えると、常が、

『梅田のおぢさーん、おぢさーん。』

と力一パイ、涙ぐんだかん高い声で叫んだ。

護衛の役人がツカツカと傍へ来て、

『黙れ！　何を言うか。』

と目を怒らして、常をにらみ、手にせる棒を振って付添の千代をハッシと打った。女幡随院《ばんずいいん》の異名を取った千代は、打たれたからとて平気であったが、その目には涙が止めどもなく流れていた。

雲浜もその声を聞くや、すぐそれと知って、人知れず涙をもって答えたであろう。

軍鶏籠の中にいましめられて、まったく身の自由を失い、眠るときも坐ったまま、厳寒の候でも、火はもちろん与えられず、苦しい旅をつづけること十五日、翌安政六年一月九日、江戸に着いて、北町奉行石谷因幡守《いしがやいなばのかみ》役宅の牢に入った。

評定所吟味中お預けとなって、常盤《ときわ》橋内の小倉藩主小笠原右近将監《うこんしょうげん》の邸に監禁の身となった。

捕えられた多くの志士も、続々江戸へ送られて、各所へ預けられた。

頼三樹三郎、伊丹蔵人、山田勘解由、高橋兵部権大輔の四人は同送された。その護送の途上、青蓮院宮の御門前にさしかかった。山田勘解由は悲痛の涙に咽び、よそながら宮様にお暇ごいを申し上げようと、指をかみ切って、紙に左の和歌を認めた。


今日出でていつかは君に逢坂《おうさか》のせき止めあへぬ我が涙かな

そしてこれをかごの窓から投げ捨てて行った。

頼三樹三郎は道中大威張りで、蛮声をはり上げ、

『役人ども、酒を持って参れ。天下の豪傑頼三樹三郎をなんと心得るか。』

と、どなり散らすので、役人もしかたなく常に酒を与えて機嫌をとった。罪人の身で役人をおどかして大酒を飲みながら行ったのは他に例がないであろう。

家族の逆境

雲浜が囚われの身となったその夜から、家族は町内預けとなったので、町内から毎日二人の番人を付け、家族の外出をいっさい禁じ、他から尋ねて来ることも禁ぜられた。昨日に変る今日のあさましい姿となった。

世間の人は詳しい事情は知らないので、いろいろとうわさし合った。

『あれは公方《くぼう》はんへ謀叛《むほん》をしやはったんどすえ。』

『由井正雪の二代目どすなァ。』

『いや、あれは切支丹《きりしたん》やそうや。こわい人やそうどすわ。』

『いや、あれは長州はんの物産の御用掛をやってて、お金を使い込んだんやそうや。』

『なにしても、町内から悪い人間が出たもんや。ほんまにえらい迷惑どすなァ。』

と、がやがやとあらぬことをしゃべり立て、また遠くからわざわざ見物に来る者もたくさんあった。家族にとっては身を切られる思いであった。

近所の本屋で北村屋太助という人は、雲浜が店へ本を見に行く中に、おいおい懇意になったが、雲浜の人格と学識に深く敬服して、いつも出入して世話をしていた。雲浜はあまり本は買わなかったが、必要の場合は北村屋から借りて来た。

かれは雲浜の借家保証人となっていた関係で、町奉行から、事件落着まで雲浜の家族を扶養《ふよう》せよと命ぜられた。

北村屋はこころよくこれを引き受け、いっさいの世話をして不自由はさせなかった。米屋、酒屋、魚屋などに支払が残っていたので、北村屋が一々支払いに行った。ところが平常雲浜と接して、その人物をよく知り尊敬していたので、どの店でもそれを受け取らず、帳面に棒を引いてくれた。

今まで懇意にした人々、門人、あるいは雲浜の正義を知る人は、家の表からははいれないので、裏の垣の間から、野菜物や、子どもへと菓子などを、紙に包んで投げ込んで行った。袖に涙のかかるとき、人の美しい情はとくにうれしく感じられた。

かくて家族は、あわれな監視の生活をつづけること、一年三カ月に及んだのであった。

この北村屋太助は、町人なれど雲浜の感化を受け、その遺志を継いでけっ起し、名も西川耕蔵《こうぞう》正義《まさよし》と名乗る有名な勤王家となって、維新史にその名を輝かし、従五位を贈られた。

雲浜が捕われると、大野応之助は、与力の職務上、自分の家に登美子を置くことができないので、親戚の大野市右衛門の所で身を隠した方がよいと言って、その家へ移した。そこえ雲浜の門人で、境町四条上るに医者をしている若狭の人松井周蔵が来て、うちで及ばずながらお世話させて下さいとて連れて行った。

松井周蔵は医者を開業した当座は、無学で、患者もいっこう来なかったのを、雲浜は学問を授け、また自分の下女で峰《みね》というのを妻に世話した。それ以来不思議と患者も多く来て、だいぶはやって来たので、松井は雲浜に対して深く感謝していたのである。そして多くの志士が捕われてから、だれしも恐れて志士に宿を貸す者がなかったのに、この松井は大高又次郎、同忠兵衛、野村和作らをかくまった。

登美子は、前に使った下女に使われることになったが、この妻は以前の身分を忘れて、元の主人に対し、呼び捨てにして召使うので、若狭から来て、この家で仕事をしていた大工も、登美子に同情してくやしがっていた。また世間の人は、大罪人の姪《めい》だと悪くいう者も多いので、ずいぶんつらい思いをしたのであった。

そのころ時々来ては登美子を慰めてくれたのは、播州の大高又次郎や、長州の入江九一の弟の野村和作らであった。この野村和作は、後に逓信大臣内務大臣子爵となった人で、その時は登美子と同年の十七歳であった。

その中にも幕府の探索はいよいよ厳しく、雲浜の同志や門人が、そこかしこに潜んでいるのを探し出しては捕えた。

登美子は、松井の家にもいづらくなったので、本願寺の別院や、その他数ヵ所へ奉公しょうとしたが、いずれも雲浜の妊ではと、置いてくれる家もなかった。前に親しかった人々も、ことばもかけず、途であえば顔をそむけて、知らぬ風をして行き過ぎた。

門人山口薫《しげ》次郎は、いろいろ心配したが、小浜へ帰った方がよかろうとて、路銀を与えた。

十七歳の小娘ただ一人、小浜へ向ったのは、その年の十二月二十三日であった。

八瀬《やせ》、大原《おはら》から近江《おうみ》、若狭の界《さかい》の、山中という所にさしかかったが、そこには番所があって、女人の通行を固く禁じているので、間道《かんどう》に忍び入り、風荒く雪のしきりに降る中を、胸つくばかり嶮《けわ》しい山道をよじ登り、行く手も見わけがたく、あるいは雪中に倒れふし、あるいは崖《がけ》からころび落ち、あるいは小浜藩の卒に行き合って調べられたのを、いつわり答えなどして、ようやく三日目に小浜へたどり着き、叔父の矢部三五郎の家へ入った。

小浜藩はことごとく幕府方で、雲浜を大罪人とののしって、だれひとり同情する者もなく、日陰の身として人目を避けなければならなかった。

著者の祖父や津田家では、雲浜の手紙その他いろいろの揮《き》毫《ごう》を持っていたが、雲浜捕縛とともにことごとく焼き捨てたという。いま京都の津田程生氏方には、雲浜から皿五枚を贈物として、その箱に『松風亭道八者所製之磁器五餞贈、楠軒主人』と記したものだけが残っている。こんなありさまでだれもみな恐れて、雲浜の一族にも近づかなかった。

親王大臣を処罰

かくして、いやしくも井伊大老の意に反する行動を取る者はことごとく厳重に召捕り、また有力な公卿を威嚇して勢力をそぎ、諸藩士や浪士の活動を抑えたが、間部老中、酒井所司代、内藤伏見奉行、小笠原京都町奉行のいずれも、孝明天皇の御決心の尋常でないこと、勤王反幕の風潮がますます陰然としてまき起って来るのに驚いて、初めの気勢も大いに抜けて、ちゅうちょの気味になった。

しかるに井伊一派は、あくまでも手をゆるめず、おいおい至尊《しそん》の御身辺にまで黒い手を及ぼそうとした。

江戸においては、井伊の懐刀《ふところがたな》として側用人宇津木六之丞あり、京都には井伊の腹心の長野主膳あり、唯一の味方九条関白に島田左近あり、いずれ劣らぬ竦腕《らつわん》のこの三人が、井伊直弼をますます煽動し、井伊からは、間部、酒井を叱咤《しった》し激励したので、かれらは内心は進まなくともぜひにおよばず、ついに主上の御信任最も厚き青蓮院宮、近衛以下の朝廷の大官に、弾圧を加えることとなった。

国事に尽した朝廷の忠臣も、身の危険を悟って、安政六年一月十日、左大臣近衛忠熙《ひろ》、右大臣鷹司輔熙《たかつかさすけひろ》は官を辞し、かつ落飾《らくしょく》（坊主になること）を請い、前関白鷹司政通、前内大臣三条実萬《さねつむ》も、また落飾を願い出た。

天皇はお驚きになつて、九条関白に対し、次のごとき宸翰《しんかん》を賜うた。

『このたび辞官落飾を願い出たのはいかなる次第なるや、元来神州の汚点となることを深く憂いて、外夷を遠ざけたき忠憤の志より、大臣を始め、一同苦心いたしくれたるわけにて、将軍家に対し異心をさしはさみたる筋にてはなきに、遠隔の関東へはいかが聞えたるか、疑念がいまだ散ぜないためならんが、早く疑いを解き、国内平隠の処置を計ること肝要《かんよう》なり。朝廷にも大臣数人が永く引きこもりては、かれこれと差し支えるにつき、すみやかに出仕《しゅっし》するよう、よろしく取計うべし。』

と仰せられて、四人に罪のないことを述べられたにもかかわらず、間部は四人を願いのとおり許されたしと奏上した。

さらに二月五日、酒井所司代は井伊大老の命により、青蓮院宮、鷹司父子、三条、近衛、一条、二条、久我、中山、正親町《おおぎまち》三条らの十二人の処罰方を奏請《そうせい》した。

天皇はあまりのことに驚き給い、その罰を軽くするように御尽力なされたが、間部も酒井も頑として従わず、まず青蓮院宮、一条忠香、二条斉敬《なりゆき》、久我建道《たてみち》、その他は謹慎を命ぜられた。

近衛、鷹司ら四人に対する落飾は、なんとかして延期させようとの御心から、九条関白をして、幾度も酒井忠義に諭させ給うたが、酒井はこれに従わず、

『四人の落飾を拒《こば》み給はば、さらに遠島の刑に処さければなりませぬ。』

と威嚇した。

ついに天皇のお望みを遮《さえ》ぎって、近衛忠煕、鷹司政通、同輔煕《すけひろ》、三条実萬の四人は、免官、落飾、慎み等に処せられたのである。

天皇はいたくあわれに思召《おぼしめ》し、四人に有りがたき慰めの御書面並びに御品を賜うた。

そして天皇には、深く悲歎遊ばされて、

『天下の事を論ずる者を、いっさい縛《しば》り取って江戸に下し、つづいて四大臣を落飾幽閉《ゆうへい》し、正義の士は、ここに尽きてしまった。』と仰せられた。

かかる幕府の横暴な所為に対しても、当時朝廷の威光衰えて、いささかも御意のままにならな

ず、諸大名もただ呆然《ぼうぜん》と坐視するのみで、朝廷のために働くものは、一藩としてなく、むざむざと勤王の士を縛し、君側の忠臣を罰せしめたのであつた。

巨星ついにおつ

西郷隆盛は、僧月照《げっしょう》を伴《ともな》って京都を脱し、鹿児島へ帰って来たが、藩の形勢が変つていて、月照を日向《ひうが》へ放逐せよと命ぜられた。覚悟を定めた隆盛と月照は、平野二郎らと小舟に乗って漕ぎ出でた。十一月十五日の月は冷い光を錦江湾《きんこうわん》に投げて、金波銀波をただよわした。舟中で酒をくみかわし、和歌を詠じてこの世に暇を告げ、隆盛と月照は相抱いて、突然ザンブと海に投じた。

平野二郎らは驚いて舟をまわし、浪の中を探ってようやく救い上げたが、月照はすでにいきが絶えていた。時に四十六歳。隆盛は危くも一命を拾った。そして大島へ潜居を命ぜられた。

平野二郎は京都へ潜行し、山口薫次郎に旅費を受けて三宅定太郎をたずね、総髪をそって商人に姿をかえ、三宅の別宅の鉄物店の番頭として世をしのんだ。

日下部《くさかべ》伊三次は惨酷きわまる拷問《ごうもん》にあい、十二月十七日悲惨な最後をとげた。時に四十五歳。

安政六年二月二十二日には、富小路家の家来山本縫殿が六十三歳で、三月十八日には月照の弟信海が三十九歳で、五月十三日には幕府与力中井数馬が五十三歳で、いずれも獄死した。

井伊大老は京都の方面に大弾圧を加え、一方江戸では召し捕った人々の処分にかかった。

井伊は、老中松平和泉守《いずみのかみ》乗全《まさ》を評定所の裁許掛《さいきよがかり》とし、寺社奉行、勘定奉行、町奉行、大目付、目付の五人を裁判官とした。これを五手掛《いってがかり》と言った。

評定所にも正義の士はあった。留役勘定組頭の木村敬蔵が言い出した。

『囚徒《しゅうと》から没収した書類を調べて見るに、みな明主を戴いて、外患に当ろうとするにある。これ全く私のためでなく、国家のためにしたことである。たとえ地下《じげ》の者が、堂上へ出入して政事を議するのは悪いこととしても、すでに朝廷がこれを嘉納《かのう》せられた以上は、その罪はない。この囚徒を糺問《きゅうもん》することは、とうてい害があって益なきことと存ずる。むしろ寛典に処して罪を問わない方がよいと思う。』と無罪論を唱えた。

すると、勘定奉行佐々木信濃守《しなののかみ》顕発《あきのり》、寺社奉行板倉周防守《すほうのかみ》勝静《かつきよ》の二人も賛同し、これを井伊大老に申し出でた。

すると井伊はもっての外とばかり怒って、たちまちこの三人の任をやめて、丹後宮津藩主（七万石）松平伯耆守《ほうきのかみ》宗秀を板倉の後任とし、町奉行池田播磨守《はりまのかみ》頼方に勘定奉行を兼帯《けんたい》させて佐々木の後任とした。そして重く処罰するように厳命した。

池田播磨守は町奉行として冷酷の限りを尽し、世に「首斬播磨《はりま》」とうたわれた男である。

安政六年二月十三日雲浜ら四人は、始めて評定所へ呼び出された。

法廷はいわゆる五手掛の役人列座する。すなわち寺社奉行松平伯耆守、大目付久貝因幡守、町奉行石谷因幡守、町奉行兼勘定奉行池田播磨守、目付松平久之亟であった。

この日は一応型《かた》のごとき調べがあった。

次は一カ月後の三月十二日、雲浜は午前八時に呼出しを受け、種々の取調べがあって午後五時に帰った。取調べの際は、幕府の役人どもに教えて目をさまさすのはこの時であると、京都町奉行に対すると同じく、いささかも臆するところなく、例の熱弁を揮って堂々と尊王攘夷の大義を説き、幕府の違勅を責めて、

『世は今さかさまでござる。わが日本国をしろしめし給う一天万乗の大君が、臣下に過ぎない幕府のために圧迫せられ給うありさまであるから、すべてが間違う。朝廷の御意を奉戴して、国難に当ろうとする正義の士を、罪人に陥れようとするがごとき、これほど間違ったことはあるまい。このままに行ったら、野心飽くなき外夷のために、日本はじゅうりんされてしまう。正しい世となったならば、牢へ入るのは拙者でなくて、貴殿方でござるぞ。』

とまで極言したのであった。役人は怒るよりも、その熱烈にして堂々たる憂国の正論には服す

るところが多かったという。

雲浜の取調べによって、幕府の得たものはほとんど何もなかった。ただ雲浜が長州へ行った時吉田松陰と会ったことが判ったくらいのことである。

松陰は以前から、長野から「悪謀の働きも抜群」と言われていたので、雲浜の一味であろうとの嫌疑《けんぎ》をもって召喚されることになった。

松陰は五月二十五日、長州萩《はぎ》を発し、六月二十四日江戸に着いた。

松陰は伊藤伝之助、野村和作らに命じて、大原重徳《しげとみ》をむかえ、九州と結んで幕府に対抗することに尽力させ、また門下の同志十七名とともに、間部下総守を暗殺しょうと企てて、血盟団を組織した。そして藩の重役で勤王家周布《すふ》政之助へ間部要撃策の許しを請うた。

周布らはこれを弾圧して松陰を獄に投じたので、松陰の計画は何も出来なかった。幕府にはまだそのことは知られていなかった。

雲浜は三月十二日に取調べがあったきり、八月十四日まで、一度も取調がなく打ち捨てて置かれた。

八月十四日第三回目の取調で呼出された。法廷はまた堂々たる尊王攘夷論で終った。

その前日から風邪の気味であったが、その後なかなかなおらず、二十三日には全身に腫気《しゅき》が出て、少し麻痺《まひ》の気味もあり、脚気症《かっけ》と診断された。

同じ小笠原家に幽閉されている藤井但馬守も、七月二十日ころから脚気となったが、九月一日獄中に死んだ。年三十五。

雲浜は昨年九月七日に捕えられてから一年間、全く牢屋に閉じ込められて、いっさい運動も、手紙の往復も禁じられ、何もせずにいるのであるから、健康に害あることはもちろんである。血気盛んな者でもだいぶ獄死しているくらいで、雲浜もひどく衰弱していた。

飯田左馬がある人に与えた手紙に、

『梅田は小笠原家にて、詩作の事も承り候。』

とあるとおり、詩歌も作ったであろう。定めしりっぱなものができたであろうが、小笠原家ではすべてそれを処分したと見え、一片の書も残っていない。なにを語りなにをしていたか、それもいっさい判らない。ただ病気の容態《ようだい》だけは詳しく記録に残っている。大切な預り人であるから小笠原家では、医師にかけ手を尽して治療をしたようである。

しかし平常の衛生が全く欠けているので、病勢はおいおいと悪化し、九月十四日卯《う》の下刻、すなわち午前七時、一世に秀でた熱血児、勤王の巨頭も、無情の秋風に送られて、ついにこの世を去ったのである。雄魂《ゆうこん》ふたたび帰らず、四十五年の人生の幕は閉ざされたのであった。

雲浜梅田源次郎定明、かれの一生はこうして終ったのである。終生の大目的たる朝廷の御為に死することができて、定めし満足であったろう。かれは生涯をほとんど貧苦に過した。またたびたびの大病にかかった。家庭の不幸は連続しておそった。しかも高嶺《たかね》の松のごとく、その志操はき然《ぜん》として秀でていた。大藩からの招聘《しょうへい》にも耳をかさなかった。晩年には相当の収入があったが、一枚の衣、一個の器さえ購《あがな》わずして、ことごとく国事のために費やした。亡き妻の位牌を、常に傍から離さなかったその真情、旧師の経営せる塾が衰えるや、三食に事かく生活をしながら講主として尽した報恩の心、また自己を放逐した藩主に対し、いささかの私怨もなく最後まで尽した誠忠、ことに国事にけっ起して勤王のさきがけとなり、東奔西走、一日として身の安まることなく、百難に屈せざる雄々しき鉄石心、実に血も涙もあり、義も勇もある、まことの国士の面目と言いうるであろう。そしてかれは、暴力手段によらず、堂々と大義名分によって行動し、着々として成功した勤王の功は、さん然としてわが国史に輝くものがある。またかれの力によって、いかに多くの志士を奮起せしめたか、かくして維新の大業成就の基礎《きそ》は作り上げられたのである。幕末維新の当時、勤王の傑物は多かった。しかし、その人物と、功績とを兼ね備えた雲浜のごときは、決して多くはなかったであろう。

雲浜死去により、役人検死の上、翌日浅草海禅寺《かいぜんじ》内の泊船軒《はくせんけん》という寺内に仮埋葬《かりまいそう》をせられた。

獄中で毒殺せられたという説もある。昔はめんどうな罪人にはよく一服盛ったものである。小林良典《よしすけ》や六物空満は毒殺されたということである。

著者の祖父は語った。

『雲浜は白状はしないし、堂々と忠義の論を説くので、幕府でも困ってしまって、仕方なく毒殺してしまったのじゃと、当時はみなそう言っていた。』

雲浜の死去の通知が十一月に所司代から家族に届き、家族はようやく監視を解かれた。妻の千代子は、せんかたなく二人の子どもを連れて、生家なる大和高田の村島家へ帰って行った。

同志の処刑

雲浜の死去より少し前、八月二十七日評定所は第一回の判決を下した。主として井伊の敵とにらむ水戸藩の関係である。すなわち、

水戸前藩主徳川斉昭《なりあき》は水戸において永蟄居《ちっきょ》、現藩主慶篤《よしあつ》は差控え、一橋《ひとつばし》慶喜《よしのぶ》は隠居慎み。

安島帯刀《あじまたてわき》（四十八歳）は切腹、茅根《ちのね》伊予之介《いよのすけ》（三十六歳）、鵜飼吉左衛門（六十二歳）は死罪、鵜飼幸吉（三十二歳）はさらに重く、獄門に処せられた。すべて水戸藩の重要人物である。

死罪の理由は、慶喜の擁立、勅諚降下に策動し、公武間の阻隔《そかく》を招いたというにある。

いずれも顔色一つ変えずにりっぱに死についた。中にも鵜飼吉左衛門は死の寸前まで、主君斉《なり》昭《あき》の安否を憂いつづけていたが、無事なことを聞いて、うれしげな笑をもらして斬られた。

その他鮎沢伊太夫、小林民部権大輔良典を遠島に、近衛家の老女村岡を押込に、池内大学を追放に処した。悪謀の四天王といわれた池内大学が案外軽かったのは、同志を裏切って秘密を幕府へ告げたからであるといわれる。小林良典は間もなく怪しき死をとげた。時に五十二歳。

初め裁判の結果は、死罪は一人もなく、もっとも重いので遠島であったが、井伊大老自から筆をとって以上のとおり死罪としたという。

十月七日第二回の判決が行われた。

頼《らい》三樹三郎（卅五歳）、橋本左内（廿六歳）、飯泉《いいずみ》喜内（五十五歳）を死罪。

三人の死罪の理由は、橋本左内は『藩主の命を受け慶喜擁立に尽力したこと。』

頼三樹三郎に対しては、『梁川星巌、梅田雲浜等とみだりに国政を論じ、容易ならざる説を唱えて堂上に入説し、人心を惑乱《わくらん》したることは公儀を恐れぬ不届の所業。』

飯泉喜内は『堂上家の家司等と往復して時事を評し、巷説《こうせつ》を伝播《でんぱん》し、露国使節の宿舎を訪《と》うたこと。』であった。

いずれも罪らしい罪は一つもないのである。

橋本左内は福井藩の医官橋本長綱の子で、初め吉田東篁に学び、次に大阪の緒方洪庵に、さらに江戸で杉田玄白に蘭学と医学を学び、医官、明道館学監となり、抜てきされて藩政の大改革に当った。またロシアと同盟を主唱したりした。藩主松平慶永の信任があつく、その命で一橋慶喜の擁立に活躍した。一橋派は同時に勅許なくして条約調印には反対した。左内は法廷で、条約調印と将軍継嗣の問題について奔走したことは、公明正大の行動で、なんら正道に反するものでないことを強く説いた。

頼三樹三郎は法廷において、いささかも恐るるところなく、最後まで猛烈に幕府の横暴と失政を攻撃し、勤王論を強調したのは、さすが雲浜と血盟の士だけある。左内も、三樹三郎も辞世の詩歌を詠じて、しょうようとして斬られた。

同日六物空満を遠島、春日讃岐守、山科出雲守、森寺因幡守を永押込、伊丹蔵人、丹羽豊前守、三国大学、入江雅楽頭、森寺若狭守を追放、飯田左馬、山田勘解由、高橋兵部権大輔、富田織部、飯泉喜内の息春堂らを押込、宇喜多一蕙、同松庵を所払いに処した。

吉田松陰は七月九日評定所に召出され、五手掛の吟味《ぎんみ》があったが、その時松平伯耆守《ほうきのかみ》は次の訊問をした。

『梅田源次郎が、長州へ行ってその方に面会したそうであるが、いかなることを語り合ったか。』

これに対して松陰は答えて、

『梅田は安政四年正月に、拙者方へ来たことは事実でありますが、なんら時事については論じません。ただ禅学《ぜんがく》などについて語っただけであります。』

『そうではあるまい。もとその方の門人で、後に梅田の門人となった赤根武人をもって、互いに連絡《れんらく》を取っていたであろう。』

『梅田源次郎も奇士であります。拙者は以前からよく知っておりますが、かれはみだりに尊大で、人を小児扱《あつか》いにする。拙者はかれの奸猾《かんこつ》を好みませんから、決してかれと事をともにはいたしませぬ。』

更にまた次の訊問《じんもん》があった。

『京都の御所内に落し文があった。その手蹟《しゅせき》がその方の手に似ていると、梅田やその他の者が申し立てているが、どうじゃ。』

これは全く松陰の知らないことで、筆蹟も違うから、やがて了解がついた。

奉行の取調べは案外に温和で情味をふくんでいた。そして、右の二件とも関係がないことを認められ、無罪となるのであったが、松陰は自ら進んで、

『私には、死に当る罪が二つあります。』

と言い出した。奉行は内心驚きながら尋ねると、

『それは、大原重徳卿《しげとみきょう》を迎えて勤王の旗をあげようとしたことと、間部下総守《まなべしもふさのかみ》殿を要撃しょうとしたことであります。』

とて、その詳細を自白し幕府の失政を非難した。役人一同は思いも掛けない老中要撃の大罪を知って大いに驚いた。

松平伯耆守は大喝して言った。

『間部侯は大官である。なんじ、これを要撃しょうなどとは大胆もはなはだしい。ふらち千万である。』

この時の詳細は、松陰が江戸にいた高杉晋作《しんさく》に報じた手紙や、「留魂録《りゅうこんろく》」に明かである。

松陰は、鵜飼らに死罪の判決があったことを聞いて、十七日に記した書面に、

『鵜飼や、頼、橋本などの名士と同じく死罪なれば、小生において本望なり。』

二十日には次の歌をよんだ。

親思ふこころにまさる親ごころけふの音づれ何と聞くらん

十月二十七日、第三回の判決があった。吉田松陰を死罪、日下部伊三次の弟裕之進、勝野森之

助を遠島、長谷川宗右衛門、その子速水、大久保要らを永押込に、藤森弘庵、黒沢登喜子らを追放に処した。

松陰に対する死罪の理由は、

『幕譴《はくけん》をこうむれる身にありながら、国事を論じ、間部閣老の要撃を企てたるは、公儀を憚《はばか》らず不敬のいたりなり。ことに蟄居《ちっきょ》中梅田源次郎と会語したるは不届きなり。』

刑場へ引き出されるとき、左の自作の詩と和歌とを声高くよんで、同志にそれとなく別れを告げた。

吾今為レ国死。（吾れ今国の為に死す）
死不レ負君親。（死して君親に負《そむ》かず）
悠々天地事。（悠々たり天地の事）
鑑照在ニ明神一。（鑑照明神にあり）

身はたとひ武蔵の野辺に朽《くち》ぬとも留置《とどめおか》まし大和魂

首斬り役人の山田浅右衛門が、後年人に語って、

『自分は百人もの首を斬ったが、安政六年十月二十七日に斬った武士ほど、りっぱな態度の者はなかった。』

と言ったそうであるが、その武士が松陰である。時に三十歳であった。

井伊大老はさらに、一橋慶喜を擁立しょうとした理由をもって、土州藩主山内豊信、宇和島藩主伊達宗城《むねなり》、作事奉行岩瀬忠震《ただなり》、軍艦奉行永井尚志《なほむね》、西丸留守居川路聖謨《としあきら》を隠居慎《つつし》みに処し、その他十余人を処罰した。

井伊はすでに青蓮院宮を謹慎にしたが、なお怒りが解けず、奏上して十二月七日に隠退蟄居《ちっきょ》に処した。

同月二十四日には、間部下総守詮勝は、井伊との間がおもしろくなく、老中の職を辞した。

凄惨な安政六年はかくして暮れて、

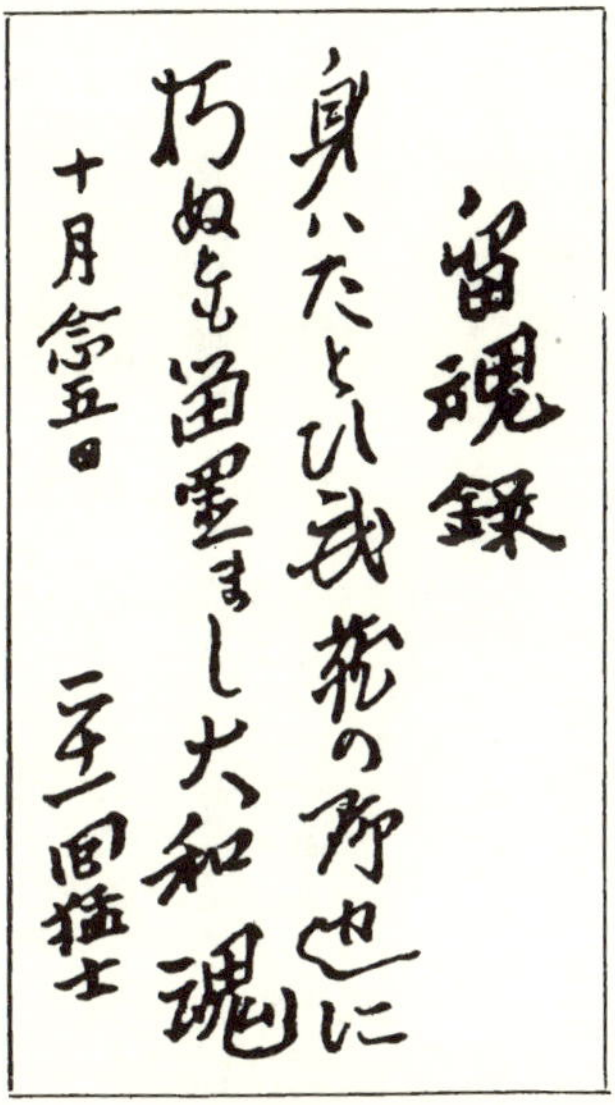
留魂録
身はたとひ武蔵の野辺に
朽ぬとも留置まし大和魂
十月念五日
二十一回猛士

吉田松陰筆蹟

万延元年の春をむかえたのであった。

危いかな井伊大老、主筋に当る徳川の一族水戸藩、尾張藩を初め、多くの雄藩を敵とした。

梅田雲浜ら処士の力を軽視し、数人を極刑に処して、弾圧できるものと思ったのは大なる錯誤で、これにより却って天下の同志は憤然として起ち上った。

ことに朝廷を容易に圧迫できるものと思ったのは、昔の強力時代の幕府を夢みたことで大失策であった。時代は移る。とうとうたる時勢の流れを暴圧をもってさえぎることはできない。長野主膳、宇津木六之亟らの小人輩の言を信じ、家老岡本黄石らの忠言を斥《しりぞ》け、その果敢勇断は気狂いざたの暴挙となって天下に騒乱を起し、自己も幕府もともにたおれる基を作ったのである。

吉田松陰に関する書物はずいぶん多く出版されているが、それには松陰の言った、梅田は奸猾であるとか、妄《みだ》りに尊大であるとか、彼を好まぬ故に事をともにせず、ということが載《の》っているので、雲浜を誤解させるおそれがある。はなはだしきは、あまりにも松陰を偉大にするために、雲浜を真に奸物のごとく、あるいは松陰とともに事をなすに足らぬ人物のごとくに、書いてある本がある。これは全く雲浜を研究せずして、軽卒に筆を執ったためである。

雲浜は松陰に対し、小児あつかいという程でなくとも、書生扱いにしたことは事実らしい。元来雲浜は気位の高い方であつたが、松陰とは年齢も十五違い、また社会的地位や政治的手腕なども大分差があったらしく、かつ松陰は、雲浜の友人の、むしろ輩下の森田節斎の門人であるから、自然書生扱いにもなったであろう。単純で生一本の松陰は、性格的に雲浜を好まなかったかも知れない。

しかしすでに読者も知るごとく、松陰の手紙には、雲浜のことを非常に賞めて書いている。また多くの友人門人を雲浜に紹介して訪問させて事をともにさせている。雲浜を真に奸物と思い、また好まないならばそんなことはできない訳である。なお松陰のこの言は、雲浜と通謀の容疑で運命を左右する裁判の答弁であることを考えるべきだと思う。

徳富蘇峰氏の、雲浜に対する評論を左に掲げる。

『梅田雲浜は山崎学の正統を紹《つ》ぎたる者。されば山崎学の長所と短所とは、両《ふたつ》ながら此人により て代表せらるる趣《おもむき》がある。彼は自ら居る太《はなは》だ高く、自ら信ずる太だ篤《あつ》く、これがために吉田松陰は、梅田人を見る小児の如しと云ひ、横井小楠は、梅田の偏固《へんこ》には困り入ると云ふ。然も彼の本色は寧ろ却て此処にあったかも知れない。

されど雲浜を以て、単に道学者《どうがくしゃ》の標本《ひょうほん》とするは、未だ彼を知らざるもの、彼は彼相応に策もあり、略もあり、才もある。反対党から見れば、決して油断の出来ぬ男であった。彼は東は水戸に赴き、西は長防に遊び、頗る周旋する所あった。而して道学者には、珍らしく理財の道にも、決して無関心ではなかった。固より我が一身一家の財政などは、眼中には無かったとは云へ。

併し雲浜を偏固なる道学先生と見るも、将た油断のならぬ陰謀的煽動家《せんどうか》と見るも、未だ彼を尽したとは云はれない。彼には其の所信《しょしん》があり、而して其の所信を貫かんとする猛志があった。彼の信者が彼を以て至誠の人とするは決して理由なきことではあるまい。』

と。また内田周平氏はいわく、

『雲浜先生は、学者にしてまた志士であり、君子にして豪傑を兼ねて居る。吉田松陰も、橋本景岳（左内）も、志士であり豪傑であるが、学者たり君子たる点に於ては、とても先生に及ぶことは出来ない。』

桜田門外

さきに水戸藩に降下された勅諚を、そのままに置いては、禍いの根をのこすものであると、井伊大老は奏請して勅書返納の御沙汰を請うた。天皇は朝臣の罰を軽くするためにお許しになったので、水戸藩主に返納を命じた。これを聞いた水戸の高橋多一郎、金子孫二郎らは大いに憤慨して、これを拒もうとした。

しかるに藩では高橋らの激派を罰しようとしたので、高橋、金子らは江戸へ逃れた。恨みは深し井伊大老、どこまで水戸藩に迫害を加うるか、血の涙を呑んで忍びに忍んだが、この上はもはや断の一字あるのみと、ここに高橋、金子らは大老暗殺の計を巡らして決死の士を募り、金子が指揮者となり、高橋はこれと呼応して関西で事を挙げることとした。

343 桜田門外

万延元年（一八六〇年）三月朔日《ついたち》、金子らの一党は、江戸日本橋の旗亭山崎屋に会合し、三月三日大老要撃の手筈を定めた。

三日は夜来の雨がいつしか雪となって、密雲空をとざし、桃の節句というのに、白雪はさかんにとび、たちまち積ること一尺余、八百八町は銀衣に蔽われた。

夜もまだ明けぬころ、芝の愛宕《あたご》山に同志二十二名が会合した。いずれも脱藩届を出し死を誓い合った人々である。

その内、斬込みの任を負うた人々は関鉄之介、岡部三十郎、斎藤監物、佐野竹之介、黒沢忠三郎、大関和七郎、蓮田市五郎、森五六郎、山口辰之介、広岡子之次郎、稲田重蔵、森山繁之介、杉山彌一郎、鯉淵要人、広木松之介、海後嵯磯之介、増子金八の水戸藩士と、薩摩藩士の有村次左衛門が加わって十八名である。金子孫二郎は品川に吉報を待っていた。

午前八時まえから、桜田門外の杵築《きづき》、米沢の藩邸の前に来て、濠《ほり》に沿うて行きつ戻りつ雪景を賞し、あるいは掛茶屋にいこい、あるいは路傍にうずくまって、大名の登営を見物するさまをよそおっているところへ、城中の辰《たつ》の刻（午前八時）を告ぐる太鼓《たいこ》の音とともに、続々と大名が登営し、やがて井伊大老の行列六十人が進み来たった。

先頭がまさに左に折れて、桜田門に向おうとした時、

「お願いでございます。」

と大関和七郎が訴状と見せかけたものをささげて、かごへ突き進んだ。

それとともに一発の銃声を合図に、傘をなげうち、かっぱをぬぎ捨てて、まず数人が電光のごとく大刀を振りかざして、前衛に斬り込んだ。

警固の士は大狼狽、雨着に、らしや袋を刀のつかに掛けているので、刀を抜く間もなく、さやごと抜いて戦うありさま、みな前衛に意を取られて、かごの側が手薄になった。いままで機を見ていた稲田、広岡、海後、有村の一隊が、電撃突進し、稲田重蔵がまず一刀を、かごの中に、エイッとばかり貫くや、たしかに手答えとともに、

「ウーム――。」

と苦悶の声、ついで左右から乱刺し、有村が戸を破って虫の息の大老を引き出し、首をはねて刀の先に刺し、

「井伊掃部頭《かもんのかみ》の首級《しるし》を申し受けた。」

と大音に呼わり、一同歓呼の声をあげた。全く一瞬間の早業であった。

大老の家来で即死した者四人、傷者は十五人、志士の方では、稲田が斬死し、有村、広岡、山口、鯉淵は重傷を負うて自刃《じじん》し、斉藤、佐野、黒沢、蓮田の四人は老中脇坂安宅《やすおり》の邸へ、森、大

関、森山、杉山の四人は熊本藩邸へ自首して、斬奸《ざんかん》主旨書を提出し、五人はにげた。

この日の総大将で、雲浜の盟友金子孫二郎は、品川で成功の吉報をえたうえ京都へ向ったが、後に捕えられて斬られた。

自首した八人の中、斎藤監物と佐野竹之介は重傷のために死し、その他はみな斬られ、のがれた五人のうち海後と増子を除いて、他は斬られ、あるいは自刃した。

また雲浜の盟友の一人で、斬込みの策戦を指導した高橋多一郎は、その子庄左衛門および同志らとともに大阪に出で奔走中、幕吏数十人に取り囲まれたが、多一郎父子は捕手を斬りなびけ、追われながら四天王寺に入り、多一郎は捕吏をにらまえつつ、和歌を血書し、これを朗々と吟じて自殺し、子の庄左衛門は絶命の詞を障子に血書して、壮烈なる最期をとげた。

著者の祖父定詮は、井伊大老の暗殺より二年前の安政五年十二月一日に、家族を引つれて江戸に着任し、文久三年四月二十五日小浜へ帰任を命ぜられるまで、三年余り江戸にいたので、当時の江戸の状況をよく知っている。祖父は事件の時四十三歳で、その現場へも見に行った。

祖父の話では、日本は朝廷側と幕府側に分れて大戦争が起るとか、井伊家と水戸家と戦うとか、全く天下大動乱になるかと思われたもので、人心は極度に不安に陥った。酒井家は井伊の味方であるから、水戸や勤王浪士からおそわれる心配もあった。実に想像もできないほどの大変なさわぎであったとのことである。

実際に、江戸の彦根藩士は大いに憤慨し、水戸邸へ斬り込もうとしたのを、家老岡本半助（黄石）が三昼夜にわたり懸命に説いて、ようやく中止させたのであった。この岡本半助宣迪は梁川星巌に学び、勤王志士と交わり、井伊が大老になったとき極力これを諫止した。また朝廷側の内情を探り、たびたび上書して諫言したので、大老はきらって三年前から面会しなかった。

井伊大老死して、幕政は安藤対馬守《つしまのかみ》信正（信睦、信行とも称す）、久世《くぜ》広周《ひろちか》が主となって当ったが、幕府の勢力は急転直下、もはや昨日のものではない。

その年八月十五日、勤王家として剛毅であった徳川斉昭が、水戸城内に謹慎中死去した。時に六十一。おくり名して烈公と称した。

幕府は、井伊のために謹慎を命ぜられた人々を許し、問題の紀州藩の家老水野忠央《ただなか》に隠居謹慎を命じ、また志士を捕縛した京都町奉行小笠原長常を他へ転じたり、水戸の勅諚返納を猶予したりなどして、一橋派、水戸派、志士らの歓心《かんしん》を求めた。

その年四月に幕府は、朝廷との融和をはかるため、孝明天皇の皇妹で十五歳の和宮親子内親王《かずのみやちかこ》を、将軍家茂《いえもち》の夫人として御降嫁を仰いだ。

和宮は六歳の時、有栖川宮熾仁親王《ありすがわのみやたるひと》と御許婚《おいいなづけ》になっていらるるので、天皇はお許しにならなかった。

幕府はいろいろな策を構えて運動し、また例の九条家の島田左近が、同家の諸大夫宇郷重国と謀って、術策を弄し、朝臣中にも賛成者があったので、天皇はいたく悩ませられたが、国家のためとてついに許された。

久坂玄瑞らは大いに憤慨して、和宮のお輿《こし》を奪い取ろうとしたが果さず、文久元年（一八六一年）十月二十日御発輿《はつよ》、翌二年二月十一日、将軍家茂と華燭《かしよく》の典を挙げられた。時に宮は十七歳である。そのとき、天皇からは、和宮御降嫁とともに御希望の国策上の条件を申し入れ給い、幕府はすべてこれを承諾したのにかかわらず、御婚儀が終るや、たちまち言を左右にしてほとんど守らなかった。安藤らに対する非難はごうごうと起った。

文久二年正月十五日、老中安藤対馬守信正は、行列を正してまさに坂下門に近づこうとした時突如、六人の壮士は白刃を振りかざして切ってかかった。これは水戸浪士平山兵介らで、兵介は信正の背に一刀を浴せたが、重傷ではなく、六人は多勢に取り囲まれて、乱刃の中にことごとく壮烈な斬死をしたのであった。

安藤はやがて、創《きず》が癒《い》えて登営したが、内外から非難が多く、四月にはついに老中をやめさせられた。

都の桜花

雲浜の死はやがて小浜の矢部家へ報ぜられた。泣くものは二人の姉と、弟の三五郎、姪の登美子ぐらいで、一藩ことごとく雲浜を幕府と藩主に反いた、不忠の謀叛人と思っているのであるからあわれと思う人もなかった。

登美子は文久元年七月、二十歳の時、雲浜の元服の時の前髪を携《たずさ》えて、ふたたび京都へ出て来て、二条の下岡という家に寄寓した。

自分の晴衣《はれぎ》髪飾《かみかざり》をことごとく売り払って、三両二分の金を得、北村屋太助を訪うて、これで叔父雲浜の墓を建てて給われとて渡した。太助は若い娘に似ぬりっぱな志に泣いて感嘆し、ともに鳥辺山の安祥院へ行って、先妻信子《しんこ》と長男繁太郎の墓を尋ねたが、標《しるし》の石もなく、人に踏み荒されて、いずことも判らぬのを、ようやくに尋ねあたり、そこに墓を建てることとして墓石を注文し、やがてでき上ったので、雲浜の前髪を埋めてそれを建てた。

罪人《つみびと》のこととて世をはばかり、忍び〱に集って回向《えこう》したのは、巽《たつみ》太郎、北村屋太助、山口薫《しげ》次郎、松坂屋清兵衛、その妻お鹿、大高忠兵衛、古高《ふるたか》俊太郎ら十三人であった。墓は写真のとおり、巽太郎が世に遠慮して、梅田の姓をはぶき、「雲浜先生之墓」と記したものである。このことを聞いて宍戸九郎兵衛、福原与曾兵衛、入江九一、久坂玄瑞、秋元正一郎（姫路藩の国学者で勤王家）らからも金を贈って来たので、みな北村屋太助にあずけて香花の料とした。

登美子建立の「雲浜先生の墓」

雲浜初め多くの勤王志士の仇敵ともいうべき井伊大老は亡び、幕府の権勢は全く地におちて、朝廷の御威光がようやく輝き始めた文久二年の春、登美子二十一歳の時、入江九一、久坂玄瑞、佐世一誠、秋元正一郎、大高又次郎、大高忠兵衛らが集って雲浜先生の志もようやく達した喜びにとて、登美子を七条の料亭に招待して饗応《きょうおう》した。桜花は爛漫《らんまん》と咲き乱れていた。

その時、登美子が筆を執って、

在りし世のことこそ思へ懐《なつ》かしな花橘《はなたちばな》の咲くにつけても

忍ぶかな枯れにし庭の梅の花咲き返りぬる春の空にも

と記すと、入江九一も矢立から筆取り出して、

時の来て都の春の桜狩り亡《な》き人恋しあげはりの内

と記した。「あげはり」は幕のことである。

佐世一誠は後の前原一誠で、時に二十八歳、吉田松陰の書を登美子に与える約束をして、後からそれを届けた。前原一誠は参議となり、兵部大輔《ひょうぶたいふ》となったが、明治九年萩の乱を起し、捕われて、四十三歳で斬られた。

登美子は針仕事などをして、食料を下岡に払いつつ、巽太郎に書を、梁川紅蘭に漢文を、蓮月《れんげつ》尼《に》に和歌を習った。これらの人々は礼物などは取らなかった。

志士の使いで、公卿中の有力者たる三位大原重徳《しげとみ》の邸へ行った。重徳は雲浜の姪《めい》と聞いて快よく面会した。その時、登美子はまず左の和歌を差し上げた。

消え果てんあすしら雪のいのちとは知りつつ積るわが思ひかな

重徳はこれをくり返し口ずさんで、

『さすがは梅田の姪である。』

と言って、喜んで登美子の用件を聞いた。

その後も、たびたび志士の用件で、大原邸その他の公卿へ密使の役をつとめた。

久坂玄瑞、入江九一、佐世一誠らは、酒井所司代の参内の途中を襲撃して、その首をあげようと計画し、鎖《くさり》じゅばんなどの用意をするので、登美子は悲しくも、自分の藩主を討つために、その縫物をしたり、また知人や親戚の小浜藩士に、殿の参内の日時を聞き出す密偵の大役をつとめた。そしてもし殿様が討たれたならば、ただちに自殺する覚悟であった。

登美子筆の雲浜（青蓮院宮親王に拝謁の姿）

ある日、赤根武人《たけと》が来て言うには、

『たとえ、朝敵といえども主君を討つことを助けるのは雲浜先生の意に反くことになります。先生は酒井の殿様にはどこまでも忠義でございました。』

と説かれて、なるほどと悟り、大高又次郎につれられて一時姫路へ姿を隠し、大高や姫路勤王党の首領河合総兵衛らの世話を受け、あるいは鵜飼吉左衛門の未亡人のところへ来たりしている中に、備中の三宅定太郎の媒酌《ばいしゃく》で、一年の押込でゆるされた青蓮院宮家の臣山田勘解由《かげゆ》時章《ときふみ》（三十歳）へ嫁した。それは登美子二十二歳の十月であった。

悽風惨雨

文久二年四月十六日、薩州藩主島津茂久の父島津久光は一千余人の兵を率いて京都に入った。それにしたがって上京した雲浜の友人有馬《ありま》新《しん》七は、雲浜と同じく山口菅山の門下である。家を出るとき、十二歳の愛児幹太郎に、雲浜の書を添えて、左の手紙を残した。

『梅田子は忠義の士にて、ことに粟田宮《あわたのみや》様に随従奉り、種々朝廷の御為に心力を尽されし人なり。此の書かく忠義の士の手跡《しゅせき》なるを以て、予《よ》ふかく此を愛蔵す。予も亦往年《おうねん》、梅田子と知己《ちき》にて候――後年に至り候ても粗末に致されまじく候。』

有馬新七ほどの傑士も、深く雲浜を畏敬したことが知られる。

その有馬新七が首領株となって、田中河内介《かわちのすけ》、柴山愛次郎、雲浜の門人池上隼《はや》之助らと相謀り、関白九条尚忠と、所司代酒井忠義を斬ろうと相談した。久留米の真木《まき》和泉《いずみ》、薩州の西郷従《つぐ》道《みち》、大山巖（元帥公爵）、篠原国幹《しのはらくにもと》（陸軍少将西南役の賊軍として戦死）、三島通庸（警視総監子爵）らも参加し、四月二十三日の夜決行することとして、兵器弾薬を積み込んで大阪を発し、その夕方伏見の旅館寺田屋に入った。

久光はこれを鎮撫するために奈良原繁《ならはらしげる》、大山綱良《つなよし》ら九人の剣客を遣わしたが、かれらは応じないので、ついに乱闘となり、有馬新七、柴山愛次郎、弟子丸《でしまる》龍助、橋口伝蔵ら六人は斬死し、二人は重傷を負うて翌日死を命ぜられた。世にこれを寺田屋騒動という。田中河内介父子らは鹿児島へ送られる途中、薩州藩士に斬られた。池上隼之助は捕えられて幽閉されたが、後に許された。

形勢不利となった関白九条尚忠《ひさただ》は、ついに四月晦日《みそか》に辞職を願い出でた。この日、さきに処罰せられた青蓮院宮、鷹司政通、同輔熙、近衛忠熙を許し、死去した三条実万《さねつむ》を追賞せられた。そして関白は近衛忠熙に仰せ付けられた。

大原重徳《しげとみ》は勅使として、五月二十一日京都を発して江戸に下った。島津久光はその護衛を仰せ付けられ、手兵八百人を率いてこれにしたがい、朝廷の威光を示した。

大原重徳は六月十日江戸城に臨み、将軍上洛《らく》すべき事、一橋慶喜を将軍後見役に、福井藩主松平慶永を政事総裁職にすること等の勅命を伝えたが、将軍家茂は謹んでこれを奉ずることを誓った。時代は一変した。幕府は全く朝廷に服従するようになった。

酒井忠義は非常な悪評で、家老酒井豊後は責《せめ》をおうて切腹し、忠義は六月晦日《みそか》に所司代の職を免ぜられた。

島津久光が帰途、武蔵国生麦村《なまむぎむら》で、八月二十一日英国人四名が列を横ぎったのでこれを殺傷し、英国との間に紛争《ふんそう》を起した。生麦事件という。

慶喜と慶永とは協力して、幕政の改革に着手した。

そのころから、勤王志士に毒手を揮った者どもに、続々として恐るべき暗殺が行われるようになった。

文久二年七月二十日の夜、九条家の島田左近が、木島町の妾宅で舞子上りの君香とよいきげんで一パイやっているところへ、薩摩藩士田中新兵衛ら三人が斬り込んで、

『おのれ、奸賊《かんぞく》思い知れ!』

と、逃ぐるを裏の塀《へい》まで追いつめて斬って捨て、その首を四条河原にさらし、その傍に、

『長野主膳と同腹の天地容れざる大奸賊なり……。』

という立札を建てた。これが京都における暗殺の手始めであった。

八月には、井伊大老の股肱《ここう》と頼まれ、彦根藩の権臣であった長野主膳は、藩命で死罪に処せら

れた。昨日《きのう》の淵《ふち》は今日の瀬となる。はかないものは人の運命である。

閏《うるう》八月、九条家の宇郷重国は松原に首をさらされた。

町奉行の手先となって、志士の密偵や、捕縛に活躍した目明《めあか》し文吉は、深く志士に憎まれていたが、九月土州藩の浪人清岡治之助、岡田以蔵《ためぞう》らが文吉を捕えて絞《し》め殺し、屍を三条河原にさらした。同月京都町奉行与力渡辺金三郎ら四人が殺されて、粟田口にさらし首にされ、十月には万《ま》里小路《でのこうじ》家の家来小西直記も殺された。

井伊の側用人で、長野主膳とともに大いに志士捕縛に尽した宇津木六之丞が、彦根藩で死罪となり、家老は蟄居《ちっきょ》を命ぜられた。

十一月長野主膳の妾村山可寿恵《かずえ》は、二条河原に生《い》きさらしとして生命は助けた。四十五六歳の色香もうせた女である。長野の股肱《ここう》であった多田《ただ》帯刀《たてわき》は粟田口に首をさらされた。

幕府では、従来の失政を深く朝廷に謝し、責任者を罰した。すなわちまず久世《くぜ》広周《ひろちか》、安藤信正の祿を減じて永蟄居を命じ、小浜藩主酒井忠義に隠居を命じ、志士捕縛の論功として一万石を加増せられたのを取り上げ、のちさらに蟄居を命じた。

間部《まなべ》詮勝にも隠居慎みを命じ、一万石を減じ、井伊直弼の領から十万石を減じ、堀田正睦《よし》に蟄《ちっ》居《きょ》、その他二十名ばかりを処罰した。

浅草海禅寺の墓　右 雲浜墓・左 藤井但馬守墓

同時に朝廷から、安政の大獄に連座した者、その他国事に関係して罪をえた者を、いっさい赦免《しやめん》すべしとの勅諚があった。その年十二月に小笠原家へ、同家で獄死した梅田雲浜、藤井但馬守の罪を赦免する旨の通知があったので、同家では東京浅草松葉町の海禅寺内に二人の墓を建てた。その墓は大正十二年の大震災に破損したので、西《さい》園寺《おんじ》、小笠原、酒井の三家で、原形どおり建立せられた。このとき皇室から御下賜金があった。

朝廷から三条実美《さねとみ》が正使、姉小路《あねのこうじ》公知《きんさと》が副使として、十一月二十七日江戸城に臨んだときは、幕府は二百年来の旧慣を破り、将軍自ら玄関に出迎えて、上段に招し、帰りにはまた玄関まで見送った。そして攘夷に関する件等の勅書を謹んで拝受し、なお明年上京し朝廷に伏奏することをちかった。姉小路公知は翌年五月二十日暗殺された。

十二月十二日、久坂玄瑞、高杉晋作、赤根武人、伊藤俊輔、志道聞多（侯爵井上馨《かおる》）ら十二人が、品川御殿山《しながわごてんやま》に建築中の英国公使館を焼き払ってしまった。

文久三年（一八六三年）正月、まず一橋慶喜、松平慶永らが上京した。

そのころまた暗殺が行われた。勤王の士として一時大いに名を知られた池内大学は、自己の安全を計るために幕府方に同志を売ったというので、正月二十二日の夜斬られて、大阪難波橋畔に首をさらされた。そしてその耳を、議奏中山忠能《ただやす》、正親町三条実愛《おおぎまちさんじょうさねなる》の邸に投じて辞職を迫ったので、二人は辞職した。

二十八日には千種《ちぐさ》家の家士賀川肇《かがわはじめ》を殺し、その首を三宝に載せて、一橋慶喜の宿所たる東本願寺門前に置き、その両腕を千種、岩倉両家に投じた。また千種家出入の百姓惣助を斬り、その首を山内豊信の宿所の前に置いた。千種有文、岩倉具視《ともみ》は和宮《かずのみや》御降嫁に尽力したからである。

二月二十二日夜には三輪田綱一郎、師岡《もろおか》節斎らが、等持院に侵入して、足利尊氏、同義詮《よしあき》、同義満の木像の首を引き抜いて、賀茂河原にさらした。

三月四日には将軍家茂が入京した。実に三代将軍家光以来、二百年にないことであった。

三月十一日、孝明天皇は賀茂神社に行幸、攘夷を祈らせられた。先駆は十一藩の諸侯で、関白、大臣以下百官、将軍家茂、後見職一橋慶喜が供奉《ぐぶ》し、その壮観実に驚くばかりであった。

四月十一日、孝明天皇は男山石清水《いわしみず》八幡宮に行幸あらせられ、社前において、攘夷の節刀を将軍に賜うこととなったが、攘夷の困難に、家茂は病と称して出ないので、慶喜が代理したが、山下にて腹痛を起して、節刀を受くる者がなく大失態を演じた。

その後家茂が入朝し、勅を奉じて五月十日を攘夷の期とした。

久坂玄瑞、入江九一、赤根武人、山県小輔らは攘夷の急先鋒となろうと長州に帰り、五月十日の来るのを待ち構え、まず下関に米国商船ペムブローク号を砲撃して、攘夷の火蓋を切った。続いて廿三日フランス商船を、廿六日オランダ軍艦を、六月朔日《ついたち》米国軍艦を砲撃した。五日フランス軍艦二隻が来て、下関を砲撃し砲台を陥れた。

同月廿七日英艦七隻が鹿児島に至り、生麦事件の償金を要求し、七月朔日《ついたち》薩州の汽船三隻を奪った。七月二日薩州藩士は英艦の不意を砲撃した。英艦は初めの勢はどこへやら、大狼狽の態にて鎖《くさり》を断ち、いかりを捨てて逃げて行った。この時わが死傷十八人、英兵死傷六十三人であった。

外人もしばしば殺傷された。たいてい償金で解決したが、ロシヤ人三人殺害に対して、ロ兵は対馬《つしま》に上陸占拠したので、幕府の依頼により英国軍艦二隻が行って退去させた。

維新の人柱

幕府は朝廷に対する攘夷の約を守らないので、長州藩はその不都合を論じ、三条実美《さねとみ》らと謀り、大和へ行幸を仰いで、表面は攘夷の御祈願、内実は幕府親征の軍を起そうとした。朝議は一たん行幸のことに決したが、中川宮（元青蓮院宮）、近衛忠熙および会津藩主松平容保《かたもり》、薩州藩等が反対したので、文久三年八月十八日朝議は急に一変し、三条実美らの参内を止め、長州藩士に京都退去を命じた。

八月十九日長州藩主毛利敬親は、三条実美以下七卿を奉じて長州へ帰った。そして会津、薩摩の兵が代って宮門警衛を命ぜられた。

この大和行幸の計画に呼応して、八月十七日雲浜の同志藤本鉄石は、松本奎堂《けいどう》、吉村寅太郎らとともに、公卿中の熱血児前侍従中山忠光を奉じて討幕の兵を大和に起し、雲浜の養成した十津川の士に対し、朝命なりと称して兵を集め、その勢一千、天誅《てんちゅう》組と名づけ、天皇の大和行幸を迎え奉ろうとした。雲浜の激励指導した十津川の郷士、野崎主計《かずえ》、深瀬繁理、田中主馬《しゅめ》蔵《ぞう》、沖垣斎《おきがきいっ》宮《き》、門人乾十郎、伊沢宜庵《ぎあん》、同志安積《あさか》五郎、林豹吉郎らも参加した。西川耕蔵（元北村屋太助）

はひそかに軍資を送り、山口薫次《しげじ》郎は武器を送って援助した。

五条代官鈴木源内がしたがわないので、まず軍神の血祭にこれを攻め殺し、金穀を奪った。しかるに行幸は前述のとおり急に中止になり、かえって乱臣の立場になったので、一同は愕然《がくぜん》として失望落胆したが、一カ月間幕兵と戦った末、ついに藤本鉄石、松本奎堂、吉村寅太郎、林豹吉郎らは戦死し、深瀬繁理、田中主馬蔵、安積五郎、乾十郎、伊沢宜庵らは捕われ、沖垣斎宮はのがれた。中山忠光は長州に走ったが、藩の反対派のために暗殺された。時に二十歳である。

野崎主計は十津川の一郷に禍《わざわ》いのかかるのを憂いて、謝罪の一書を征討軍に送り、九月二十四日腹をかき切って果てた。深瀬繁理はその翌二十五日斬られた。安積五郎は翌年すなわち元治元年二月十八日に、乾十郎は同年七月二十日に斬られ、田中主馬蔵は一たん許され、また京都へ出て大いに討幕に奔走したので、慶応元年五月ふたたび捕われたが、翌年獄を破ってのがれ、その年死去した。伊沢宜庵は慶応二年七月獄死した。

そのころ平野二郎国臣は、公卿沢宣嘉《さわのぶよし》を奉じて但馬《たじま》の生野《いくの》に討幕の兵を挙げ、土民も加わって数千に達したが、幕兵に攻められて敗れ、国臣は捕われて後に斬られた。

元治元年六月五日朝、四条小橋に古物商を営む桝屋《ますや》喜右衛門が新選組に捕われた。桝屋喜右衛門とは世を忍ぶ仮の名、実は雲浜の門人古高《ふるたか》俊太郎である。かれは今までにも幾度か捕われようとしたが、危くも免れ、表面は古物商として武器を集め、多くの志士を援け、その家は当時志士の密会所となっていた。

血判状を発見され、それによって陰謀を企てていることが知れ、さらにその夜三条小橋の旅舎池田屋に一味が集合することが判ったので、まず新選組の近藤勇が斬り込み、間もなく土方《ひじかた》歳三が応援して殺倒した。

池田屋に集まっていた人々は、雲浜の友人門人が多かった。すなわち宮部鼎蔵《ていぞう》、西川耕蔵、大高又次郎、同忠兵衛、雲浜に後妻を媒介した松田重助、その他長州の吉田稔麿《としまろ》、杉山松助、土佐の野老山吾吉郎ら二十数名で、桂小五郎（木戸孝允《たかよし》）は少しく遅れて来たのでのがれた。

池田屋はたちまち血戦乱闘の修羅場《しゅらじょう》となった。志士側は衆寡敵せず、宮部鼎蔵、大高又次郎、松田重助、吉田稔麿、杉山松助、野老山吾吉郎ら九名は斬死し、西川耕蔵、大高忠兵衛らは捕われ、一味で捕われたのは二十数名に達した。

雲浜の有力なる同志で門下たる大高又次郎は、雲浜捕縛当時に捕われようとしたのを免かれ、雲浜が江戸へ送られるや、かれも江戸へ潜行《せんこう》して、形勢を探っていたが、雲浜の獄死後、またも危く捕われようとしたのを、浅草に逃げて髪を剃《そ》り、僧の姿となって京都へ上り、宍戸《ししど》左馬之介《さまのすけ》（九郎兵衛）の世話で長州屋敷に匿《かく》まわれ、武器を調達し、あるいは長州へ落ちた七卿や、長州藩の無実の罪をそそぐことに尽力し、また桂小五郎、宮部鼎蔵らと討幕の計画中、非命に斃れたのである。時に四十四歳。

又次郎に劣らず盛んに勤王に活躍した大高忠兵衛は、池田屋で片腕を斬り落されて捕われ、七月四日獄中で死んだ。時に四十二歳。

西川耕蔵（元北村屋太助）は雲浜の死後その遺志を継いで大いに勤王のために奔走しつつ、学徒に教授し、文久二年三条実美に会って、学習院再興に貢献《こうけん》し、天誅組の同志に軍資を送り、幕吏の探索を危くも免れつつ、池田屋の挙に加わって捕われたが、久しく獄舎にある間に、度々の威嚇《いかく》や拷問《ごうもん》にも死を決して屈せず、ついに慶応元年(一八六五年)二月十一日、獄中で斬られた。時に四十三歳。

雲浜の指導を受けた大高二人と言い、西川と言い、いずれも青史に輝く人となって、りっぱに国のために花と散ったのであった。

門人山口薫次郎は安政の大獄の時、丹波にのがれ、次いで公卿に出入し、島田左近誅伐の議に参加し、長州藩および天誅組に尽力し、病にかかって京都薩州邸にひそんでいる中に、妻子は捕われ、家財は没収され、一時長州藩にのがれ、明治六年五十八歳で死去した。

池田屋の変を聞いた長州藩主毛利敬親は、諸隊に上京を命じた。福原越後《えちご》、国司《くにし》信濃《しなの》、益田右衛門介の三家老は、隊を率いて京都近くまで上り、真木和泉、久坂元瑞、入江九一、寺島忠三郎らも、六月二十四日山崎に来て、朝廷に対し長州落ちの公卿、藩主父子の無罪を訴えたが、朝臣および各藩の意見が一致しないので、なかなか許されない。来島《きじま》又兵衛、真木和泉らは断然戦おうと言い、久坂玄瑞、宍戸左馬之介は賊名をこうむることを恐れて、一たん退こうと主張したが容れられず、ついに当面の敵と目指す会津藩主松平容保誅伐の書を朝廷に差し出し、七月十九日軍を進めた。

福原越後は七百、国司信濃は八百、久坂、真木の一隊は五百の兵を率いて奮戦したが、衆寡敵せず破れた。ことに蛤御門《はまぐりごもん》の戦は最も激烈をきわめ、これを守る会津、桑名の二藩は、一時苦戦に陥ったが、薩州兵が来援したので、ついに長州兵は破れ、来島又兵衛は戦死した。

この三藩の兵は、さらに久坂玄瑞、真木和泉の拠った鷹司邸の四周から火を放ったので、久坂玄瑞は寺島忠三郎と刺し違えて死し、入江九一は銃弾に斃れた。久坂玄瑞、入江九一は松陰門下の逸材で、深く雲浜を崇敬し、雲浜もまた大いに愛して常に出入りしたのであったが、まことに惜むべきことである。久坂は時に二十六歳、入江は二十七歳であった。

この戦を禁門の変、または蛤御門の戦という。

この時各所から火を発し、二昼夜燒けつづけて、二万八千戸を烏有《うゆう》に帰し、二十日六角の獄に火がおよぼうとした。その時獄にとらわれの身となっていた雲浜の門人古高俊太郎、乾十郎、同志平野二郎らを始め、大和、生野の乱、尊氏木像事件、池田屋の変などで捕われた者三十三人は惨殺せられたのであった。古高は三十六歳、乾は三十九歳、平野は三十七歳であった。

二十一日には天王山にのがれた真木和泉を初め、敗残の長州藩士は、罪を天朝に謝して十七名が自殺した。

入江や久坂とともに大いに活躍した雲浜の門人赤根武人は、藩主に才幹を愛されて常に重要の任務に当り、奇兵隊長となったが、慶応二年反対派のために斬られた。時に二十八歳である。

八月十五日米、英、仏、蘭四カ国の軍艦十八隻が、連合して下関を砲撃した。これは幕府が三百万ドルをこの四国の艦隊に与えて、長州を攻撃せしめたのであるともいう。

幕府は奏上して、尾張藩主徳川慶勝《よしかつ》（元慶恕《よしくみ》）を長州征討の総督とし、三十六藩に命じてこれに参加せしめた。長州はやむをえず米、英等と和《わ》睦《ぼく》した。

総督が広島に達した時、藩の平和派（いわゆる俗論党）の勢力が勝れていたので、福原、国司、益田の三家老は切腹、宍戸左馬之介、中村九郎、その弟佐久間佐兵衛、竹内正兵衛の四人の参謀を斬って謝罪した。

雲浜は家老福原越後とも友交があった。ことに宍戸左馬之介（元九郎兵衛）は親友であり、中村九郎（元道太郎）や佐久間佐兵衛とも親しかった間柄である。同志はかくして続々たおれて行くのであった。

ここにまた悲壮きわまるのは、武田耕雲斎とその一党である。水戸では斉昭が死去後、各派の争いがはげしくなったが、藤田東湖の第四子藤田小四郎は、信望のある田丸稲之衛門を首領に推し、元治元年三月二十七日、兵を筑波《つくば》山に挙げて尊王攘夷の旗をひるがえし、武田耕雲斎はこれに声援して、常陸《ひたち》、下野《しもづけ》に勢力を張り、諸藩の兵を破った。

市川三左衛門、朝日奈彌太郎らは、これに反対して水戸城に入り、藩および幕府を後援として戦い、筑波勢は形勢不利となったので、京都へ上り、一橋慶喜に訴えて天朝に至誠を達した後、生死を朝命にまかせようと、武田耕雲斎を首領に、田丸稲之衛門、山国兵部、藤田小四郎らは元治元年十月二十三日常陸を発して京都へ向った。

その勢八百余人、中仙道《なかせんどう》を経て、道中さえぎる黒羽、高崎、松本、高島等の諸藩兵と苦戦をつづけ、厳寒積雪に悩みつつ、美濃国鵜沼《うぬま》から、這法師《はいぼし》峠《とうげ》の難所を越えて、越前に入り十二月十一日新保に達した。しかるに、力と頼む一橋慶喜は、無情にもかえってこれを追討のために出発したとの報に接し、一行は落胆の極進退に窮し、これに反抗して汚名をこうむるよりは、降服して至誠を訴えようとて、十七日出陣していた加賀藩に降った。幕府はこれを賊として敦賀の肥料蔵に監禁し、世にも無ざんな虐待《ぎゃくたい》を加え、翌慶応元年二月四日まず耕雲斎（六三歳）、長男彦衛門正勝（四四）、次男魁介正義（三八）の父子三人、稲之衛門、兵部、小四郎ら二十四人を斬に処し、つづいて三百五十余人を斬り、常陸《ひだち》でも耕雲斎一派の降人四十余人を斬った。

耕雲斎父子三人の首が三月二十五日に水戸に着すると、その日、投獄してあった耕雲斎の一族に毒刃をふるった。夫人延子（四八）、五男桃丸（一〇）、六男金吾（三）、長男彦衛門の三男三郎（一五）、四男金四郎（一三）、五男熊五郎（一〇）の、いたいけな幼児に至るまで惨酷にも斬首に処した。彦衛門夫人幾子（四三）と侍女阿久津梅（一九）は斬を免れたが、二人とも獄中に絶食して死んだ。

うつもはた討たるるもはた哀れなり同じみくにの民と思へば　耕雲斎

かねて身は無しと思へど山吹の花の匂ひに散るぞかなしき　延子夫人

ひきつれて帰らぬ旅に行く身には大和心の道は迷はじ　幾子夫人

水戸藩が一致せずして、たがいに相戦い、その他非命に斃れた人は千五百人の多きに達したという。

雲浜の家へ常に来ていた豊田小太郎は京都で、大楽源太郎は久留米で殺され、河合総兵衛は姫路で切腹を命ぜられ、横井小楠は京都で殺された。

多くの傑出した雲浜の門人友人は、かくして相ついで、国のために尊い血をそそいだのであった。惨また惨、鬼神も泣く思いがする。

輝く明治維新

長州の高杉晋作は、久坂玄瑞とともに松下村塾の双璧《そうへき》といわれ、雲浜から激励の書を与えたことがあるが、三家老の切腹、四参謀の斬罪に対して大いに憤り、慶応元年正月奇兵隊（隊長山県有朋）をひきい、平和党と戦ってこれを打ち破り、藩主父子を奉じて山口に拠った。

薩州、土州の藩では、この際相争うことの不利であることを悟り、西郷隆盛は使を長州へ遣わして提携《ていけい》を計り、長州の木戸孝允、薩州の大久保利通、小松帯刀、土州の坂本龍馬、中岡慎太郎らは、その間をあっせんしたので、いままで仇敵の姿であった薩、長はここに連合した。坂本と中岡は翌年十一月十五日京都でともに暗殺された。

慶応元年十月五日安政の仮条約は勅許となり、正式に開国となつた。

慶応二年六月幕府はふたたび長州征伐の軍を起し、将軍自ら大将として大阪に出で、諸藩の兵は安芸《あき》と、石見《いわみ》と、豊前《ぶぜん》との三方面から攻撃したが、長州軍はいたるところにこれを撃破し、幕軍の意気の阻喪《そそう》した時も時、七月二十日将軍は二十一歳をもって、大阪城中に死去したので、幕府は長州征伐を中止した。慶喜はその後をついで十五代将軍となった。高杉晋作は慶応三年四月病のために二十九歳で死去した。

慶応二年十二月初め、孝明天皇はいささか御風気のようであったが、御熱気いよいよ強く、十七日には痘瘡《とうそう》と拝され、十二月二十五日崩御せられた。宝算三十六。天皇は叡明剛毅で、未曾有の内憂外患を御処理遊ばされたその聖徳は、実に広大であらせられた。

慶応三年（一八六七年）正月九日、明治天皇御年十六歳で践祚《せんそ》あらせられた。

薩州の西郷隆盛、大久保利通《としみち》、長州の木戸孝允（以上維新の三傑）らは、三条実美、岩倉具視らと結び、勅を奉じて薩、長二藩を合せて幕府を討とうと謀り、土州藩主山内豊信は、家臣後藤象二郎（逓・農相伯爵）らをして将軍慶喜に対し、大政を返上するように勧めた。

十月十四日薩、長二藩に、幕府および会津、桑名二藩を討伐せよとの密勅が降下したが、この日慶喜は大政の奉還を奏請し、明治天皇はただちにこれを嘉納あらせられたので、ここに頼朝以来七百年継続した武家政治は、全く終りを告げたのである。

慶応三年十二月九日、明治天皇は王政復古の大号令を下し給うた。

雲浜の終生の大目的は、ここにその死後八年にして達せられたのであった。雲浜が生きていれば数え年五十三歳の働き盛りである。

翌年は明治元年である。輝しい明治維新の新政は着々として目覚しく進んでいった。

雲浜の門人で、当時活躍した者は、ほとんどみな非命にたおれて、残る者はごくわずかであるが、その中で伊丹《いたみ》重賢（蔵人《くらんど》）は男爵を授けられ、山田時章《ときふみ》（勘解由《かげゆ》）は明治政府の官吏に登用され、のち官を辞して東京駿河《するが》台《だい》に興風女学校を設立し、妻の登美子とともに女子教育に従事した。これがわが国における私立女学校の元祖である。時章は貴族院議員になった。登美子は夫の死後も引続き教育に従事し、前後二十年におよんだ。

行方正言《なめかたまさこと》（千三郎）は小浜師範学校長となり、のち郷里に蚕糸業を起して大いに地方の産業に貢献し、功により緑綬褒章《ろくじゅほうしょう》を授けられた。明治三十年、小浜に、元帥山県公爵篆額《てんがく》「梅田雲浜先生之碑」の建立されたのは、かれの発起尽力によるものである。

雲浜と義兄弟となった三宅定太郎は、雲浜と約したとおり、財力をもって多くの勤王の士を助け、また白石正一郎、平野国臣、高崎善兵衛と相謀り、雲浜の長州物産交易にならい、薩摩の物産交易場を備中《びっちゅう》に設けて、薩州藩士の上京活躍の途を開き、慶応三年岩倉具視と義挙を図って丹波に兵を募り、また外山光輔《とやまみつすけ》の義挙を企つるやこれに加わり、捕われて同四年終身禁獄に処せられ、青森県の獄に送られたが、獄中で数十巻の書を著わして、同囚の感化に努めた功により、明

京都東山の「雲浜君碑」

治十三年許されて出所、同十五年病臥中、朝鮮の乱民がわれを襲撃したと聞き、憤激のため、急に病勢悪化して歿した。時に六十五歳。

雲浜後妻の千代子は、子どもを連れて大和の生家へ帰っていたが、相続人たる次男の忠次郎は、文久三年八歳の時、重い疱瘡でこの世を去った。

千代子はふたたび京都に出て、ぬい子を安藤精軒の世話で、京都府の女学校（府立第一高女）へ入学させ、英語に長じていたので、卒業後その女学校の英語教師となった。千代子も同じ女学校の舎監を命ぜられた。また京都府知事植村正直の周旋により、学務課員の島津益五郎を養子に迎えたが、ぬい子は難産のため二十三歳で死去し、益五郎は梅田家を去った。

明治十六年四月、雲浜歿後二十五年に当り、未亡人千代子は門人故旧と謀り、京都東山の霊山《りょうぜん》に、太政大臣《だいじょうだいじん》三条実美の篆額《てんがく》、頼三樹三郎の兄支峰の撰文及び書の「雲浜君碑」を建てた。この際には宮内省および各宮殿下から御下賜金があった。そして頼支峰、生き残りの雲浜門下の富岡鉄斎、吉田嘿《しずか》（もと玄蕃）、安藤精軒が幹事となり、十月に祭典を催した。

小浜市の「梅田雲浜先生の碑」

千代子は明治二十二年三月十四日六十六歳で死去した。

雲浜の長女竹子は、奈良の三百年の旧家高橋良尚に嫁し、その子良三を梅田家の養子としたが三十七歳で死去し、子がなかったので、さらに良三の弟の高橋尚蔵氏（古梅園の現京都支店長）の次男健吉氏（雲浜の外曾孫、奈良県郡山市現住）が雲浜の跡を存続している。

竹子は大正十三年五月二十七日七十九歳で歿した。

梅田雲浜報国の功を認められて、明治二十二年十一月、その霊は靖国神社に合祀せられ、明治二十四年四月八日、特旨をもって正四位を贈られた。

梅田雲浜年表

西暦	天皇	将軍	年号	年令	記事 ○雲浜事項 ●参考事項
一八一五	一一九代 光格	一一代 家斉	文化一二	一	○六月七日若狭小浜に雲浜生る●四月小浜藩主酒井若狭守忠進(ただゆき)所司代より老中となる●十月二十九日井伊直弼生る●ナポレオン敗れセントヘレナに流さる
一八一七	一二〇代 仁孝	同	一四	三	●四月小浜藩医杉田玄白死八十五●九月仁孝天皇即位●同月英船浦賀に来る
一八一八	同	同	文政元	四	●五月英船浦賀に来る
一八一九	同	同	二	五	●英はシンガポール占領
一八二二	同	同	五	八	○小浜藩順造館に入学●四月英船浦賀に来る○ギリシヤ、ブラジル独立
一八二三	同	同	六	九	○学業群を抜く●英人は全インドを征服す

一八二四	同	同	七	一〇	○天朝のために尽す大志を抱く●五月英船常陸大津に来る●七月英船薩摩宝島に暴行
一八二五	同	同	八	一一	○三月父矢部岩十郎隠居を仰付けられ長男孫太郎十五歳にて相続●三月外国船打払令を発す
一八二六	同	同	九	一二	●日本外史成る●トルコはギリシヤを破る●ロシヤとペルシヤ開戦
一八二八	同	同	一一	一四	●正月藩主忠進死し忠順(ただより)継ぐ●越後地震、九州大風水害●ロシヤとトルコ開戦
一八二九	同	同	一二	一五	○四月京都に上り望楠軒に入り苦学●三月江戸大火●五月松平定信死七十二●十一月徳川斉昭水戸藩主となる
一八三〇	同	同	天保元	一六	○江戸に行き山口菅山に学ぶ。一年後師は激賞す。林大学頭を驚かす●フランス七月革命
一八三二	同	同	三	一八	○江戸より一時帰郷し京都の医家に書生●九月頼山陽死五十三

一八三三	同	同	四	一九	○江戸に学ぶ●八月暴風雨全国ききん東北特に甚し●十一月小浜城下及び領内に暴動
一八三四	同	同	五	二〇	○同●二月江戸大火●同月藩主酒井忠順病により隠居し忠義（ただあき）継ぐ
一八三六	同	同	七	二二	○同●大風雨、米価騰貴、百姓一揆諸国に起る
一八三七	同	一二代 家慶	八	二三	○同●二月大塩平八郎大阪に乱を起す●四月家斉は将軍を家慶に譲る●六月米船モリソン号浦賀に来たので砲撃す
一八三八	同	同	九	二四	○同●老中水野越前守忠邦改革に着手●渡辺華山・高野長英書を著して警告
一八三九	同	同	一〇	二五	○同、萱山門下第一人と称さる●蛮社の獄起り渡辺華山・高野長英を罰●英はアデンを取る
一八四〇	同	同	一一	二六	○多年の苦学修養を終えて小浜に帰る。矢部家より独立して祖父の梅田姓を名乗る●アヘン戦争起る

一八四一	同	同	一二	二七	○父と共に関西九州巡歴、熊本で家老長岡監物・横井・名和・笠等知名人と交わる○大津に湖南塾を開き尊王反幕を説く●閏正月前将軍家斉死●十月渡辺華山自殺
一八四三	同	同	一四	二九	○六月矢部義宣死去に付江戸へ赴く、弟義章矢部家を継ぐ○八九月頃望楠軒講主となり京都へ移住学界に重きをなす●十一月藩主忠義寺社奉行より京都所司代となる
一八四四		同	弘化元	三〇	○春上原立斎長女信と結婚○年月不明藩主の召を拒絶
一八四六	一二一代 孝明	同	三	三二	○長女竹生る●正月仁孝天皇崩、二月孝明天皇践祚●閏五月米国艦隊司令官ピッドル浦賀に来る●十月小浜藩国学者伴信友死七十四●米国メキシコと戦争
一八四八	同	同	嘉永元	三四	○十二月梁川星巌京都に来り無二の同志となる●十一月滝沢馬琴死八十二●フランス二月革命
一八四九	同	同	二	三五	○八月父岩十郎義比死○頼三樹三郎帰京有力な同志となる●英船長崎及び浦賀に来る

一八五〇	同	同	三	三六	○度々藩へ上書して改革意見を述ぶ●七月忠義所司代をやめる●十月高野長英自殺●十一月井伊直弼彦根藩主となる
一八五一	同	同	四	三七	○四月横井小楠来訪す○七月母義死す●四月長野主膳井伊の家臣となる
一八五二	同	同	五	三八	○長男繁太郎生る。昨冬より百余日の病気で洛西高雄に移る。七月小浜藩士の籍を削らる。八月一乗寺村へ転居
一八五三	同	家慶 一三代 家定	六	三九	○正月京都へ転居●三月小浜に大火市街殆んど焼失●六月ペリー来る国情騒然●同月将軍家慶死去●七月露国プチャーチン長崎へ来り十月去り十二月又来る●十一月家定に将軍宣下○十二月吉田松陰・宮部鼎蔵来訪●ロシヤ・トルコと開戦
一八五四	孝明	家定	安政元	四〇	●正月十六日ペリー再来江戸近海に入り威嚇す○正月江戸に急行し多くの志士と協議奔走○二月藤田東湖を説く○吉田松陰が密航に失敗して入獄中を扶助●三月日米和親条約を結ぶ●四月皇居炎上○五月水戸へ赴き家老武田耕雲斎等を説き六月八九日頃帰京○さらに福井藩へ赴い

					て説き七月二十七日帰京〇十津川郷の指導訓練に着手し二千人の勤王兵を養成●六月十四日近畿大地震死傷者多数●閏七月十五日英国提督スターリング軍艦四隻を率いて長崎に来る。八月英国と和親条約〇九月十八日ロシヤ軍艦大阪湾に侵入につき十津川隊を率いて撃攘に向う●十一月四日京畿及び東海、南海に大地震●十二月下田で日露和親条約を締結●英仏はロシヤを攻む
一八五五	同	同	安政二	四一	〇三月二日妻信死〇六月後妻村島千代を迎う〇七月大病全家族病臥〇秋姪矢部登美を引取り養育●十月二日夜江戸大地震藤田東湖・戸田蓬軒圧死
一八五六	同	同	三	四二	〇青蓮院宮親王の信任を得〇二月長男死、六七月頃次男生る〇十一月遠路を長州萩へ赴き大いに説いて毛利の大藩を動かし計画を達成す。毛利城内雲浜に心服すと云わる〇松下村塾に松陰と語る●七月米国総領事ハリス下田に来る●十月二十日二宮尊徳死七十一
一八五七	同	同	四	四三	〇正月長州より九州博多に赴き二月上旬帰京し直ちに長州との物産交易に活躍〇四月僧月性を紀州へ遣して海防を説く〇十二月十津川に活躍●十月二十七日ハリスは将

					軍家定に会見●十二月林・津田は上京条約勅許を請うも許されず●十二月二十九日三十日江戸城にてハリスの要求の評定●インド(ムガール)帝国英人により滅亡●英軍ペルシアを破る●英仏軍は広東占領
一八五八	同	家定 一四代 家茂	五	四四	○正月次女生る○二月青蓮院宮親王に勅答案その他意見を陳ぶ●二月老中堀田正睦上京条約勅許を請う○雲浜は勤王志士の首領として日夜活躍宮家公家をを動かし三月二十日に不裁可となり堀田は四月二十日江戸帰着●二十三日井伊掃部頭大老となり意に反する大名幕吏を遠ざけ六月十九日勅に反して条約に調印●二十五日将軍継嗣を紀州の慶福と発表●七月家定死○春夏の交十津川に活躍○密勅降下及び関白排斥に活躍○九月三日所司代酒井忠義京都行を途中に直諫○同月七日安政大獄の発端として先ず雲浜を捕縛投獄、以後続々捕縛○法廷で堂々大義を説く●十月二十五日家茂(慶福)に将軍宣下○十二月二十五日京都を発し江戸へ送らる●英国政府はインドを直轄●英仏軍太沽を占領
一八五九	同	家茂	六	四五	○正月九日江戸着○法廷の取調は三月十二日と八月十四日の二回のみ、幕臣に大義を説く●親王公卿大名を処罰

					●八月二十七日安島帯刀・鵜飼父子等の死罪○九月十四日雲浜獄死●十月七日頼三樹三郎・橋本左内等死罪●同十七日江戸城本丸焼失●同二十七日吉田松陰死罪●仏とサルヂニアはオーストリアと戦う●仏はサイゴン占領
一八六〇	同	同	万延元	死後一	●三月三日井伊大老殺さる●八月徳川斉昭死●十月和宮京都発●英仏軍北京占領●ロシアはウスリー江の東を領土とす●リンカーン米国大統領となる
一八六一	同	同	文久元	二	●二月十一日将軍家茂と和宮婚儀●四月米国南北戦争
一八六二	同	同	二	三	●正月坂下門外の変（老中安藤信正要撃）●四月島津久光入京●同二十三日寺田屋事変●六月大原重徳江戸城へ勅使●七月島田左近暗殺●八月生麦事件●同月長野主膳死罪●十一月三条・姉小路江戸城へ勅使将軍全く服従●十二月英公使館焼打●ビスマルク首相となる
一八六三	同	同	三	四	●正月池内大学暗殺●三月将軍家茂上洛●同月天皇は賀茂社行幸、将軍諸侯供奉●五月十日を攘夷期日と定められ長州にて外国艦船砲撃●六月仏艦二隻下関攻撃●七月鹿児島で英艦七隻と戦う●八月十八日の政変にて毛利藩

					主は七卿を奉じて長州へ帰る●八月天誅組の変●十月生野の変
一八六四	同	同	元治元	五	●三月天狗党筑波山に勤王の兵を挙ぐ●六月五日古高俊太郎捕われ池田屋事変起る●七月蛤御門の戦●七月佐久間象山暗殺五十四●八月十五日四国連合艦隊十八隻下関攻撃●八月第一回長州征伐●十二月武田耕雲斎一党幕軍に降る
一八六五	同		慶応元	六	●正月高杉晋作兵を挙ぐ●二月武田耕雲斎以下三百七十人斬首●十月通商条約を正式に勅許●四月第二回長州征伐の令●五月将軍家茂大阪城に入る●リンカーン暗殺
一八六六	同	家茂 一五代 慶喜	二	七	●六月長州を攻め幕軍敗る●七月家茂死、慶喜継ぎ十二月将軍宣下●十二月孝明天皇崩御●普仏戦争、普墺戦争
一八六七	一二二代 明治	慶喜	三	八	●正月九日明治天皇即位●十月十四日大政奉還●十二月九日王政復古の大号令●十一月坂本龍馬・中岡慎太郎暗殺

一八六八	
同	
明治元	
九	
●正月伏見鳥羽の戦●三月五箇条御誓文●四月江戸城明渡●五月彰義隊の戦●七月江戸を東京と改む●九月八日明治と改元	

昭和三十一年一月十日印刷
昭和三十一年一月十五日発行

定価　三二〇円

著作者　梅田薫

発行者　山岬繁
東京都新宿区早稲田鶴巻町三番地

印刷者　松尾印刷株式会社
東京都港区芝西久保八幡町七番地

発行所　財団法人　東京正生院
東京都新宿区早稲田鶴巻町三番地
電話(34)八八〇四番
振替東京四九七九番

付録

一、友朋堂書店『梅田雲濱遺稿竝傳』より

一、雲濱事跡保存会『贈正四位梅田雲濱先生』

梅田雲濱遺稿竝傳

雲濱先生所持の墨斗

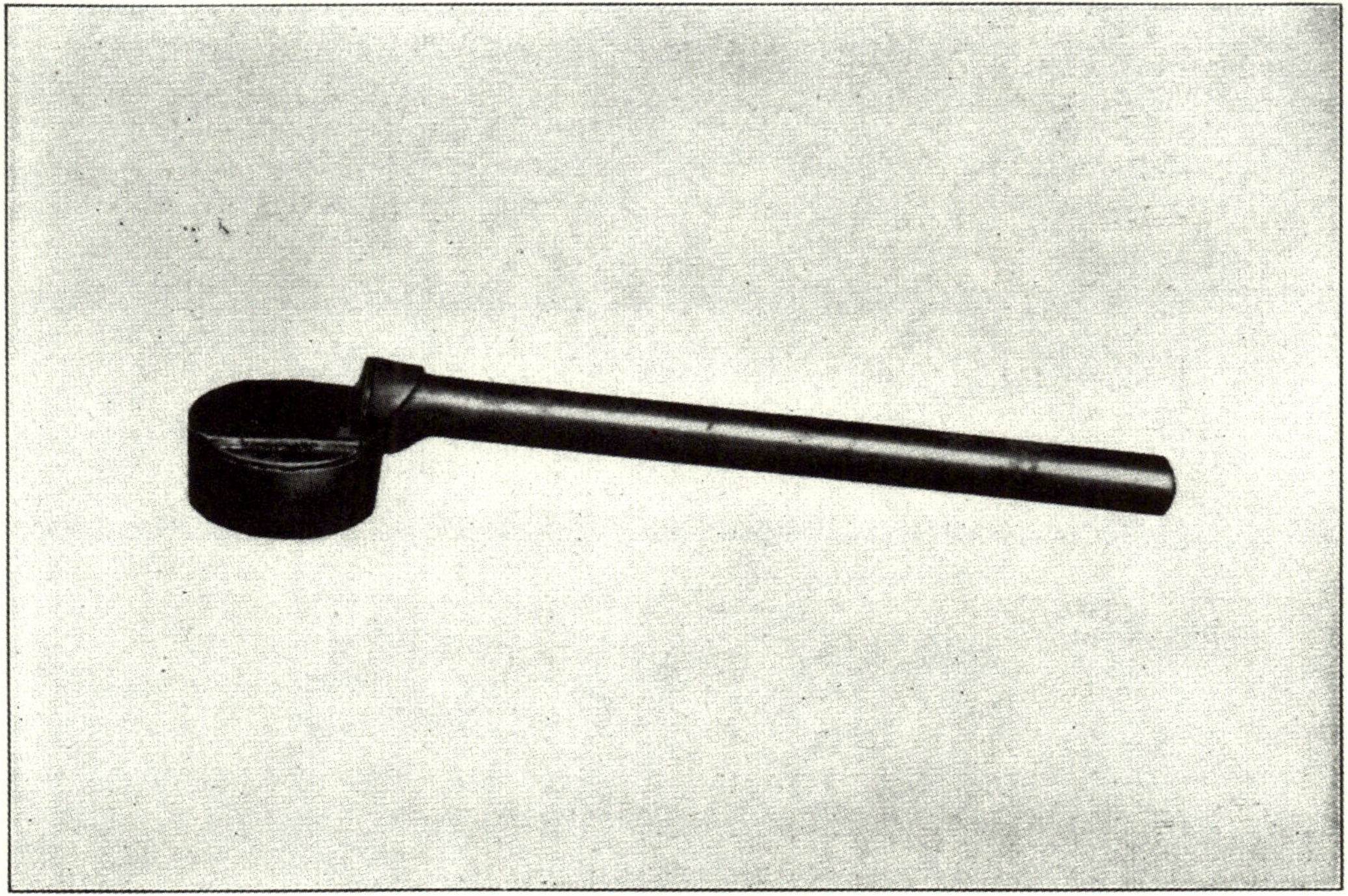

筆筒の裏面に若梅田定明と刻しあり

高橋尚藏君所藏

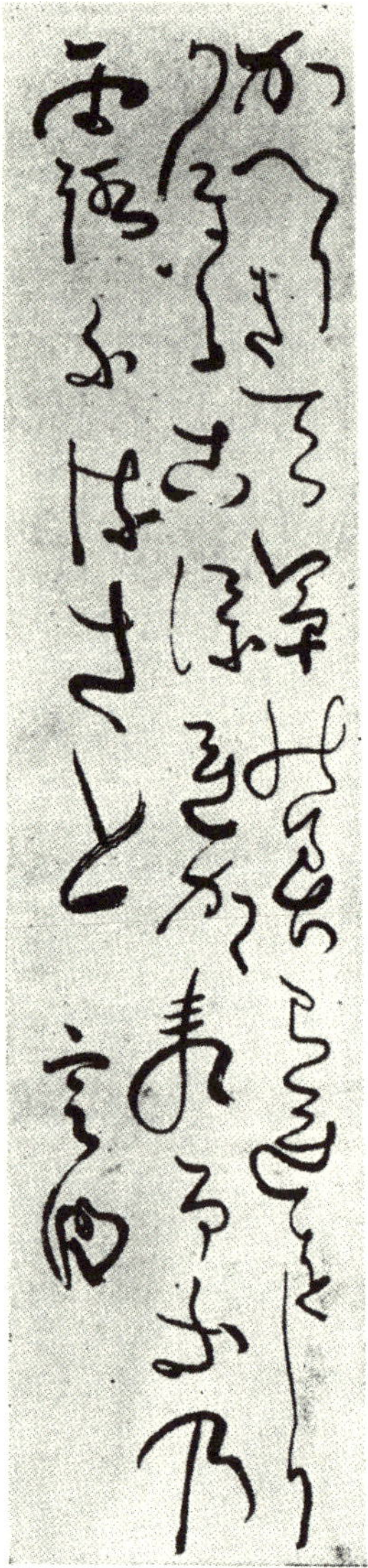

山田悌一氏所藏

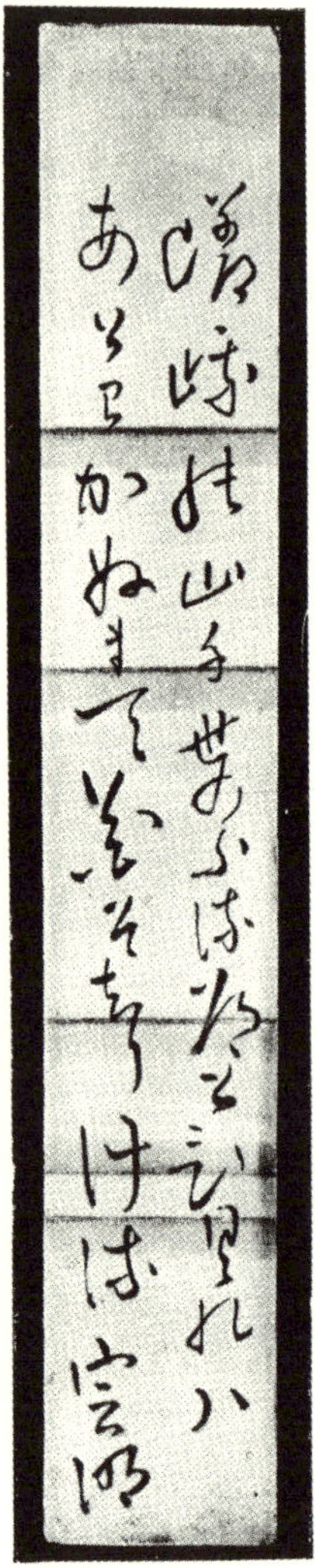

下河邊三郎氏所藏

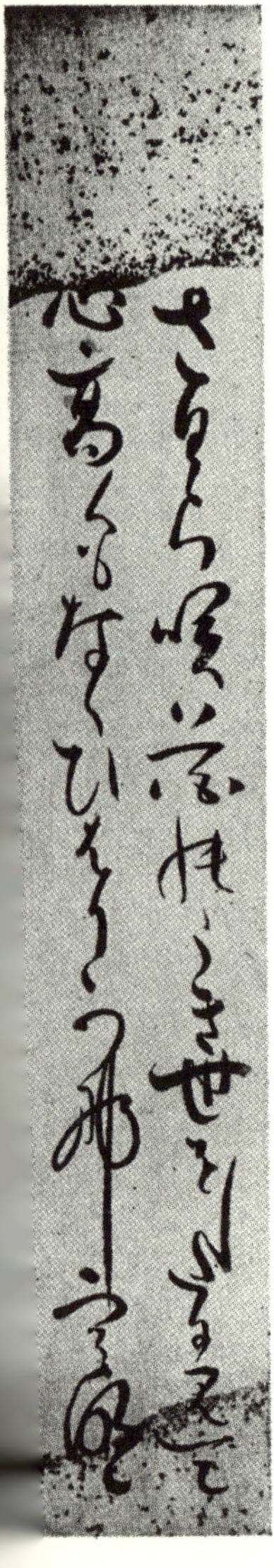

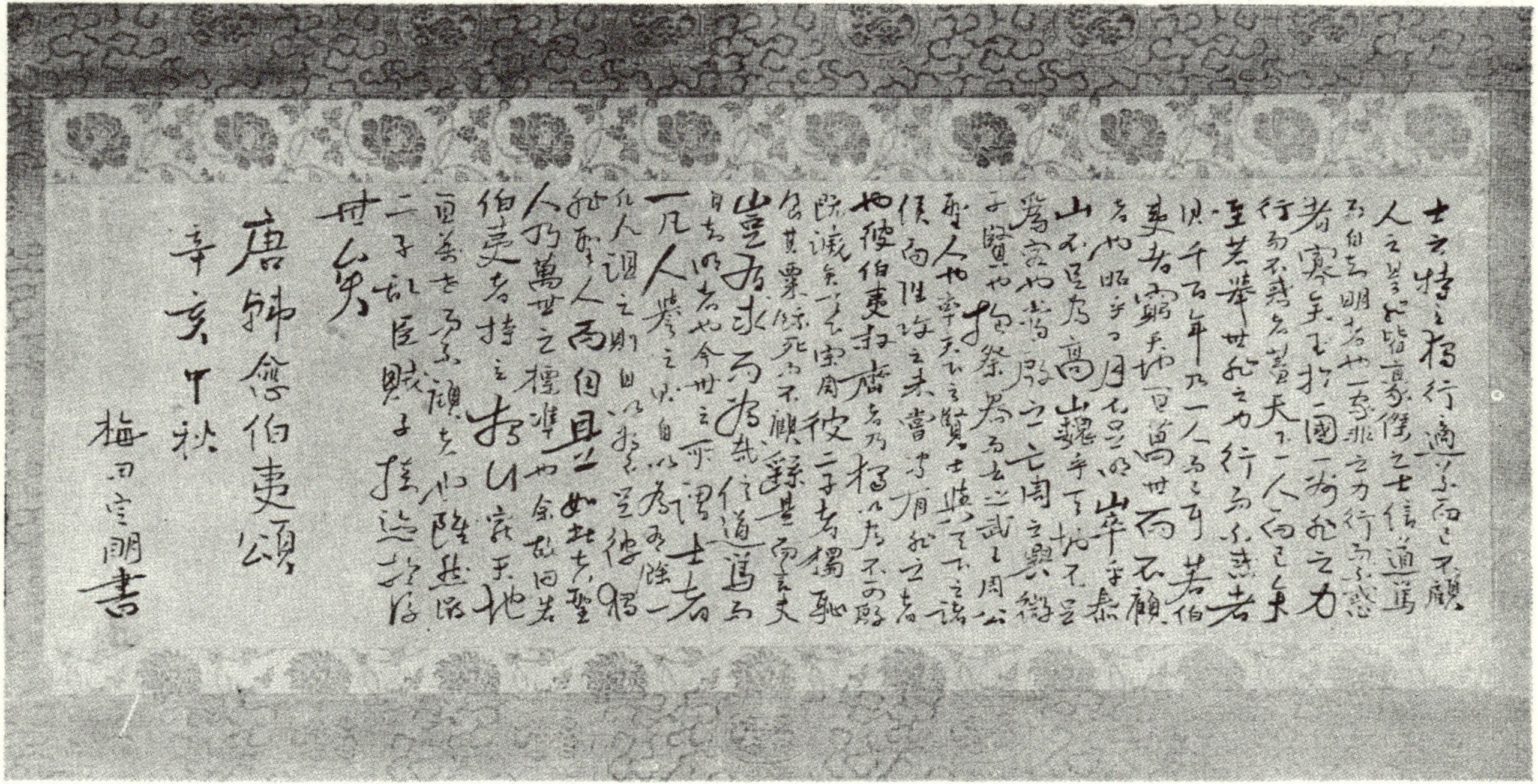

佐藤信古氏所藏

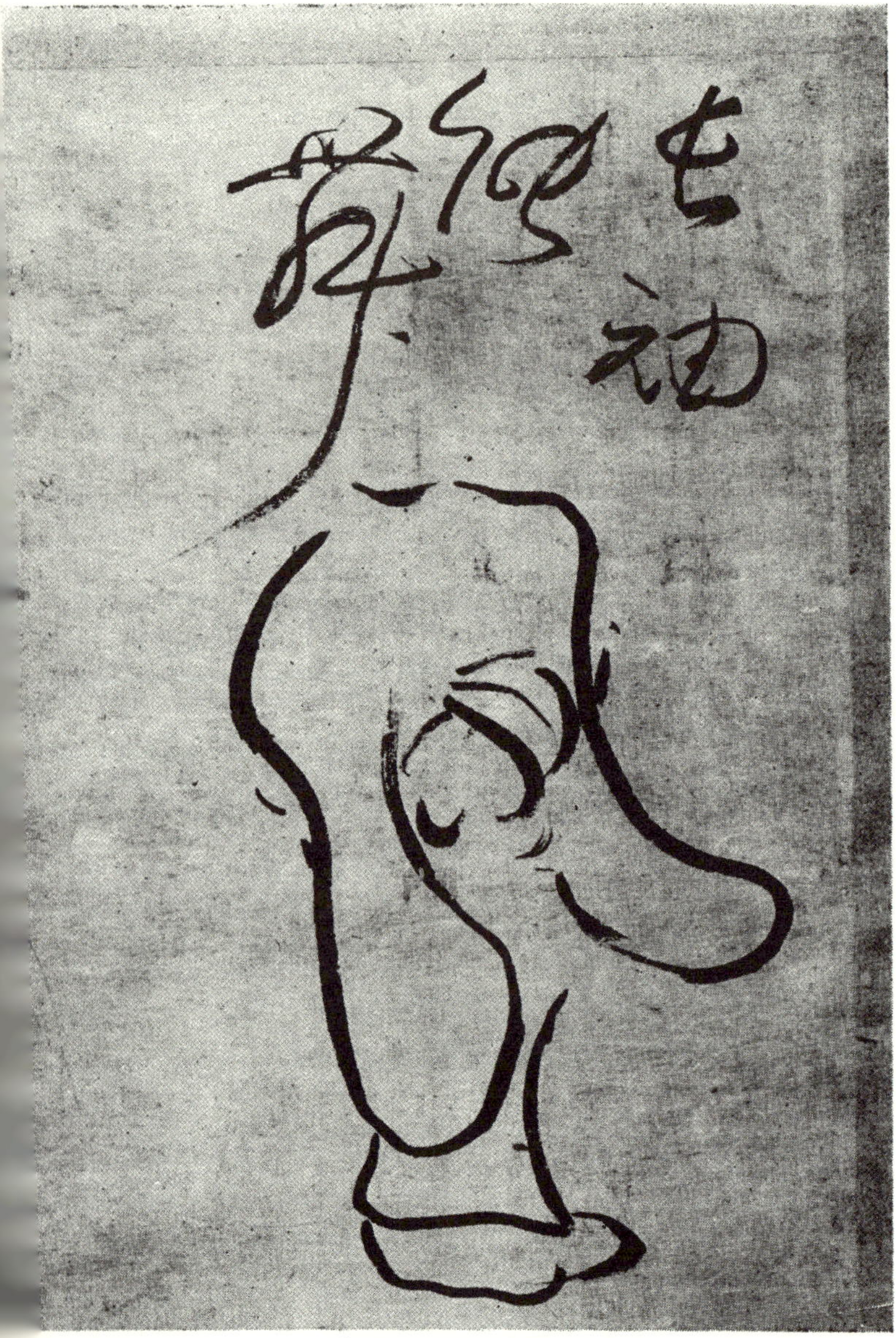

黒田勝治郎氏所藏

昭和四年十月廿二日印刷
昭和四年十月廿五日發行

正價金六圓

◁梅田雲濱遺稿並傳▷

編者　東京市小石川區原町十三番地　佐伯仲藏
發行者　東京市神田區錦町一丁目十九番地　三浦捷一
印刷者　東京市牛込區榎町七番地　竹內喜太郎
印刷所　東京市牛込區榎町七番地　日清印刷株式會社

發行所　東京市神田區錦町一丁目　振替口座東京七一四八　有朋堂書店

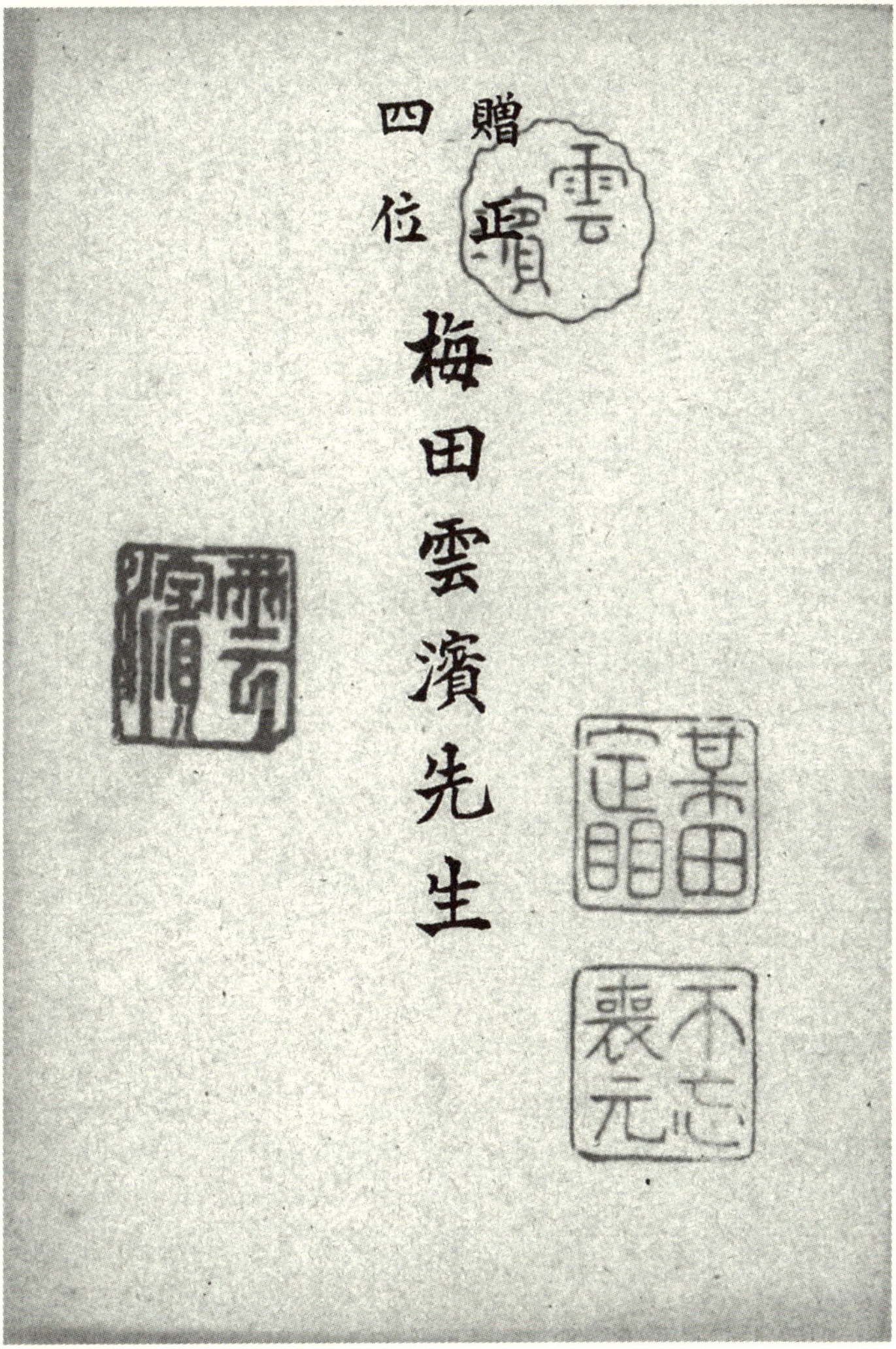

付録　雲濱事跡保存会『贈正四位梅田雲濱先生』

梅田雲濱先生　目次

目次　終

梅田雲濱先生

一、先生の生立と學風

徳川幕府の末において、北陸の良港なる我が小浜から出られた大勤王家は、実に梅田雲濱先生である。先生は三十歳頃から、安政五年（一八五八年）の大獄に、その首魁として最初に捕縛された四十四歳の時まで、十四五年間も永らく京都に居られたので、先生を京都で生れた方と思って居る人も随分多いようであるが、先生は今（本書初版発行時）から百二十二年前の文化十二年（一八一五年）六月七日に、小浜藩士矢部岩十郎義比《ヨシチカ》の次男として、城下の竹原《タハラ》三番町の邸宅で呱々の声をあげられたのである。

それゆえ先生も初めは矢部源次郎義質《ヨシタダ》といって居られたのを、後に故あって祖父の生家なる同藩士梅田家の姓を冒して梅田源次郎定明《サダアキラ》と改められたのである。又古来小浜の海浜を「雲の濱」と称して居ったところから、先生は雅号を「雲濱」と称せられたのである。

先生は天性聰明剛膽にして学問を好み、天保元年（一八三〇年）十六歳の時江戸に遊学して、小浜藩の山口菅山という儒者に就いて、凡そ十年程教を受けられた。この菅山という人は、幕府時代において、夙に大義名分を明徴にし、日本精神を強調した贈従三位山崎闇齋先生の学意を承継いだ学者であったから、その教を受けられた雲濱先生の学問・思想・事業というものは、皆この山崎学派の日本精神を基礎とし大義名分を明かにするという学風から出発して居るので、それが幕末の非常時局に際し、遂に大勤王家となって活躍されたのである。

二、先生の青年時代と浪人儒者

雲濱先生は、江戸で十分学問を修められた上帰藩し、その後父の岩十郎に随伴して、関西及び九州地方に遊歴し、その他勢・風俗・人情などを視察された。それから暫く京都に居られたが、江州の大津に居る上原立齋という同学流の学者に就いて、更に研究しようと思って、立齋を訪ねて学問上の話をされた処、立齋は「君の学問は既に十分だ、私が教えるまでもない。」といって、先生より二十歳ほども年上であったが、友人として交際した。

そこで先生は大津に住まれることになり、私塾を開いて子弟を教授された。その塾を湖南塾と称した。先生が別に「湖南」という雅号を用いられたのは、その時代の事である。その当時、先生は随分困窮して居られたようであったが、然し学者の本領は何処までも固く守って居られた。或時小浜藩より、今度本藩で武器を調達するのに金が要るから、大津の御用商人鍵屋五兵衛から借入れるようにと、その周旋方を先生に委託して来た。そこで先生は五兵衛に交渉して、約束の期日に出かけられた処が、五兵衛は金を先生に渡した後で、別に水引をかけた一封を廣蓋に載せて先生の前に出した。先生は之を見るや否や、大いにその無礼を怒って、いきなりその金封を五兵衛の前にたたきつけて帰られた。五兵衛は驚いて、「俺は金力を以て小浜藩の御用商人となり、家老始め役人などは、皆内々役徳として金を受取るのに、あの雲濱という人は、まだ若年であり、その上至って貧乏だというのに、あのように清廉潔白なのは如何にも見上げた人物である、」といって、非常に感服して、ひたすら自分の無礼を先生に詫びて、遂に先生の弟子になったということである。

大津の疏水の入口に近い下大門町に在る大津営林署の傍に、『梅田雲濱先生湖南塾』と題した大きな碑が建ててあったが、四五年前に公会堂の境内に移された。

その後、先生は天保十四年（一八四三年）の秋に、再び京都に引移り、翌年三十歳の春、上原立斎の長女信《シン》子さんと結婚された。是より先き、立斎は予て先生の学識とその人格を推称して居ったので、どうか娘を貰って呉れと申入れたところが、先生は拙者はまだ前途立身出世の見込も立たず、なお目下生活状態も十分でないからといって、固く断られたのであったが、立斎は貧富は問う所にあらずと懇請して止まないので、遂に結婚されたのである。時に信子さんは芳紀正に十八、才色兼備の佳人で、最も和歌と書を善くし、絲竹の道にも堪能であった。当時先生は、小浜藩で管理せる望楠軒という学校の講主となって子弟を教育して居られた。

この望楠軒というのは、元来山崎学派の儒者若林強齋が忠臣楠公を崇拝仰望するという心持で、自分の書斎を望楠軒と名づけて子弟を教育した私塾で、京都の二条堺町に在ったが、強齋の歿後は、小浜藩に招聘された山崎学派の儒者が、代々講主となって教授することとなった関係上、藩からも世話するようになったものである。その教育は同学派の大義名分を明かにするという事を方針として居ったから、これがやがて天下の士気を鼓舞し尊王賤覇の思想を振ひ起し、王政復古の気運を速進する原動力ともなったのである。

先生は京都に居られたが、本藩の事を憂ふる誠心から、藩政上の事に就いて、意見を建白されたことがあり、又海防上の事に関して、極めて率直的切なる意見を提出されたこともあったが、それ等の意見は、何れも採用されず、反って深く御咎めを蒙り、嘉永五年七月遂に士籍を削られて、藩主から永の御暇が出て、先生は已むを得ず浪人儒者となられた。これは先生の三十八歳の時であった。

この時の事情は、先生が嘉永五年（一八五二年）八月三日に洛北一乗寺村から、小浜に居る弟の矢部三五郎に送られた左の書面に依って知ることが出来る。

七月九日之御状、同二八日大津より送達致二拝見一候。下拙儀　御上思召有レ之、御暇被二下置一就而は貴様竝弘介（先生の叔父矢部弘介義路）差控伺之處、伺之通被二仰付一候趣、何共

恐入候事に御座候。行方《ナメカタ》百太郎（先生の門人）方も御呵《シカリ》有之候由気毒に候。（此等の人々は先生の親類門人たる関係上、連累処罰されたのである。）是は全く上書故に可有之候。僕其以前近藤（元哲）坪内（孫兵衛）之上書、鹿野（權之亟）（以下の三人は何れも同藩士なり）上京遊学願の尻推し抔と申風説も有之、且渡邊大夫（同藩年寄役渡邊權太夫）之命を受、御政道之事共無二遠慮一申上候事共相重り候事に而可有之と存候。固り覚悟の事に而有之申候。実に以恐入候次第、且は御國の爲長大息に不堪候。古今和漢衰世言語塞り候時、珍らしからざる事に候。下拙も早春依頼長々病気に而大困窮、京師にも住しがたく、春来高雄へ移居いたし候得共、餘り深山幽谷大不便利故止、めにいたし、八月朔日より一乗寺村に卜居候。石川丈山の古跡詩仙堂有之候處に而、京師えも不遠不近、至極の處に而候。石川丈山同様御暇之身上、別而なつかしく存候。明日はしらね共、先は永住の心得に候。内々ながら坪内・近藤・高森（恭助）・鹿野・小山田（隼太）抔えも御序に住處爲二御知一置可被下候。先は御答迄、早々不宣。

一見後は火中、他見災之基、可レ恐候。

実に先生は本藩の事を思って上書建白されたのが、忌諱に触れて御気の毒にも浪人となられたのであった。然し先生としては、固より進退を賭してされたことであったから別に驚きもせず、反って本藩のために歎息して居られた。

斯様な次第で、先生は浪人となられたが、忠臣は二君に仕えずとの義を守り、その後は如何なる大藩から高禄を以って招聘されても、断然之を謝絶して終身浪人儒者として一貫されたのである。

先生が浪人となって閑居しておられた洛北一乗寺村には、石川丈山の隠棲して居った有名な詩仙堂があり、又その少し北の方に葉山の観音堂がある。先生はその境内の一茅屋を借りて住んでおられた。先生は始終貧乏であったが、この一乗寺村時代は、別して困窮して居られたようである。それは左に掲げる信子さんの詠まれた和歌によっても、想像することが出来る。

樵《こ》りおきし軒《のき》のつま木もたきはてて
　拾う木の葉のつもる間ぞなき
事足らぬ住居なれども住まれけり
　われをなぐさむ君あればこそ

現にこの観音堂の境内には、『梅田雲濱先生旧蹟』という碑が建っている。

三、先生の活躍時代

先生はこの一乗寺村に永住する積りであったが、僅か半年許で、嘉永六年（一八五三年）の春には、復た京都に引移られた。それは先生の舅の上原立齋が、病気のため大津から京都に出養生に来たので、先生夫婦が一乗寺村に居っては、介抱が十分行届きかねるからであった。

然るにこの嘉永六年（一八五三年）の六月三日には、米国の使節ペルリが軍艦四隻を率いて突然浦賀に来航し、七月十七日には、露国の使節プーチャチンが軍艦に乗じて長崎にやって来た。何れもが我国の鎖国制度を解放して、和親通商を許されたいとの要求であった。殊にペルリの如きは、兵力に訴えてもという風で、威嚇的態度を以って幕府に迫った。二百五十年来東洋の一孤島の天下泰平に陶酔しつつあった我が国へ、関東と九州とに突然外国の軍艦が堂々やって来たのであるから、幕府は周章狼狽し、人心恟々、国論沸騰し、上を下への大騒ぎとなり、畏れ多くも孝明天皇様には、痛く宸襟を悩まされ給うたのである。

雲濱先生は夙に外冠に就いて心配され、上述のごとく海防上に関する意見書を提出された程であり、それがために反って永の御暇が出て、浪人となられたような次第であったから、此の度米国と露国との軍艦がやって来た事を聞かれて、これは国家の一大事なりと、京都における同じ浪人儒者で、平生意気投合せる同志の梁川星巌・頼三樹などと日夜相会して対外策に就いて謀議を凝された。ここに先生の一身は、局面一変し、いよいよ天下の志士として、勤王攘夷党の先鋒として、国家のために活躍盡瘁されることとなった。今その事蹟を詳しく述べたいのであるが、この小冊子には書き尽せないからここではただその概要のみを略述することとする。

（一）先生が最初に一番心配されたのは、当時皇居の守備が薄弱というよりも、寧ろ皆無であるから、若しも外国の軍艦が大阪近海に侵入するようなことがあったら、まことに畏れ多いことであるから、何をさしおいても皇居を守護すべき用意をしておくことが、最大急務であると考えられて、祖先以来勤王心に厚い大和の十津川郷士を指導訓練して万一の場合には、之を朝廷の御親兵として皇居を守護するよう大いに画策尽力された。

（二）安政元年（一八五四年）正月に、ペルリが去年よりも多数の軍艦を率いて、再び浦賀にやって来た事を聞かれて、先生は蹶然起こって江戸に駆着け、吉田松陰を始め諸藩の同志と、日夜国難に所する方策を討究計画された。

（三）処が幕府では攘夷どころか、段々ペルリに迫られて、遂に三月三日横浜で日米和親条約（謂はゆる神奈川条約なるもの）を締結した。そこで憂国の志士は、幕府は到底駄目だと憤慨して、松陰は外国の事情を探るため、海外に密航せんことを企て、先生は尊攘論の本元なる水戸藩の奮起を促がすため、水戸に出懸けて、大いに攘夷の断行を勧説された。

（四）水戸藩では、先生の意見に賛成した者もあったが、矢張幕府に遠慮して躊躇する因循派があって、先生は一月余も滞在して種々尽力されたが、思うようにいかないので、遂にその年六月京都に帰られた。

（五）京都に帰られた先生は、直ぐまた福井に行き同志の人々に面会して江戸並に水戸の情況を談じ、時局の急務を議し亦大いに尊攘論を鼓吹して、七月京都に帰られた。

（六）處がこの安政元年（一八五四年）の九月十八日に、去年長崎に来た露国の使節プーチャチンが軍艦に坐乗して突然大阪湾にやってきた。之はプーチャチンが幕府に対し、米国と同様の和親条約を締結するため、大阪で談判したいという希望を申出で、回航して来たのであったが、大阪ではそんな事情は判らなかったので、サア大変だと、また上を下への大騒ぎとなった。そこで大阪城代土屋采女正（常陸の土浦藩主）は、一面幕府への急報すると共に、一面急に兵備を整へ、大阪府近の諸藩も夫々兵を出して沿岸を防御した。

然るにプーチャチンは中々退去する風がないので、大和の十津川郷士は大いに憤慨しなんでも早く露艦を撃攘って、宸襟を安んじ奉らなければならぬ、それには予てから吾々を指導して下さって居る梅田雲濱先生に軍師になって貰い、吾々は先生の指揮によって攘夷しようと、先生に願って来たので、先生は早速引受けられた。

然るにその時信子さんは病気に罹って居られて乳が出ないので、三歳になる長男の繁太郎はヒーヒー泣き叫ぶというような、まことに惨めな状態であったが、先生は国家のためには代えられぬと深く決心されて、

妻臥㆓病状㆒兒叫㆑飢。　挺㆑身直欲㆑當㆓戎夷㆒。
今朝死別與㆓生別㆒。　唯有㆓皇天后土知㆒。

という妻子に永詠を告げる詩と、

大廈欲㆑支奈㆓力微㆒。　此間可㆑説小是非。
微臣效㆑國區區意、　憤激臨㆑行拜㆓帝闈㆒。

といふ皇居を拝して御暇乞申上げ奉る詩とを、二首詠ぜられて慨然家を出られた。

それから先生は十津川郷士を率いて大阪に駆着け、軍艦を撃攘はんとされたところが、露艦は幕府の通知に依って、大阪を退去して伊豆の下田へ回航したので、撃攘策は実現するに至らずにしまった。

（七）右様な次第で、先生は空しく京都に帰られたが、一面先生の家庭には不幸の上にも不幸が重なって来て、まことに御気の毒な状態であった。それを一寸記して見ると、

（い）予て大津から京都へ轉地療養して居った先生の舅の上原立齋は、安政元年（一八五四年）の正月八日遂に死亡した。

（ろ）先生が安政元年七月福井から帰京されたところが、其の留守中に信子さんと長男の繁太郎とが病気になって居った。

（は）そこへもってきて先生の姑（信子さんの母）が、大津から上京中又発病して先生の家に逗留することとなった。

（に）然るに信子さんの病気は段々重くなって、十二月には終に不治の病状となった。先生は貧苦の中にも、出来得る限り手をつくされたが、その甲斐もなく、信子さんは安政二年三月二日に、十歳の長女お竹と、四歳の長男繁太郎とを遺して亡くなられた。年は僅かに二十九歳であった。信子さんは前にも述べたように、十八歳で先生に嫁し、同棲十一年、その間貧苦を偕にし、良妻賢母として能く先生を助けられたのであった。先生も深くその薄命であったことを哀惜するの余り、信子さんの死後、一つの文庫の中へその位牌を大切に納めて誰にも見せず、常に自分の傍を離されなかったということである。

（ほ）處が信子さんの亡くなった翌四月二十六日には、その母も亦亡くなった。

（へ）信子さんの死後は、幼い二人の子供のいじらしさに、さすがの雲濱先生もほとほと困られて、大和の高田の豪家で勤王心に厚い村島内蔵進という人の娘千代子さんを後妻に貰われた。

それは、安政二年六月の事であったが、その七月には先生が腸チブスに罹られ、一時は余程重態に陥り、それが家内中に伝染して、一家残らず病状に臥すという惨憺たる状態であったが、幸いに九月になって一同全快された。

（と）処が又この年の冬になって長男の繁太郎は病気再発して、終に翌安政三年（一八五六年）の二月十七日に五歳で亡くなった。当時先生から福井藩の同志坂部簡助に贈られた書面に

下拙方倅も舊冬より病気再發之處、薬餌一向しるしも無レ之、當十七日死去仕候。始而之男子、當五歳にも相成候事故、残念御察し可レ被レ下候。

といって居られる。先生の有名なる詩に詠ぜられたところの病状に臥せし妻も、飢に叫んだ兒も、僅々二年の間に倶に亡くなったのである。その悲傷哀痛の情は、実に察するに余りあるではないか。

（八）当時先生の家庭は、以上列記したように、まことに悲惨極まる状態であったから、この場合、普通の人であったら必ず落胆沮喪して、家庭以外の事に携わる勇気はなかったであろうが、一意勤王攘夷の外何物もなかった先生は、天下の形勢が日々切迫し、幕府の

対外策が、とかく因循姑息にして、国威を損することの甚しきを見られては、一身一家の事などを顧みる暇もなく、出で丶は在京の同志と会合密議し、入って来訪する諸藩の有志に対して、時勢の急務を切論し、国家のために力を尽くすよう、熱心に指導激励せられた。

（九）それから先生は、安政三年（一八五六年）十一月に京都から長州の萩に行かれて、毛利家の重臣に面会して、朝廷のために毛利家の奮起を促がし、京都と長州との気脈を通じる手段として、先づ以て双方の間に物産交易の道を開始する事を協定して、翌安政四年（一八五七年）二月帰京された。

（十）帰京後その年四月、先生は自分の代りに、同志の僧月性（海防僧と称された周防遠崎妙圓寺の住職）を紀州藩に遣って、紀淡海峡の防備に就いて、大いにその急務なることを家老に力説せしめられた。

（十一）又その年十二月には、先生自ら大和の五条に行かれ、翌安政五年（一八五八年）春夏の交には、十津川まで出かけて、同地の郷士を鼓舞激励された。

（十二）この安政五年（一八五八年）には、国事いよいよ切迫し、幕府の老中堀田備中守は、二月上京して米国との通商僻条約締結の勅許を賜らんことを奏請した。これが非常な大問題となって、在朝の重臣は勿論、多数の公卿と在京の志士等は、極力之に反対したため、終に今一応三家以下諸大名とも審議した上、更に言上すべしとの勅命に依り、幕府の奏請は却下されたが、この事件に就いても、雲濱先生は或は表面に或は裏面に、種々奔走策動されたのである。

（十三）処で幕府では、この年四月二十三日、彦根の藩主伊井掃部頭直弼が遽かに大老となって、今一応審議言上すべしとの勅命に違い、勅許をも経ず、擅に六月十九日米国と通商条約に調印してしまったので、孝明天皇様には痛く幕府の所為を御怒りあらせられて、八月五日畏れ多くも御譲位遊ばされたいと仰出され、至急幕府に違勅不信の罪を詰問せよと勅命あらせられた。そこで関白九条尚忠は、大いに恐懼して暫くの御猶予を御願い申上げて、左右両大臣・内大臣等の意見を徴した上、八月七日急に御前会議が開かれ、その翌八日水戸藩主徳川慶篤へ内々勅諚を降されることになって、京都に在る水戸藩邸の留守居役鵜飼吉左衛門の息子の幸吉が勅書を捧持して密かに江戸に下り、老中の手を経ずに、直接水戸藩主に下付された。（勿論この勅諚と同一のものが幕府へも降ったが、それは水戸よりも後であった。）

元来この水戸藩主へ勅諚降下の事は、雲濱先生等同志の間には予てから畫策されて居ったのであって、先生等は幕府には朝旨を遵奉して攘夷する誠意のないことを、夙に看破して居られたので、この上は副将軍格であり、尊攘論の本元ともいうべき水戸の藩主へ直接勅諚を降し、伊井大老を退けて幕閣を改造し、譴責中の尾張・水戸・越前の各藩主を起して朝旨を遵奉せしめるより外なしとの意見で、内々青蓮院宮を始め在朝の重臣間に進言して、しきりに策動して居られたのであったが、未だ実現の時機に至らなかった。處が幕府が勅許を経ずして擅に外国との通商条約に調印し、剰へ朝廷に対する態度が頗る不敬不信であったので、事態が急転直下して、この勅諚降下となったのである。それは勿論孝明天皇様の御英断に由ることは申すまでもないが、在朝の重臣と先生等志士の築棒活躍というものは、中々一通りの事ではなかったのである。

（十四）是より先き、先生の旧藩主酒井若狭守は、伊井大老の推挙によって京都の所司代となられたので、先生は目下幕府は事毎に朝旨に違い、朝廷の御信頼に反しつゝ、ある場合に、旧藩主が伊井大老の指揮を受けて、所司代となられる時には、終に朝敵の汚名を蒙られる虞があり、小浜藩の安危存亡にも関する重大問題であると、非常に心配され、先生自身は既に放逐の身分となって居られるにも拘わらず、旧藩主を思う一念より、書面を小浜藩士坪内孫兵衛に贈って、旧藩主の所司代就任の不可なることを申送られた。先生がどこまでも旧藩主の事を心配された忠愛の至情は、まことに敬服すべきことである。しかしそれも矢張容れられなかった。

（十五）此の頃京都における志士の中で、最も推重されて居ったのは、有名な詩人梁川星巌と雲濱先生とであった。頼三樹・池内陶所なども、中々活躍した。所で星巌は素より学識もあり、思慮もあり、気魄もあったが、何分既に七十歳の老人であったから、先生のように自ら諸方に飛び回って遊説したり、同志を糾合したりするような運動は出来なかったが、先生は正に四十四歳の男盛りであったから、堅固なる意思と周密なる思慮とを以って徐ろに画策し日夜盛んに奔走活動されたのである。

先生が当時の有志者に推重され、その中心人物となって居られたことは、先生の門人であった小浜藩士行方《ナメカタ》千三郎が明治以後自ら書いて履歴書の中に、

安政五年の春、予京師に在り。是の時に当り、欧米の諸国益々幕府に迫りて開港を促す、朝廷之を聴さず。天下慷慨の士、皆腕を扼して攘夷の詔を待つ。諸藩の有志、都下の動静を知らんと欲する者は、必ず来って梅田を訪ひ、前後相踵ぐ。梅田應接に暇あらず、予をして代って之に接せしむ。

と書いてある。又吉田松陰の門人で、安政五年の秋、京都に居った中谷正亮から、長州に居る松陰に贈った書面にも、

京都の周旋家梅田に止り候。是は御承知の通り、宮様（青蓮院宮、今の久邇宮家）へ時々預二御招一候由、其外は皆々相手に成り兼申候。源次郎よりは言路も能開け居申候。朝に上り夕に雲上に達し申候由。可レ賀々々。是も諸公卿より別而六ッケ

敷由。

（先生は在京の志士の中でも、青蓮院宮に最も厚く信用されて居られたのである）といっている。これに由っても、その頃の有志者間における先生の地位と関係とを知ることが出来る。それ故幕府側では、梁川・梅田・頼・池内の四人を、幕府に対する『悪謀の四天王』と称して、しきりに探偵を放って内々先生等の挙動を探って居ったのである。

四、安政の大獄

安政の大獄は幕府が尊王攘夷党に大弾圧を加え、これによって朝廷を威嚇し、幕府の権力を維持しようというのが目的であって、その首魁として槍玉にあがったのが、雲濱先生であった。先生の捕縛されたのは、安政五年（一八五八年）の九月七日の夜で、場所は京都烏丸御池上ル借家であった。（星巌は九月二日コレラで死んだので捕縛を免れた）先生は一旦西奉行所に拘引されて、伏見町奉行所の牢に投ぜられた、その後十二月二日に、伏見から京都六角の牢に移され、同月二十五日になって、先生と有栖川宮家の家来飯田左馬・三条家の家来森寺若狭守・西園寺家の家来藤井但馬守・青蓮院宮の家来伊丹藏人・山田勘解由（この両人は先生の門人であった）・鷹司家の家来髙橋兵部権大輔・頼三樹の八人が一緒に京都から江戸に護送された。その中宮家や公家の家来は網乗物に乗せられたが先生と頼三樹とは浪人であったから軍鶏籠《タウマルカゴ》であったということである。今日から見れば、如何にも残酷極まる護送法であった。

一行は護送の途中、東海道荒井の関所で安政六年（一八五九年）元旦を迎え、正月九日に江戸の北奉行所に着き、直ちに先生と飯田・森寺・藤井の四人は、その当時常磐橋見附内に在った小倉藩主小笠原家に御預けとなって、各別に座敷牢に入れられた。伊丹・山田・高橋・頼の四人は筋違見附内に在った福山藩主阿部家に預けられた。

それから此等の人々は、時々幕府の評定所に呼出されて取調べられたが、その中に藤井但馬守と雲濱先生とは脚気になられたので、小笠原家では種々手厚く治療を加えたのであったが、その甲斐もなく、遂に藤井は安政六年（一八五九年）の九月朔日に、雲濱先生は同月十四日に牢死された、時に先生は四十五歳であった。そこで小笠原家では不取敢その菩提寺なる浅草松葉町の海禅寺に仮埋しておいた。

先生は京都でも江戸でも、取調を受ける時は役人が何を訊問しても、その問には答えずして、堂々と大義名分を説立されるので、役人もその理の当然なるに屈伏して、持てあましたということである。

君がよをおもふこゝろの一すぢに
わが身ありとも思はざりけり

これが雲濱先生辞世の歌である。その一身を顧みずして、君国のために尽くされた誠心は実に尊ぶべく敬すべきではないか。

五、歿後の赦免と光栄

安政の大獄に検挙された者は、無慮七八十人の多数の上り、その中には獄門になった者があり、死刑あり、切腹あり、流罪あり、その他追放・押込・所払など、総じて罪状に対し極めて苛酷であったので、却って人心に反動的気分を起さしめ、それ等が爆発して萬延元年（一八六〇年）三月三日の桜田門外における伊井大老の暗殺となり、文久二年（一八六二年）正月十五日坂下門外に於ける老中安藤対馬守の襲撃となり、天下の形勢俄然一変し、文久二年（一八六二年）八月に至り、安政の大獄その他国事のために処罰され、又は死亡した者は、すべてその罪を赦免すべしとの勅命を朝廷より幕府へ降されたので、先生と藤井但馬守の罪も赦免され、同時に墓を建てゝも差支えなしと申渡された。そこで小笠原家では、翌文久三年（一八六三年）に施主となって二人のために墓を建て、祠堂金を附けて懇ろに忠魂を弔ふことゝした。この墓は、大正十二年（一九二三年）九月の大震災のために破壊したので、昭和八年（一九三三年）に藤井但馬守の旧主家公爵西園寺公望・施主伯爵小笠原長幹・雲濱先生の旧藩主家酒井忠克の三氏が、相計って原形通りの墓を再建改修された。なお先生の墓は史蹟として東京府知事より仮指定されてある。

先生の歿後恰も十年にして始めて王政復古の大業成り、明治維新となったので、元年（一八六八年）十二月には京都府から先生の未亡人千代子及び娘さんのぬい子に扶助米を給せられ、又東山の霊山において、他の勤王諸士と共に祭典を挙行された。その後明治十六年（一八八三年）先生の二十五年祭挙行の際、その碑を霊山に建立する事が畏くも　天聴に達し、宮内省より「故梅田源次郎夙ニ勤王之志ヲ懐キ力ヲ国事ニ尽シ竟ニ幽囚ニ罹リ殞《オトシ》レ命候処今般建碑之趣被二聞食一金五拾円下賜候事」という御沙汰を未亡人に賜わった。それから二十二年（一八八九年）十一月には、靖国神社に先生の英霊を合祀され、二十四年（一八九一年）四月には特旨を以て正四位を贈られた。なお大正十三年（一九二四年）及び昭和八年（一九三三年）北陸地方に陸軍特別大演習のあった時には二度、とも勅使を小浜に差遣わされて、公園に建てゝある先生の碑に参向せしめられ、玉串を捧げ祭粢料を御下賜になった。昭和八年（一九三三年）浅草の海禅寺で、先生の七十五年祭と墓石改修の祭典挙行の際にも宮内省より祭粢料を先生の遺族に御下賜になった。

斬様に雲濱先生は亡くなられた後に、その勤王の誠心が、果して皇天后土の知る所となって、重ね重ねの恩典を蒙り光栄を荷われた。定めて先生の英霊も感泣されて居ることであろう。それと共に斯様な大勤王家が、我が小浜から出られた事は、我等の大いなる誇りとするところであらればならぬ。

六、先生の容貌・言語・性格・趣味

容貌　先生は眉目清秀、中肉中背にして、色浅黒く、眼冷しく、一見人を服せしめ謂わゆる威あって猛からずという風で、中々美男子であった。それはこの冊子の巻頭に掲げある肖像書を見ても判る。

言語　先生は言語も至って明瞭で、書物を講義される時には、明快の弁舌を以て、十分義理を発揮し、條理井然と説き来り、説き去り、聴く者をして感動させた。殊にその時事を痛論するに当っては、意気激昂、扼腕切歯、声涙倶に下るという風で、之を聴く者が皆感奮興起したということである。

性格　先生は浪人儒者として、一生清貧に甘んじで居られたが、その人格は頗る高かった。先生の親友で長州藩士秋良《アキラ》敦之助《アツ》という人は、広く当時の学者や志士とも交際して居ったが、その中で最も感心して、「どうも雲濱という男は高い男だ、私の交際した者に、あれ程高い男はなかった、あの男には及ばぬ。」と常にいって居ったそうだ。先生は人格の高かったと共に、又一面には胆力もあり、策略にも富んで居られた。朝廷と幕府が反目し、内外多難であった際に、勤王のために、あれ程活躍されたのには、余程の胆力と策略がなければ、決して出来るものではない。これが尋常一様の学者と大いにその趣を異にして居る処であった。それ故当時の志士側からは首領と仰がれたと同時に、幕府側からは悪謀の首魁と思われて、注目の的となられたのである。

趣味　先生には別にこれという道楽や趣味もなかったようだが、酒は大分好きな方で、晩酌をやられて、一酔陶然佳境に入ると、いつも声張りあげて、浅見絅齋《ケイサイ》の作った『楠公の謠』を朗吟されたということである。酒宴などで興来れば、筆を揮うて字を書かれ、筆勢奔放の中に一種掬すべき気韻が溢れて居った。当時の勤王家は大概書を能くしたが、その中でも先生は特に優れて居られた。

七、先生の遺族

先生は家庭的にも恵まれなかった方で、先妻の信子さんにできた長男の繁太郎は、安政三年（一八五六年）二月に五歳で死し、後妻の千代子さんにできた次男の忠次郎は、先生の歿後文久三年（一八六三年）に八歳で死し、男の子二人とも早く亡くなった。そこで忠次郎の妹のぬい子に養子をして、梅田家を継がした処、又そのぬい子が明治十三年（一八八〇年）八月二十三歳で亡くなり、養子も離縁となったので、奈良の高橋家に嫁して居ったお竹さん（繁太郎の姉）にできた高橋良三（即ち先生の外孫）を以って梅田家の養嗣子とした。然るに又この良三が大正二年

（一九一三年）五月に三十七歳で早世した。良三はまだ妻子がなかったので、いよいよ梅田家が断絶の不運に陥るので、良三の弟高橋尚藏の次男健吉（即ち先生の外曾孫）を以って先生の後を嗣がしめ、梅田健吉と称し、今年二十五歳となり、奈良の両親の許に居られる。

上述のような次第で、雲濱先生はその一生不遇であったのみならず、家庭的にもまことに不幸な方であった。然し不幸中にも、外孫の高橋尚藏君は、有名な古梅園の京都支店長となって居られ、外曾孫の健吉さんが、先生の家名を相続して居られるから、先生在天の英霊も、定めてご満足であろうと拝察する。

八、安祥院の墓

江戸では小笠原家の手に依って、梅禪寺中泊船軒に、墓石が建てられたが、又京都では雲濱先生の姪登美子及び門人故旧の手に依って、鳥邊山の安祥院（五條阪東山通東入日限地藏尊安置の寺院）雲濱先生の先妻上原信子長男繁太郎を埋葬せし地に墓石が建てられた。其の由来に就いては、西川正義の『梅田先生行状』に左の如く言ってある。

文久二年壬戌冬十一月、勅して大赦を行われ、戊午以来国事を以って罪を被る者は、皆之を解き、而して其の死する者は、葬を営み墓碑を建つるを許さる。先生（雲濱）の遺骸、江戸浅草海禪寺中に仮葬する。故旧相謀りて曰く窀穸《チュンセキ》（墓穴）遠く寄せて他郷に在り、眞に哀しむべきかな。願はくは一遺物を得て、之を埋葬し、以て墳墓を表せんと。而して衆其の物を難んず。曾々女姪矢部氏（登美子）先生成童首服剃る所の髪を持し、若狭より来りて其の志を言う。之を聴けば則ち衆の願う所と、期せずして同じ。因って相與に悲喜感泣す。乃ち之を洛東安祥寺に葬る。蓋し檀寺なり。

（附　記）

なお先生の事蹟に就いて詳しく承知したい人は、東京市神田区錦町有朋堂の発行に係る

塩湖　内田周平序竝閲　篁老山　青木晦藏 篁溪　佐伯仲藏　共　編 贈正四位　梅田雲濱遺稿竝傳

内田周平　佐伯仲藏　共　述 勤王志士領袖 安政大獄首魁　梅田雲濱先生

と題する書物を読まれたい。

昭和十一年五月廿八日印刷
昭和十一年六月二日發行
昭和十五年四月三日再版

著作兼發行者　雲濱事蹟保存會
代表幹事　辻保太郎
福井縣遠敷郡小濱町酒井九五

印刷者　吉村金松
京都市高倉通四條南入

印刷所　合名會社西湖堂
京都市高倉通四條南入
電話下(5)一八一〇番

發行所　雲濱事蹟保存會
福井縣遠敷郡小濱町酒井九五

付記

解題　梅田雲浜との出会いから日本国憲法を通観する

三宅　弘

一　はじめに

私と梅田雲浜の出会いは、今から約五〇年前、小浜市立小浜小学校在学中に遡ります。今となっては原典はわかりませんが、後に公刊された赤見貞編『梅田雲濱写真小傳』（梅田雲浜先生顕彰会、一九七六年）に似た小冊子が小学校のクラスに一冊、配置されていたことによります。また、物心がついたころより、小浜公園は私の遊び場でしたが、公園内にある山縣有朋の揮毫に係る「梅田雲濱先生之碑」の大きさから、何かしらその人物の偉大さを感じとっていました。小冊子を読み、その生涯の概要を知ることができました。

小学校四年から六年までの担任三宅茂子先生は、社会・歴史を得意としていましたから、日本の歴史を学ぶ過程にあって、梅田雲浜の話をしてくれたと思います。一九六五年、小学六年時には、小浜市中央児童公園内に雨田光平作の梅田雲浜像が建立されましたので、郷土の偉人であることは、より一層、認識することができました。その後も、中学高校においても日本の歴史を学ぶ機会に、郷土の偉人であることを確認していました。

今から約一〇年前、東京都内のはずれ葛飾区内の古本屋にふと立ち寄った際、梅田薫『勤皇偉人梅田雲浜』（東京正生学院出版部、一九四二年）を見つけ、購入しました。戦前の版ですから、活字も旧体でわかりにくいものでしたが、史伝の少ない梅田雲浜のものとしては、その全体像がよくわかるものでした。私が所属した原後綜合法律事務所の原後山治弁護士は大の歴史好きでした。とりわけ司馬遼太郎の作品から、その歴史観まで感化を受けていましたので、その影響を受けて、『竜馬がゆく』、『最後の将軍』、『世に棲む日日』、『翔ぶが如く』などを読み、歴史上の人物像ができていくものの、梅田雲浜像は描くことができず、渇望していたのだと思います。この復刻を企画しようと考えるに至りました。

先述した三宅茂子先生の遺言執行により福井教育アーカイブズが立ち上がった時に、『勤皇偉人梅田雲浜』を是非復刻したいと考えるに至りました。その際、一九四二年版ではなく、戦後に再刊された梅田薫『梅田雲浜』（東京正生院、一九五六年）を復刻版とすることとしました。

その後、文献、資料を収集しましたが、雲濱事跡保存会『贈正四位梅田雲濱先生』（雲濱事跡保存会、一九四〇年）は、あまり出回っていないことに気がつきました。史料的価値がありますので、特に西暦を（　）で記入した以外は、原典のままで収録しました（新仮名遣いに変更）。また、佐伯仲蔵『梅田雲濱遺稿竝傳』（有朋堂書店、一九三〇年）に掲載された「雲濱先生の筆蹟及び其の他の寫眞」を再録しました。

二　歴史の古層の中に梅田雲浜を位置付けること

次に考えたのは、梅田薫『梅田雲浜』について、単に福井小浜が生んだ偉人というだけでなく、雲浜が日本の歴史、とりわけ近現代日本の政治思想史において、どのように位置付けられるかということでした。

本解題の準備の過程において、私は、三・一一東日本大震災と福島第一原発事故を経験しますが、その中で、大飯原発周辺の歴史の古層を次のとおり概観し、末尾において、梅田雲浜を紹介しました（折原浩＝熊本一規＝三宅弘＝清水靖久『東大闘争と原発事故─廃墟からの問い』（緑風出版、二〇一三年）〇頁）。

【大島半島にある「ニソの杜」については、柳田国男が、その森におおわれて点在する積石古墳をして、日本の神社の原型であるという学説をたてた。日本民俗学の宝庫の一つである。秘境ともいうべき、その大島半島の先端に大飯原子力発電所が誘致された。大島半島を含む若狭湾に点在する漁村集落では、「刀禰」（とね）と呼ばれる家において保管されてきた古文書が、中世から若狭の浦と漁場の紛争解決に寄与してきた。歴史家網野善彦は、その古文書もふまえて、中世の自由と平等の問題を階級闘争とは異なる観点から考察した。大島半島と対をなし小浜湾を形づくる内外海半島の漁村、泊（とまり）には、一九〇〇年一月、日本海（東海）で遭難した一叟の韓国船が漂着した。村民の救護によって九三人の韓国人が無事に故国に帰還したが、八日の滞在中に、言葉は通じないままで、漂着民と村民は心を通わせていく。それから百年後の二〇〇〇年韓国船遭難救護百周年記念事業として発掘され、人々の歴史に残ることとなった。

江戸時代徳川家光・家綱の時代の大老酒井忠勝に代表される小浜藩では、その後、杉田玄白、中川淳庵が中津藩の前野良沢と共に『解体新書』を翻訳・出版し西洋医学・蘭学の扉を拓いたとして、小浜市民により今も顕彰されている。酒井藩を遡ると、万葉集で詠われ枕草子においても、山は「のちせの山」と称される後瀬山の南側の麓には、若狭守護職武田元光の守護館跡があり、今ではこれが発心寺となっている。その隣には武田元光の父武田元信の守護館があったが、その跡に佛國寺がある。それぞれ、発心寺は、原田祖岳老師により、佛國寺は、原田湛玄老師により、それぞれ世界に開かれた禅道場として生れ変わっている。発心寺には、与謝野鉄幹、鳳晶子（後の与謝野晶子）らと共に「明星」の歌人として広く知られた山川登美子が眠っている。

後瀬山の西側の麓には、浅井長政と市の間に誕生した三姉妹の次女初の菩提寺常高寺がある。小浜・酒井藩からは、幕末には、安政の大獄において一八五九年に牢病死した尊王攘夷のオピニオンリーダー梅田雲濱を輩出している。同人の尊王攘夷思想は、山崎闇齋（あんさい）、浅見絅齋（けいさい）の系譜にある崎門学派の望楠軒学（ぼうなんけんがく）であり、京都所司代を務める酒井藩主の容れるところではなかったものの、吉田松陰ら当時の長州藩士や土佐藩士に大きな影響を与えた。後瀬山から小浜湾に張り出した岬の麓、小浜公園に一九〇三年、山縣有朋の篆額「梅田雲濱先生之碑」が建立された。】

福井小浜は、三方の水月湖の年縞と同様に、歴史のその時々の重要な事象が重なりあって、同時に存在する地域であるとして、その立ち位置から、福島第一原発事故を考えることとしたのです。その概観の中で、「小浜藩からは、幕末には、安政の大獄において、一八五九年に牢病死した尊王攘夷のオピニオンリーダー梅田雲濱」と表現しました。

この時点で、私は、歴史の古層、とりわけ若狭の文化史に梅田雲浜を位置付け、同時に、日本の戦後を代表する思想家丸山眞男・東京大学名誉教授における梅田雲浜像を基礎として、この復刻版を世に出すことを構想しました。

三　丸山眞男による梅田雲浜像

丸山眞男は、太平洋戦争に動員されて広島で被爆する前、東京帝国大学において、日本の政治思想史を研究し、徳川時代を対象としたものの中から、戦後、『日本政治思想史研究』（東京大学出版会、一九五二年）を公刊します。その中で、「明治以後のナショナリズム思想の発展を、それが国民主義の理論として形成されながら、いかにして国家主義のそれに変貌していったかという観点から執筆された論文「国民主義理論の形成」を、「第三章国民主義の『前期的』形成」として発表しています。

丸山は、吉田松陰の尊王攘夷論を論ずる中で、梅田雲浜についても論及しています。

【ここで漸く彼（吉田松陰—引用者注）の尊皇攘夷論は討幕論にまで到達した。さうしてやがて所謂安政の大獄が開始され、松陰自身も老中間部詮勝の要撃を策して遂に再度捕へられる前後から、彼の思想はひたすら急進化の一路を辿る。すなわち最初討幕の實行的主體を反幕的諸侯に期待した彼はやがて、『當今二百六十諸侯、大抵膏梁子弟にて天下國家の事務に迂濶にして、殊に身家を顧み時勢に媚諛』（時勢論）するのみなるを見て、それを『草奔の志士』乃至『天下の浪人』に求めるに至った。ほぼ同じ頃、梅田雲濱も『我知る、今の諸侯其れ必ず無能なるを。今の諸侯大率ね童心無知、財竭き武弛み、一日天下に事あらば只だ其れ自國の立たざるを恐る。又奚ぞ天朝を奉り、外寇を憂ふるに暇あらんや。……然りと雖も明天子上に在し、皇位赫々日一日と烈なり。我知る、千秋の後必ず復古せん。有志の士其れ努めざる可けんや』（久坂義助（玄瑞―引用者注）宛書簡）といへるにも窺ひうる如く、尊皇攘夷論は此頃、水戸學的な段階からは決定的に飛躍しつつあったのである。かくしてそれはもはや封建的解統制の單純な再確認にとどまり得ない。（中略）もとより松陰自身、さうした『世界の一變』が具體的に如何なるものであるかについて殆んど知るところなく、ただ來るべき一君萬民への方向を漠然と豫感しつつ『四海皆王土。兆民仰太陽。歸朝君勿問。到處講尊攘』と詠じて靜に斷罪の地へ赴いた。ともあれ尊皇攘夷論はここに至ってその歴史的限界のゆるす限りの道程を歩み盡したといふ事が出來る。】（前掲『日本政治思想史研究』三五六、三五七頁）。

ここでは、梅田雲浜は、吉田松陰と同列に論じられていますが、やがて、丸山は、最晩年、朱子学のうちの山﨑闇斎学派を研究する及んで、論文「闇斎学と闇斎学派」の中で、「武士的階層制への『君臣の義』の適用は、将軍のうえに天皇を最高権威として置く『尊皇の大義』の主張を以てしても、質的に問題を転換させるものではない。…それは危機的状況においては、中国のような中央集権的官僚制のもとでは起こりえない、複数の忠誠義務の間の相克を醸成することになる。これこそ幕末の動乱において全国的規模で各藩に現実化したディレンマであった」としつつ、ふたたび梅田雲浜を採り上げます（丸山眞男「闇斎学と闇斎学派」、西順蔵＝阿部隆一＝丸山眞男『山﨑闇齋学派』（岩波書店、一九八〇年）六〇一、六五一頁）。

【若狭における崎門学の拠点、小浜藩は「寛政異学の禁」に先立つこと八年の天明二年に、闇斎学以外の異学を禁止して、教学の思想的統一を行ったところである。しかも小浜には「望楠軒」の学風が支配し、そこを継いで幕末尊攘論の先駆的な犠牲者となった梅田雲浜も小浜藩士であった。けれどもここは名にしおう譜代の酒井氏が代々続いて幕末に至った藩である。酒井忠義は京都所司代として朝幕間の調停に奔走し、幕府の忌む所となって罷免せられ、その子忠氏が後を襲ったが、鳥羽伏見の戦いでは、官軍方の津藩兵と刃を交えた結果、入京を禁じられるなど、つぶさに忠誠の相剋を体験した。望楠軒の学統を以てしても、藩の動向をして、尊王の大義に徹し、『順逆を誤』らせなかったとはいい難い。】（前掲丸山「闇斎学と闇斎学派」六五二頁）

これだけの引用では、私が何を論じようとしているのかは、わかりにくいと存じます。復刻した『贈正四位梅田雲濱先生』によって、その解説をします。引用中の「若狭における崎門学の拠点、小浜藩」は、丸山が研究した前掲『山﨑闇齋学派』に収載された原典二三冊のうち、六冊が小浜市立図書館蔵江戸写本であることから伺うことができます。江戸幕藩体制を支える政治思想が朱子学であり、荻生徂徠に由来する徂徠学であったことは、丸山『日本政治思想史研究』において明らかにされたところですが、これとは別の学派として、「日本の『皇統一系』の正統性に照し合わせて、同じ学派の中で具体的に議論を交わしたのは闇斎門が最初であり」（前掲丸山「闇斎学と闇斎学派」六五五頁）、「程朱学を理論と実践にわたる世界観として一個一身に体認しようと格闘した最初の学派は闇斎学派であった」（同六六三頁）と論じます。小浜藩は、朱子学の中でも、山﨑闇斎に発する闇斎学派を学ぶ拠点となるのでした。当時の政治思想の最先端を学ぶことができる藩となりました。

『贈正四位梅田雲濱先生』の一、先生の生立と学風中、雲浜が「山口菅山という儒者に就いて…山﨑学派の日本精神を基礎として大義名分を明らかにするという学風から出発して居る」というくだりは（本書三九四頁）、丸山が明らかにした日本政治思想の、この位置付けの中において理解していただきたいところです。

引用文中の「『望楠軒』の学風」もまた、『贈正四位梅田雲濱先生』においては、「若林強齋が開いた私塾で、小浜藩に招聘された山﨑学派の儒者が、代々講主となって教授することとなった」（本書三九七頁）と説明されています。雲浜は、小浜藩が管理していた望楠軒の講主になりますが、ここから、尊王思想が拡散し、王政復古の気運が高まりました。一八五三年のペリー来航の折には吉田松陰その他諸藩の有志の士と日夜相会するとありますが（前掲佐伯『梅田雲濱遺稿竝傳』雲濱年譜一二、一三頁、本書三七七頁）、吉田松陰が萩で松下村塾を開くよりも先に、望楠軒塾において梅田雲浜によって尊王思想が発展され、尊王攘夷の思想として時代のイデオロギーとなることとは、特筆すべきことであります。雲浜は、一八五五（安政二）年一一月には、山口・萩で吉田松陰に面会し、松下村塾の額面を揮毫し、一八五六（安政三）年一月一四日まで滞在します。「萩に逗留中松下村塾を訪れ、塾生のために熱烈な勤皇の志を述べて感奮せしめたという。安政四年正月十六日松陰が久保清太郎へ送った手紙に『去臘、京都の梅田源次郎来遊、正月中頃まで逗留致し候、満場心服の様子に相聞え候、松下村塾の額面も頼み候て出来申し候』とあり、当時その場に居合わせた品川弥二郎氏は『その時自分は十四歳であった。松陰は雲浜の来たのを喜び、梅田兄は書が上手であるから、松下村塾の標札を書いて貰いたいと頼み、自分に墨をすれと命ぜられたので、墨すりをやると雲浜は達筆に標札を書いた』と語っている。」と解説されています（前掲『梅田雲濱写真小傳』三五頁）。

酒井忠義は、「安政の大獄」において、一八五八（安政五）年九月七日、梅田雲浜を第一号として捕縛（逮捕）し、同年一二月二五日、江戸送りとします。

江戸での取調は、一八五九（安政六）年三月一二日と八月一四日の二日だけで、雲浜は、幕臣に尊王攘夷論を説いたとされていますが、同二三日には全身に腫気が出て、脚気症と診断され、九月一四日牢内にて病死しました。

小浜藩は、江戸徳川幕府においては、徳川家康の三河の時代からの譜代大名であり、酒井忠義は、その第一二代藩主で、一八四三（天保一四）年から一八五〇（嘉永三）年までと一八五八（安政五）年から一八六二（文久二）年までの二回に渡り、京都所司代を務めました。安政の大獄においては、旧家臣である梅田雲浜などを捕縛しましたが（本書四一二頁）、その後、井伊直弼と伴に尊王攘夷派や一橋慶喜擁立派を弾圧したことを咎められて、一八六二（文久二）年四月二三日の寺田屋事変（薩摩藩尊王派が憂国の念から憤激し、関白九条尚忠と酒井忠義を襲撃し、これをもって薩摩藩主の父で事実上の指揮者島津久光に奉じ討幕の蜂起を促そうとしたが、島津久光によって鎮圧された事件）の直後の六月京都所司代を御役御免となり、強制隠居処分に処せられ、蟄居謹慎となりました。（なお、忠義は、名を「忠禄」と改めて第一四代藩主も務めます。）

前掲丸山「闇斎学と闇斎学派」六五二頁における「酒井忠義は京都所司代として朝幕間の調停に奔走し、幕府の忌む所となって罷免せられ、その子忠氏が後を襲った」と論じられたところです。忠氏は忠義の養子で第一三代藩主です。さらに、同頁「その子忠氏が後を襲ったが、鳥羽伏見の戦いでは、官軍方の津藩兵と刃を交えた結果、入京を禁じられるなど、つぶさに忠誠の相剋を体験した」とありますが、この消息は、小浜市史編纂委員会編『小浜市史通史編下巻』（小浜市役所、二〇〇八年）二頁以下に詳しく論じられています。

酒井忠氏は、徳川幕府を護持する佐幕派として行動します。鳥羽伏見の戦いの少し前、一八六四（元治元）年三月、筑波山に勤王の兵を挙げた水戸天狗党が中山道から北上し、蠅帽子峠（岐阜県本巣市・福井県大野市）を越えて越前に入り越前国新保宿（福井県敦賀市）に至ります。武田耕雲斎ら天狗党員八二八名は、一橋慶喜に嘆願するために水戸藩領から長旅を続け新保村にたどりつき、同年一二月に降伏しますが、一橋慶喜は、「君臣の義」を貫こうとした水戸藩の家臣・武田耕雲斎外三五二名の処刑を是としました。武田耕雲斎の斬首は、塩漬けにして水戸へ送られ、到着時に妻子の斬首と共にさらされるという厳しい処遇でした。この間、小浜藩も新保宿にて警備役を務め、厳しく処遇しました。しかし、遠島と申しつけられた武田金次郎（武田耕雲斎の孫）ら一三〇人は、一八六六（慶応二）年五月に幕府から減刑され小浜藩預けとされたことから、翌一八六七（慶応三）年五月には三方郡佐柿へ護送されます。小浜藩は、彼らを手厚く処遇し、彼らは翌一八六八（慶応四）年正月、鳥羽伏見の戦いの後、朝廷の命令で水戸藩へ帰ることとなり、三月、武田は同志一二九人とともに佐柿を出発して京都に入り、四月二八日に江戸に入り、五月二一日水戸へ向かいました（吉村昭『天狗争乱』（朝日新聞社、一九九四年）

四二四〜四四六頁)。

同じ時期に、一八六八(慶応四)年一月三日夕刻に始まった鳥羽伏見の戦いにおいては、酒井忠氏は、旧幕府軍の一員として官軍との戦いを余儀なくされます。同年一月二日の夜、忠氏は、大津を発し、京都に入ることなく、三日晩、直接大阪に到着します。一月三日夕刻の初戦に敗れた幕府軍の一部は、小浜藩兵の拠る橋本に退いて薩長軍に対峙しますが、淀川対岸の山崎にあった津藩の寝返りにあって、側方からの砲撃を受け、陣形をたてなおす余裕もなく潰走します。一月六日、慶喜は大阪城を退去し、船にて江戸へ戻ります。残された忠氏主従はやむなく小浜へ帰国することとなりますが、伊丹から丹波道を辿ったところで、一月九日、丹波福住で山陰道鎮撫使西園寺公望の軍勢に行き合い、ここで、朝廷に対し異心のないことと若狭に引き籠り謹慎する旨の謝罪状を呈し、一二日に帰国を許され、一五日に小浜に帰りました。小浜にいた前藩主忠義は、一二日に謝罪のため上京の途につき、一五日夜に着京します。この間、小浜藩は「不審の次第」があるとして入京が差し止められていましたが、一三日には、「賊徒追伐」のための鎮撫使の北陸道先鋒となり、「不審」を解くように命令され、その任務にあたり、越後高田、信濃を経て、四月に至り開城直前の江戸に到着します(前掲『小浜市史』二〜五頁)。

山崎闇斎の学派においては、「君臣の義」として「将軍→大名→藩士」という武士的階層制への忠誠を誓います。同時に、「天皇→将軍」という将軍のうえに天皇を最高権威として置く「尊王の大義」に徹することが要請されます。「望楠軒」の学風・学統を継ぐということは、天皇からの委任の明白な撤回がない限り、「天皇→将軍→大名→藩士」という順次的な委任の体系において、この階層を順次下から支える随順の政治倫理としての絶対忠誠が求められることとなります。しかし、天狗党の処遇や鳥羽伏見の戦いから鎮撫使の北陸道先鋒となる「藩の動向」においては、将軍に忠誠を誓う「君臣の義」と最高権威である天皇に随順する「尊王の大義」との間に相剋が現れているのです（前掲丸山「闇斎学と闇斎学派」六五一頁参照）。

丸山眞男によれば、尊王攘夷論の先駆的な犠牲者となった梅田雲浜は、藩主酒井家への「君臣の義」よりも、天皇に忠誠を誓う「尊王の大義」に徹する人物として評価され、幕末、大日本帝国への維新前夜における「忠誠の相剋」の例証として論じられているのです。

以上が、梅田雲浜を、日本の歴史、近現代日本の政治思想史において位置付ける、一つの視点です。

四　梅田雲浜年表に沿っての解説

最後に、『梅田雲浜』と『贈正四位梅田雲濱先生』をお読みいただくにあたり、以上の視点から参考になる事柄について『梅田雲浜』巻末の梅田雲浜年表に沿って、解説を付記することとします。

1　雲浜誕生から望楠軒の講主となり尊王反幕を説くまで

一八一五（文化一二）年六月七日、若狭小浜に雲浜生る。

梅田家相続図は次のとおりです

（小浜市郷土研究会「梅田雲浜の実像―生誕二百年へ」、梅田昌彦作成の資料より、一部修正あり）

先妻「不詳」
- 長男　恭次郎（先妻の子）

高橋良尚
- 次男　良三 ―（北側）ハナ
  - 長男　高吉
  - 長女　トミ
  - 次男　健吉 ―（森川）いま
    - 長男　昌彦 ―（三木）孝子
    - 長女　和子
    - 次男　正明
    - 三男　義明
  - 次女　ケン
- 三男　尚蔵
- 四男　末吉

先妻　信 ― 梅田源次郎
- 長女　竹
- 長男　繁太郎（安政三年二月十七日　五歳にて死す）

梅田源次郎 ― 後妻　千代
- 次男　忠次郎（元治元年　九歳にて死す）
- 次女　ぬい（明治十三年　二十三歳にて死す）
- 養子（島津）益五郎（ぬいと結婚　ぬいの死後明治十五年六月離縁となる）
- 養子　良三（明治十六年千代の養子となり明治二十二年梅田家を相続、大正二年五月十七日独身のまま死亡）――養子　健吉（良三の死後大正二年良三の養子となり梅田家を相続）

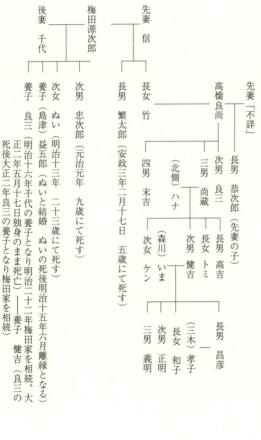

一八一七（文化一四）年四月、小浜藩医杉田玄白が九五歳で亡くなる。

筆者も、「江戸時代徳川家光・家綱の時代の大老酒井忠勝に代表される小浜藩では、その後、杉田玄白、中川淳庵が中津藩の前野良沢と共に『解体新書』を翻訳・出版し西洋医学・蘭学の扉を開いた」と記しましたが（本書四二四頁）、酒井忠勝が仕えた徳川家光の時代に先述の「君臣の義」が政治的にも実態を伴うものとなります。

「一六三二年、家光は、肥後熊本の加藤忠広と一門大名の徳川忠長を改易し、一六三四年には一六一七年の秀忠上洛時の軍勢を遙かに上回る五〇万の軍勢を率いて上洛を決行し、…さらに上洛時に若狭の京極忠高を出雲松江に、老中の一人武蔵川越の酒井忠勝を若狭に…移すなど、多くの大名の転封を行った。…家光は、秀忠大御所時代には認められなかった『天下人』の地位を手にし、大名に対する圧倒的優位の主従関係を作り上げた」と論じられるところです（藤井譲治「一七世紀の日本―武家の国家の形成」、同他『岩波講座日本通史第一二巻近世』（岩波書店、一九九四年）二七頁）。

このように生まれた小浜酒井藩においては、「崎門学の拠点」になるとともに、西洋医学・蘭学の扉を拓くなどし、杉田玄白、中川淳庵、伴信友、東條義門、梅田雲浜など、文系理系を問わず、最先端をいく学風が生まれていたことを記憶しておくべきでしょう。

一八二二（文政五）年に小浜藩の藩校順造館に入学。

一八二九（文政一二）年四月、京都に上り、望楠軒に入り苦学する。

一八三〇（天保元）年、江戸に行き、山口菅山に学ぶ。一年後、師に激賞されるとともに、林大学頭を驚かす。

一八三二（天保三）年、江戸より一時帰郷し、京都の医家の書生となる。

一八三三（天保四）年、再び江戸に学ぶ。

一八三九（天保一〇）年、江戸に学び、山口菅山門下第一人と称される。

一八四〇（天保一一）年、多年の苦学修養を終えて、小浜に帰る。矢部家より独立して、祖父の梅田姓を名乗る。

一八四一（天保一二）年、父とともに、関西と九州を巡歴する。熊本で、家老長岡監物、横井小楠、名和桂斎、笠隼太等知名人と交わる。大津の上原立斎に厚遇される。大津に湖南塾を開き、尊王反幕を説く。

一八四三（天保一四）年八～九月頃、望楠軒の講主となり京都へ移住し、学界に重きをなす。一一月、藩主忠義が寺社奉行から京都所司代となる。

山﨑闇斎と闇斎学派をめぐる儒学（系譜）については、次のとおりです。西依成斎について、書道の方面から研究したものとして、岸本三次『西依成斎基礎資料集』（岩田書院、二〇〇五年）、また、西依成斎、山口菅山、梅田雲浜、杉田玄白らの書については、岸本三次らの収集調査をふまえての福井県立若狭歴史民俗資料館「図録特別展墨の舞—若狭に残る名筆」を参照。

儒学（教）——朱子学

林羅山　幕府御用学（官学）

（私学）

山崎闇斎　浅見絅斎—若林強斎—山口春水—山口風簾—山口菅山　梅田雲浜

　　　　　　　　　　　　　　—小野鶴山

　　　　　　　　　　　　　　—西依成斎—西依墨山—西依孝　西依孝博

　　　　　　　　　　　　　　　　　　—奥野寧斎—川島栗斎—上原立斎—信子の父

靖献遺言 →（浅見絅斎）　望楠軒創設 →（若林強斎）

（私学）

中江藤樹（近江聖人）　高島町　藤樹神社　陽明学へ　横井小楠も陽明学者

順造館　安永三年（一七七四）開校

「道に順って士を造る」

望楠軒　若林強斎の私塾

「楠公を仰ぎ望む」

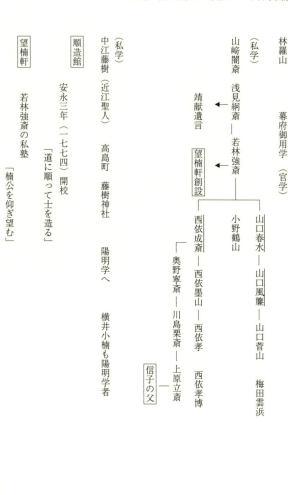

（前掲小浜市郷土研究会「梅田雲浜の実像―生誕二百年へ」参照）

梅田雲浜が、小浜藩に仕えず、町の儒学者（町儒学者）として生きたことは、「町儒者は、町で（大抵は自宅である）塾を開き、授業料で生活する。…しかし、『医者寒からず、儒者寒し』という諺のように、生活は苦しいのが相場である」という、町儒者の一般的な生活振りであったようです（渡辺浩『政治思想史―十七～十九世紀』（東京大学出版会、二〇一〇年）九六頁）。その中で、浅見絅斎は、「将軍は、『天子』の御名代（代理人）として統治しているのであり（当時、斬新な新解釈である）、大名はその指揮下にある『天子』の『臣』、その家来たちは『天子』の『陪臣』だという」ことを明らかにしました。そして、「絅斎の主著『靖献遺言』（中国の忠臣の伝記集）について、ある儒者は、こう評している（『文会雑記』）。／「浅見安正（絅斎―引用者注）ハ関東ノ地ヲフマズ諸侯ニ仕ヘズト誓ヘリ。モシ時ヲ得バ、義兵ヲアゲテ王室ヲ佐クベシト云テ『靖献遺言』ヲ作リシナリ」と紹介しています（同書一〇五頁）。

吉田松陰は、「雲浜こそは『靖献遺言』で固めたような男といった」と評していますが（前掲村上『梅田雲浜の人物像』（二八、一〇二頁―近藤啓吾『梅田雲浜と崎門学』を参照）、雲浜は、正に、「天子の臣」としての知を行じた人でした。

一八四四（弘化元）年春、上原立斎の長女信と結婚。年月は不明だが、藩主の召を拒絶する。

一八五〇（嘉永三）年、たびたび藩へ上書して、改革意見を述べる。

一八五二（嘉永五）年、長男繁太郎が生まれる。昨冬より百余日の病気で洛西の高雄に移る。七月、小浜藩士の籍を削られる。八月に一条寺村へ転居。

2　ペリー来航以降、尊王攘夷思想を全国に説き歩く

一八五三（嘉永六）年正月に京都へ転居。六月、ペリーが来る。国情騒然とする。一一月、吉田松陰と宮部鼎蔵来訪。

一八五四（安政元）年正月一六日、ペリーが再度江戸近海に入り、威嚇する。正月、江戸に急行し、多くの志士と協議奔走する。二月、藤田東湖を説く。吉田松陰が密航に失敗して入獄中であるのを扶助する。五月、水戸に赴き、家老武田耕雲斎を説き、六月八、九日頃、帰京する。さらに福井藩へ赴いて説き、七月二七日に帰京。十津川郡の指導訓練に着手し、二千人の勤王兵を養成する。九月一八日、ロシア軍艦が大阪湾に侵入したため、十津川隊を率いて襲撃に向かう。

訣別　梅田雲浜

一八五五（安政二）年三月二日、妻信が死去。六月、後妻に村島千代を迎える。

妻は病床に臥し児は飢に泣く
挺身　直ちに戎夷を払わんと欲す
今朝　死別と生別と
唯　皇天　后土　知る有り

については、村上利夫『漢詩にみる梅田雲浜』（交友プランニングセンター・友月書房、二〇一一年）。

一八五六（安政三）年二月、長男が死去。一一月、遠路を長州萩へ赴き大いに説いて、毛利の大藩を動かし、計画を達成する。毛利城内、雲浜に心服したと言われた。松下村塾にて、松陰と語る。

財団法人松風会編『脚注解説吉田松陰撰集―人間松陰の生と死』（財団法人松風会、二〇〇六年）によれば、吉田松陰の回顧録（同一四六頁）、時勢論（五一七頁）、高杉晋作宛書簡（六八三頁）、厳囚紀事（五三七頁）、留魂録（七〇四頁）に、梅田源次郎を記しています。

留魂録（七〇四頁）においては、「夫れ梅田は素より奸骨あれば、余与に志を語ることを欲せざる所なり、何の密議をなさんや」と述べられていますが、一八八五（安政二）年三月三日の回顧録（一四六頁）にあるとおり、梅田雲浜と吉田松陰は、一八五三（嘉永六）年以来の友人関係にありました。前掲佐伯『梅田雲濱遺稿竝傳』によれば、同年一二月七日、吉田松陰が江戸に行く途中「十二月七日来訪し、雲濱より細かに京都の事情を聴き、相互に謀る所あり」（同書・雲濱年譜一二頁）、一八五四（安政元）年正月に、梅田雲浜が「江戸に急行し、烏山新三郎・吉田松陰其の他諸藩有志の士と日夜相会して、対外策を謀議す」とあります（同一三頁）。また、雲浜は、一八五五（安政二）年一一月には、山口・萩で吉田松陰に面会し、翌一八五六（安政三）年一月四日まで萩に滞在しています（本書四三〇頁）。捕縛後の松陰の供述とは異なる、雲浜と松陰の交友関係があったことは明らかです（本書一一六―一二三頁）。

一八五七（安政四）年正月、長州から九州博多に赴き、二月上旬に帰京。直ちに長州との物産交易に活躍する。四月、僧月性を紀州へ遣して、海防を説く。一二月、十津川に活躍する。

3　安政の大獄・捕縛から獄死まで

一八五八（安政五）年二月、青蓮院宮親王に勅答案その他意見を陳ぶ。老中堀田正睦が上京し、条約勅許を請う。雲浜は、勤王志士の首領として日夜活躍し、宮家公家を動かし、三月二〇日に不裁可となり、堀田は四月二〇日に江戸に帰る。二三日に井伊掃部頭が大老となり、意に反する大名幕吏を遠ざけ、六月一九日、勅に反して条約に調印する。春夏の交、十津川に活躍する。密勅降下及び関白排斥に活躍。九月三日、所司代酒井忠義の京都行の途中に直諫

（本書二九六―三〇〇頁―梅田雲浜自身における「尊王の大義」と「君臣の義」の「忠誠の相剋」が明らかにされるところです）。同月七日、安政の大獄の発端として、まず、雲浜を捕縛し投獄する。井伊は、以後、続々と捕縛する。雲浜は、法廷で堂々と大義を説く。一二月二五日、京都を発し、江戸へ送られます。

一八五九（安政六）年正月九日、江戸着。法廷の取調べは、三月一二日と八月一四日の二回のみで、幕臣に大義を説く。九月一四日雲浜獄死。一〇月七日、頼三樹三郎、橋本左内らが死罪となる。同月二七日、吉田松陰が死罪となる。

4　桜田門外の変から明治維新による尊王思想の実現

一八六〇（万延元）年三月三日、井伊大老が暗殺される。

一八六二（文久二）年正月、坂下門外の変により、老中安藤信正が要撃される。四月、島津久光が入京。同月二三日、寺田屋事変が起こる。

一八六三（文久三）年五月一〇日を攘夷期日と定め、長州にて外国艦船砲撃がなされる。六月、仏鑑二隻が下関を攻撃。七月、鹿児島で英艦七隻と戦う。八月一八日の政変によって、毛利藩主は七卿を奉じて長州へ帰る。

一八六四（元治元）年三月、天狗党が筑波山に勤王の兵を挙げる。六月五日、古高俊太郎が捕われ、池田屋事変が起こる。七月、蛤御門の戦いが起こる。八月、第一回長州征伐。一二月、武田耕雲斎一党が幕軍に降る。

一八六五（慶応元）年二月、武田耕雲斎以下の三七〇人（前掲吉村『天狗争乱』では三五二人）が斬首。

一八六六（慶応二）年六月、長州を攻め、幕軍が敗れる。一二月、孝明天皇崩御。

一八六七（慶応三）年正月九日、明治天皇即位。一〇月一四日、大政奉還。一二月九日、王政復古の大号令。一一月、坂本龍馬、中岡慎太郎が暗殺される。

一八六八（明治元）年正月、鳥羽伏見の戦い。三月、五箇条の御誓文が出された。四月に江戸城は明け渡され、九月八日、明治と改元された。

5　梅田雲浜没後の赦免と顕彰

雲浜の没後の赦免と顕彰については、梅田昌彦『梅田雲浜入門』（ウィング出版部、二〇一四年）四八頁以下でまとめられています。

一八六二（文久二）年一二月、町奉行所から小笠原家に、雲浜の赦免の旨が申し渡され、同時に墓石建立も許可。

一八六三（文久三）年、小笠原家が、東京・海禅前時に雲浜の墓石を建立。なお、これに先立ち、一八六一（文久元）年七月、雲浜の姪山田登美子が門人北村屋太郎（西川正義）らと共に、京都・安祥院にて先妻信子叔母、長男繁太郎の墓所に「雲浜先生之墓」を建てる。梅田の姓を書かなかったのは、世を憚り恐れたためという（同『梅田雲浜入門』四八―五四頁）。

一八六八（明治元）年一二月、京都府より、妻千代子と娘ぬいに扶持米の通達があるとともに、京都霊山の霊明神社において京都府主催の招魂祭を執行。

一八八三（明治一六）年、雲浜の没後二五回忌にあたり、梅田千代子は、祭主梅田良三、幹事頼復、富岡百錬、吉田哩、安藤精軒らと共に、京都霊山護国神社に「雲浜君碑」を建て、祭典を催した。

一八九七（明治三〇）年三月、小浜公園に、旧小浜藩士・初代小浜師範学校長行方正言の発起により、山縣有朋の筆による「梅田雲浜先生之碑」を建立。一九三〇（昭和五）年六月、同碑の左側に「梅田雲浜先生銅像（座像）」を建立。

一九一六（大正五）年、京都市烏丸御池上る東側に、梅田雲浜邸址石標を建てる。

一九二一（大正一〇）年、矢部岩十郎屋敷跡に「贈正四位梅田雲浜先生誕生地」の木標を建てる。一九三一（昭和六）年、内田周平揮毫の「梅田雲浜先生誕生地」の石碑を建設。

一九二三（大正一二）年一一月二三日、京都市左京区一乗寺葉山町に梅田雲浜先生旧蹟碑を建て除幕式を挙行。

一九二三（大正一二）年秋、梅田雲浜先生湖南塾址碑を建立。

一九二八（昭和三）年一〇月七日、京都霊山護国神社において、雲浜没後七〇年祭を挙行。

一九四二（昭和一七）年、小浜市立遠敷小学校に梅田雲浜先生像建立。

一九四三（昭和一八）年、小浜市立雲浜小学校に梅田雲浜先生像を建立。

一九四三（昭和一八）年九月一四日、雲浜の後妻千代子の生誕地である奈良県高田町の馬冷池公園に、梅田雲浜遺蹟顕彰碑を建立。

一九四三（昭和一八）年一一月一四日、梅田雲浜先生事跡保存会が、小浜公園に梅田雲浜歌碑を建立。

一九六五（昭和四〇）年九月、小浜中央公園に、梅田雲浜像を建立。

一九七〇（昭和四五）年六月七日、雲浜の誕生日に、小浜の松源寺に分骨して墓を建立し、命日の九月一四日に第一回慰霊祭。一九八二（昭和五七）年一一月、松源寺門前に梅田雲浜の銅像を建立。

一九九六（平成八）年、奈良県十津川村教育委員会が梅田雲浜先生顕彰碑を建立。

二〇〇一（平成一三）年、小浜市において、梅田雲浜顕彰全国吟詠大会を開催。以来、毎年開催。

二〇一三（平成二五）年一一月七日〜一〇日、小浜市立図書館交流ホールにおいて、小浜市郷土研究会文化展「梅田雲浜の実像―小浜に生まれ生誕二〇〇年へ」を開催。

6　尊王攘夷から尊王開国、大日本帝国憲法、日本国憲法まで

一八五三年のペリーの浦賀来航によって開国を余儀なくされたわが国は、その後数十年、西欧列強の支配を防ぐためとして激動の歴史を経て、一九世紀後半に大日本帝国憲法（一八八九年）と明治民法（財産法一八九六年、家族法一八九八年）を制定し近代国家の骨格を形成しました。この公法私法二元秩序のモデルは、ドイツの強い影響を受けましたが、わが国の固有の伝統的法秩序にも潤色されたものであったといわれています。

そのため、大正デモクラシーを経たにもかかわらず、昭和初期に軍部官僚の台頭を許し、国策を誤り、とりわけ関東軍によって周到に準備された一九三一年の満州事変以降、近隣諸国に対し、侵略と植民地支配により、甚大な犠牲と苦難を強いることとなり、アジア・太平洋戦争において、日本国民の約三一〇万人の犠牲者を出し、アジアの諸国民には、その数倍、約二〇〇〇万人にも達するほどの戦争犠牲者を出したといわれています。

ポツダム宣言を受諾して敗戦したことを「終戦」と呼ぶことで戦後が始まりました。人々は、戦争に至ったことへの反省をふまえて、国と国民の取り交わす社会契約として新たに立憲民主主義の基本理念に基づく日本国憲法を誕生させました。恒久平和主義を願う憲法前文は、その

歴史的経緯に照らし、アメリカ合衆国独立宣言、フランス人権宣言、朝鮮三・一独立宣言に比肩する、日本人の魂の叫びであるといわれています。

そして、立憲民主主義は、権力者の限定なき法適用による権力行使を憲法によって制約することが人々の権利や自由を護るとして、最高規範としての憲法を、国民主権・民主主義の基本原則に基づいて厳格に解釈するものです。また、「開国」以来取り入れてきた憲法や民法は、ローマ法に由来しますが、古代ローマの時代から法の生命は、実質的な結果の妥当性・公平性であると同時に、その倫理的説得力と議論の一貫性・明晰性にあるとされて、人間社会を規律してきました。

昨日まで「できない」とされてきた事柄を、今日になって「できる」という解釈に変更することは、法の生命である論理的説得力と議論の一貫性・明晰性から、できる限り避けるべきであり、特に、それが憲法解釈に関わるときには、立憲主義の観点から権力者もそのような解釈変更をできる限り避ける姿勢が、法的安定性を保つという観点からも求められています。この点、同じく国会に提案中の民法改正案は、一〇〇年余の判例法理などをふまえ十分に議論されたものであり、この熟議を経る改正の手法こそが、法改正のあるべき姿なのです。

山﨑闇斎学派の政治思想を体現した梅田雲浜は、ペリー来航時に、尊王攘夷の政治思想を説きました。明治維新となり、「尊王攘夷の旗印の下に討幕の目的を達し、新政府を作った指導者たちは、わが国と条約を締結した諸外国と直接に接触するに及び、一方では、彼らの軍隊の装備の圧倒的に勝っていることに驚嘆するとともに、他方では、彼らの要求は通商交易であって、われわれにとって必ずしも不利益でないことを覚った。そこで、尊王攘夷はおのずから開国へ変わっていった」のです（我妻栄『法学概論』（有斐閣、一九六四年）一六頁）。

しかし、大日本帝国憲法は、「主権者たる天皇が、自分の無制限な主権を自ら規制し、一定の基準に従うものと定めたものである（明治憲法前文）」（我妻・前掲『法学概論』九頁）とされ、大日本帝国憲法においては、万世一系の天皇がこれを統治し（明治憲法一条）、天皇は国の元首にして統治権を総攬する（同四条）とされました。これは「万世一系の天皇が統治権の総攬者であることが『神勅』によって先天的にかつ永遠に決定されているという建て前」（前掲丸山「闇斎学と闇斎学派」六六二頁）に立っているからです。

さらに、アジア・太平洋戦争の敗戦から日本国憲法の制定過程において、丸山は江戸時代末期の尊王論を前提として、「神勅的正統性にとって『肇国以来』の大事件となったのは、いうまでもなく日本帝国がポツダム宣言の無条件受諾によって第二次大戦を終結させたことであった」とします（丸山・前掲書同頁）。「ポツダム宣言の解釈をめぐって御前会議を真二つに割り、その受諾を遅延させた最大の争点は周知のように『国体の護持』にあった。・・・宣言の受諾をめぐる紛糾は結局『聖断』によって収拾された」、「ちなみに、戦争の終結を国民に告げる詔書には、『万世ノ為ニ太平ヲ開カムト欲ス』という句がある。『為万世開天下』は『近思録』の為学大要篇にある張横渠の言である」というのです（丸山・前掲書六二二、六二三頁）。雲浜が学修した尊王思想は、戦争終結の「聖断」として生きつづけました。さらに、日本国憲法の公布にあたり、天皇は、「日本国民の総意に基づいて、新日本建設の礎が、定まるに至ったことを、深くよろこび」、主権者としての天皇の地位を失わせ、「日本国の象徴であり日本国民統合の象徴であ」る天皇の地位が、「主権の存する日本国民の総意に基づく」（日本国憲法一条）ことを認めるに至ります。

このような歴史的経緯をふまえて、丸山は、「闇斎学と闇斎学派」を閉じるにあたり、私たちに、「この『聖断』に与する者にも、それは神勅的正統根拠の致命的な変革を承認するが故なのか、それとも『良くもあれ悪しくもあれ』――つまり聖断内容にたいする価値判断を棚上げして、ただ聖断なるがゆえに絶対である、という承詔必謹の立場……によるのか、という問いをつきつけずにはおかないであろう」という問いを提示しています。

もしも梅田雲浜が安政の大獄で落命することなく平和な時代を生きたとしたら、闇斎学派という学問上の師山口菅山や西依成斎のように、清楚ながらも凛とした町儒者（本書四三七頁）として生き抜いたことでしょう。たとえば、岸本三次の研究によれば、闇斎学派で望楠軒講主となった西依成斎（一七〇二〜一七九七）は、九六歳の最晩年の書をみるだけでも、「儒生として自らに厳しく、多年倦怠なく、世におもねる事のない凛乎とした姿が、書に髣髴として表われる」といいます。「成斎の人となり厳毅峭直で終身潔居し妻妾をもたず、一意儒学の教授に専念し、夏も袴を解かず、冬寒にも火炉に近付かず、忠厚を尊んだ」と評されています（前掲「図録特別展墨の舞―若狭に残る名筆」三三頁（岸本三次））。「書者心画也」。書は、その人自身を見る伝統に根ざします。ここに闇斎学派の町儒者の生活ぶりが示されています。

また、梅田雲浜が現代に生きているとすれば、当時の最先端の政治思想「尊王の大義」から尊王開国、天皇主権の立憲君主主義に依る大日本帝国憲法から、さらには国民主権の立憲民主主義に依る日本国憲法を踏まえての政治的行動をとるのではないでしょうか。

筆者としては、梅田雲浜が今の時代に生きているとしたら、一八五〇年代当時の政治思想としての闇斎学派にとどまらず、広く古代ローマ法から近代立憲主義までも学び尽くし、これを実践するという立場に依拠するのだろうと思います。そして、一九四五年の昭和天皇の「聖断」は、「神勅的正統根拠の致命的な変革を承認する」という立場から、立憲民主主義の基本理念、国民主権及び恒久平和主義の基本原則に基づく、原理的な行動へと、今を生きる梅田雲浜を導いてくれるものであると思います。この点は、水林彪『天皇制史論―本質・起源・展開』（岩波書店、二〇〇六年）等をふまえて、さらに研究すべきところです。

梅田雲浜生誕二〇〇年に当り、歴史の古層において梅田雲浜について考察することの意味は、実に、この点にあると思います。

参考文献

解題中に引用した文献の他、

西村時彦『天囚聞書維新豪傑談』（春陽堂、一八九一年）
日本史籍協会編『梅田雲濱関係史料』（東京大学出版会、一九二九年）
内田周平＝佐伯仲蔵共述『梅田雲濱先生』（有朋堂出版、一九三三年）
村上利夫「維新のさきがけとなった梅田雲浜」モラロジー研究所出版部『誠の道に生きる』（廣池学園事業部、二〇一三年）
遠山茂樹＝服部之聰＝丸山眞男『尊攘思想と絶対主義』（白日書院、一九四八年）
丸山眞男「超国家主義の論理と心理」『現代政治の思想と行動』（未来社、一九六四年）
丸山眞男『丸山眞男講義録第二冊日本政治思想史一九四九年』（東京大学出版会、一九九九年）
丸山眞男『丸山眞男講義録第六冊日本政治思想史一九六六年』（東京大学出版会、二〇〇〇年）
丸山眞男『丸山眞男講義録第七冊日本政治思想史一九六七年』（東京大学出版会、一九九八年）
色川大吉『色川大吉著作集第一巻新編明治精神史』（筑摩書房、一九九五年）
笹倉秀夫『丸山眞男の思想世界』（みすず書房、二〇〇三年）

澤井啓一「〈近代儒教〉の生産と丸山眞男」現代思想二〇一四年八月臨時増刊号『総特集丸山眞男生誕一〇〇年』（青土社、二〇一四年）
田中久文「丸山眞男の天皇に関する『自己内対話』」右同現代思想二〇一四年八月臨時増刊号
中島辰男『若狭路往還—ふるさとからの歴史発信』（洛西書院、二〇〇九年）
岡村昌三郎『宰相の道—大老／小浜藩酒井家初代藩主・酒井忠勝の生涯』（若狭史学会、二〇一三年）
赤見貞『蜘蛛の網—若狭の文化と伝統』（赤見貞先生喜寿記念出版会、一九七一年）
杉田玄白『蘭学事始（全訳注片桐一男）』（講談社、二〇〇〇年）
中島嘉文＝西田昌弘外『近代医学・蘭学を招いた若狭小浜藩医杉田玄白』（福井県立若狭高等学校、二〇一二年）
吹田尚一『近現代日本の興隆と大東亜戦争』（文眞堂、二〇一四年）

NPO福井教育アーカイブズ

本会は、三宅茂子記念NPO福井教育アーカイブズ（Miyake Shigeko Memorial NPO Fukui Educational Archives）と称し、事務所を福井県小浜市において、二〇一二（平成二四）年一月一六日より活動しています。

本会の目的は、福井県小浜市の故三宅茂子教諭の遺言に基づき、福井県小浜市及びその周辺地域において、教育・科学に関する歴史的資料の収集、保存、管理、利用のための事業を行い、教育と科学の振興に寄与することです。

本会は、その目的を達成するため、①教育・科学に関する歴史的資料の収集、保存、管理及び利用、②集会、講演会等の開催、③会報誌、報告書等の発刊及び配布、④関係諸団体との連携、⑤その他本会の目的を達成するため必要な事業を行うこととしています。故人の自宅には、教育関係資料が残されており、これを保存し、管理、利用することを予定しています。

本会の目的に賛同し、入会申込書を提出した方を会員とし、出版物を配布しています。本会の規約にご賛同の上、会員になり、ご支援いただけることを願っています。

福井県小浜市小浜住吉9番地
NPO福井教育アーカイブズ
代表　三　宅　　弘
E-mail: miyake@hap-law.com

復刻版 梅田雲濱

一九四二（昭和一七）年一〇月二〇日　初版発行
一九五六（昭和三一）年　一月一五日　改訂発行
二〇一五（平成二七）年一一月二〇日　復刻版発行（改訂版に依る）

著　者　梅　田　薫

発　行　ＮＰＯ福井教育アーカイブス
代表　三　宅　弘
〒九一七-〇〇六五　福井県小浜市小浜住吉九番地
E-mail: miyake@hap-law.com

発　売　株式会社シングルカット
〒一一五-〇〇四二　東京都北区志茂一-二七-二〇
ＴＥＬ　〇三-五二四九-四三〇〇
ＦＡＸ　〇三-五二四九-四三〇一
E-mail：torii@singlecut.co.jp

制　作　デジプロ
〒一〇一-〇〇五一　東京都千代田区神田神保町二-二
ＴＥＬ　〇三-三五一一-三〇〇一
ＦＡＸ　〇三-三五一一-三〇〇六
E-mail：info@digi-pro.co.jp

ISBN978-4-938737-64-1